周易浅述

（清）陈梦雷 撰

郑同 点校

九州出版社 JIUZHOUPRESS｜全国百佳图书出版单位

图书在版编目（CIP）数据

周易浅述/（清）陈梦雷撰；郑同点校. —北京：
九州出版社，2023.9
ISBN 978 - 7 - 5225 - 2097 - 1

Ⅰ.①周… Ⅱ.①陈… ②郑… Ⅲ.①《周易》—研
究 Ⅳ.①B221.5

中国国家版本馆 CIP 数据核字（2023）第 161797 号

周易浅述

作　者	（清）陈梦雷 撰　郑同 点校	
责任编辑	王文湛	
出版发行	九州出版社	
地　址	北京市西城区阜外大街甲 35 号（100037）	
发行电话	（010）68992190/3/5/6	
网　址	www.jiuzhoupress.com	
印　刷	北京捷迅佳彩印刷有限公司	
开　本	710 毫米×1000 毫米　16 开	
印　张	26	
字　数	374 千字	
版　次	2023 年 12 月第 1 版	
印　次	2023 年 12 月第 1 次印刷	
书　号	ISBN 978 - 7 - 5225 - 2097 - 1	
定　价	78.00 元	

点校说明

一、《周易浅述》八卷，清陈梦雷撰。梦雷字则震，一字省斋，晚号松鹤老人，福建侯官人。顺治七年（1650）生，乾隆六年（1741）卒，年九十二。康熙九年（1670）进士，选庶吉士，官翰林院编修。梦雷著述颇富，除《周易浅述》外，尚有《松鹤山房集》《闲止书堂集钞》等。后编纂成《古今图书集成》，是其一生的主要成就。

二、本次点校所采用底本，为《四库全书》本。正文作八卷，另有《凡例》一篇于卷前，杨道声《图说》附于全书之末。并收入《四库全书总目》之《提要》一篇。

三、《周易浅述》大旨以朱熹《周易本义》为主，参以王弼《周易注》、孔颖达《周易正义》以及苏轼《苏氏易传》、胡广《周易大全》、来知德《周易集注》。诸家未有说者，及其所见与诸家不同者，则抒己见以申明之。陈梦雷以为，《易》之义蕴虽多，大抵为理、数、象、占四者。以理、象、数、占四者解《易》，是此书的纲领，也是作者的中心思想。

四、书末附图四十二幅，乃陈梦雷之友杨道声所作。陈梦雷以为"不知图者，固不得经之原"，故附之以饷读者。卷末附图原有讹误之处，依潘雨廷先生所校定之图订正之。

五、此次整理工作包括标点、文字处理、校勘工作、易图整理工作。

六、全书文字采用简体横排，并吸收了潘雨廷先生对正文和易图整理成果。凡讹误之处，径改正之。

七、本书根据现行新的标点用法，并结合古籍整理标点的通例，对全书进行统一规范的标点。凡经文之文字，采用楷体字排版。凡陈梦雷之注，采用宋体字排版。凡说明性文字，采用仿体字排版。

八、文字处理。汉字简化字以国家文字工作委员会发布的《文字使用规范条例》《简化字总表》《第一批异体字整理表》为基准，以《辞海》和《汉语大字典》为依据。未尽之处，依古籍整理通例处理。所有文字，凡能简化者，一律简化。古体字、不规范字，一律改为规范简化字。但正文中，为避免歧义，个别繁体字、异体字予以保留，不作简化处理。

四库全书周易浅述
提　要

　　臣等谨案：《周易浅述》八卷，国朝陈梦雷撰。梦雷字省斋，闽县人。康熙庚戌进士，官翰林院编修。缘事谪戍。后蒙恩台还，校正铜板。复缘事谪戍，卒于戍所。是编成于康熙甲戌，乃其初赴尚阳堡时所作。大旨以朱子《本义》为主，而参以王弼《注》、孔颖达《疏》、苏轼《传》、胡广《大全》、来知德《注》。诸家所未及，及所见与《本义》互异者，则别抒己意以明之。盖行箧乏书，故所据止此。其《凡例》称解《易》数千家，未能广览，道其实也。然其说，谓《易》之义蕴不出理数象占。顾数不可显，理不可穷，故但寄之于象。知象则理数在其中，而占亦可即象而玩，故所解以明象为主。持论多切于人事，无一切言心言天支离幻冥之习。其诠理虽多尊朱子，而不取其卦变之说。取象虽兼采来氏，而不取其错综之论。亦颇能扫除缪辖。惟《卷末》所附三十图，乃其友杨道声所作。穿凿烦碎，实与梦雷书不相比附。以原本所载，且说《易》原有此一家，姑仍其旧存之，置诸不论不议可矣。乾隆四十六年九月恭校上。

总纂官 臣纪昀 臣陆锡熊 臣孙士毅
总校官 臣陆费墀

周易浅述凡例

一、《易》之为书，义蕴虽多，大抵理数象占四者尽之。有是理乃有是数，有是数即有是理。六经皆言理，独《易》兼言数。顾数不可显，理不可穷，故但寄之于象。夫子谓立象以尽意，而全《象》六爻之传皆称"象曰"，则理数之备于象可知。故今所注释，多即其取象之由释之。盖知象则理数在其中。且可随类旁通，不拘于一隅之见。不独先儒精义有可融洽，即时解所称君臣政教，亦不妨借为设象之观矣。

一、有象即有占。《本义》分"龙""马""日""月"之辞为象，"吉""凶""悔""吝"之辞为占。然占即在象中。盖龙马日月之辞，象也，即占也。吉凶悔吝之辞，占也，亦卦爻中有此象也。《系辞传》谓居则观其象而玩其辞，动则观其变而玩其占。然必平日审于象，既筮乃明于占。盖观象贵能变通，临筮乃以我所问之事合之所占。自能分其义类，以定可否矣。

一、是书虽参《注疏》《大全》及苏氏、来氏之解，而要以《本义》为主。亦有《本义》所云，《大全》中朱子又存疑义者。则《本义》尚有朱子未定之解，自宜参之他家，以求其归也。间有《注疏》《大全》所无，妄附臆见者，必明言与《本义》异同之故。非敢立异，正以心有未安，又不敢以己见托之先儒，故明言附一知半解，以待高明指摘耳。

一、解《易》数千余家，未能广览。来氏独于取象最详。然一卦之中，内卦、外卦、二互卦、六爻变卦，变卦中互卦，取象已博。若再以错综卦取象，亦太泛矣。愚意谓互变犹未卦也，错综则已属意求之。如震为龙，乾亦言龙，正不必过拘也。

一、《易》之有图，原列于经首，盖卦画在未有经之先也。今所附杨子道声《图说》，则有先后天配合，及方圆卦分合之图，多后人之论矣。不知图者，固不得经之原。然不读全经，亦未能究图之蕴。故附图说于后，使人先从诵读，求其文义，然后探其本原也。

一、是书义蕴本之先儒，《图说》本之杨子，间皆附以臆见。独于卦变有疑。凡《象传》言卦变者，《程传》《本义》多异同，朱子亦多存疑义。三覆再三，究未得其不易之解。今凡《象传》言卦变者，俱照来氏综卦言之，于理甚顺。故阙卦变之图，以待异日。

一、《易》之为书，虽理数象占所包者广，大旨无非扶阳而抑阴，随时而守正。教人迁善改过，忧动惕厉，以终其身。学《易》者苟不悟此，则诠理虽精，探数虽微，观象虽审，决占虽神，总于身心无当。故所鲜多于前后总论一卦大意，及逐爻《象传》之下，发明圣人言外示人大意。虽未敢谓神明默成之道尽是，然借一二言自儆身心，庶克道听途说之咎云。

目　录

周易浅述卷三

周易浅述卷四

周易浅述卷五

周易浅述卷六

周易浅述卷七

周易浅述卷八

周易浅述图说

周易浅述卷一

　　昔者伏羲氏仰观于天，俯察于地。近取诸身，远取诸物。见天下万有不齐之变，不外由太极而生阴阳。故画一奇以象阳，画一偶以象阴，而两仪具。见一阴一阳有各生一阴一阳之象，故增二画，而太阳、太阴、少阳、少阴之四象成。叠之为三而三才既备，则天地雷风水火山泽之八卦列。谓之卦者，言悬卦物象以示于人也。八卦既成，则八卦皆可为太极。复生两仪而十六，四象而三十二，八卦而六十四，而万物之变尽于斯矣。伏羲虽有六十四卦之画，而未有文义。至文王始作《彖辞》，以断一卦之吉凶。如乾之"元亨利贞"是也。周公始作《爻辞》，以占所动之爻之吉凶。如《乾·初九》之"潜龙勿用"，九二之"见龙在田，利见大人"者是也。伏羲六十四卦，夏商相承用之，皆有其书。夏曰《连山》，首艮；商曰《归藏》，首坤；至文王、周公则首乾。《连山》《归藏》不传。今《经》则文王周公所作，故曰《周易》也。"易"之为字，从日从月，阴阳具矣。"易"之为义，有二：曰"交易"，阴阳寒暑上下四方之对待是也。曰"变易"，春夏秋冬循环往来是也。《易》分上下两《经》。《上经》首乾坤而终坎离，《下经》首咸恒而终既济未济。意义所该者广，《图说》亦发明其略，非以简帙重大而分也。孔子始作十翼：《上彖》一，《下彖》二，《上象》三，《下象》四，《上系》五，《下系》六，《文言》七，《说卦》八，《序卦》九，《杂卦》十。《周易》上下二篇，合孔子十翼，凡十二篇。后人以《彖传》《象传》之《文言》分入诸卦，而上下《系传》及《说卦》《序卦》《杂卦》则附于《下经》之后。故曰"《易》为四圣之书"者，此也。

☰（乾）

有天地，而后万物生焉。万物莫尊乎天，《周易》所以首乾也。其象为天，其卦纯阳。健而不息，故其象为天。统言其象占，则有大亨之道而利于正固。就其理析言之，则四德具焉。此全《彖》之大旨也。卦既纯阳，变化不测，故六爻皆取象于龙。具龙德而在上，则居天位以应天，天子之事也。具龙德而在下，则尽天理以顺天，学者之事也。生而知之，安而行之，"潜""见""惕""跃""飞""亢"各随其时者，圣人也。观象玩辞，观变玩占，固守其潜，积学待见，当惕而惕，当跃而跃，飞则应时，亢不至悔者，君子也。此六爻之大旨也。

乾。元亨利贞。

三画皆阳，其卦为乾，其象为天。乾者，健而不息之谓。天体纯阳，健而无息。以形体言为天，以主宰言为帝，以性情言谓之乾。下三画内卦也，上三画外卦也。六画皆阳，内外皆乾。乾之纯，健之至也。元亨利贞，文王所系之词，以断一卦之吉凶，所谓"彖辞"者也。元，大也。亨，通也。利，宜也。贞，正而固也。六奇纯阳，有元气浑沦无所不包，而发生畅茂，各得其宜，皆归于至正之象。学《易》者筮得此卦而六爻不变，则占当得大通，而必利在正固，以保其终也。按：《大全》谓诸家解"元亨利贞"皆作四德，独《本义》作占辞，然惟理如是，则数亦如是，见于象占亦如是。《经》言四德，就其理析言之也，《本义》则就其象断其占，为体《易》者言之。其意亦并行不悖也。

初九。潜龙勿用。

凡画卦自下而上，故下爻为"初"。按：《本义》《大全》凡撰筮得三奇，则所余三十六策，合四九之数为老阳。得二偶一奇，则所余二十八策，合四七之数为少阳。老变而少不变，故阳爻称九。按：《来注》引《系辞》"参天两地而倚数"。谓"参天"者，天之三位，天一天三天五也。"两地"者，地之二位，地二地四也。

"倚"者，依也。天一依天三，天三依天五而为九，所以阳皆言九。地二依地四而为六，所以阴皆言六。取生数不取成数，此说亦可参用。龙八十一鳞，九九之数。变化不测，纯阳之物。故诸爻皆取象于龙。初阳在下，故有"潜龙"之象。此时未可有为，故有"勿用"之象。"勿用"虽戒占者之辞，实卦爻中有此象也。

九二。见龙在田。利见大人。

"二"，自下而上第二爻也。后仿此。出潜离隐，故有见龙之象。泽能及物，犹田之得雨，耕获有功，故有在田之象。虽非君位，而在下卦之中，有君之德，故有大人象。泽能及物，故有物所利见之象。占者得此，则利见此人。若占者有见龙之德，则可以得君行道，利见九五在上之大人矣。

九三。君子终日乾乾。夕惕若。厉无咎。

九，阳爻。三，阳位，在下卦之上，重刚而不中，乃危地也。六爻取象三才，则三为人位。故不取象于龙，而称君子。处危地而以学问自修，君子之事，非可言龙也。三，下乾终而上乾继，故其性体刚健，有乾乾自惕之象。若者，拟议之辞。三居下卦之终，故言终日。夕亦日之终也。终日乾乾，自始至终，无日不戒惧也。夕又惕若，自昼至夜，无时不戒惧也。重刚不中，所处危地，有厉象。虽处危地，而刚健得正，自修不息，有虽危无咎之象。凡言"无咎"者，本皆可致咎，善处之，故咎可无也。《程传》拟舜之玄德升闻，时解作相臣忧勤任重。不必泥。

九四。或跃在渊。无咎。

九阳四阴，在上卦之下。或者，疑而未定之辞。进退之际，无适无莫，无可不可。人不能测，故以或言之。渊者，上空下洞，深昧不测，龙之所栖也。渊虽卑于田，然田非龙所居。在田则下于地，渊正龙所从变化之处。跃则已离于地而将向于天矣。九，阳动，故有跃象。四，阴虚，故有渊象。以阳居阴，居上之下。又变巽为进退为不果。有进退未定，可上可下，能随时进退，则可无咎之象。乾至健知险，六爻皆不言吉。而险莫如三四，故善处之，仅可无咎而已。《程传》拟舜之历试诸艰，胡氏拟之储贰。皆存而不泥可也。

九五。飞龙在天。利见大人。

《易》卦皆以五为君位，以其居上卦之中也。上虽尊而过乎中，则拟之宾师矣。卦体纯阳，刚健也。以阳居中，中正也。纯阳居上之中而得正，有飞龙在天之象。居上之中，人所共仰，有利见大人象。二与五皆刚健中正，而五居尊位。以圣人之德居天子之位，故万人乐得而见之。即《文言》所谓"圣人作而万物睹"也。然使有德位者占此，则所利见者九二在下之大人，如尧之得舜可也。

上九。亢龙有悔。

上者，最上一爻之名。亢者，过于上而不能下。龙由潜而见而跃而飞，至秋分又蛰于渊，知进退者也。过此不蛰则亢矣。五者，位之极。中正者，得时之极。过此则为亢矣。阳极于上，有龙之过亢而动必有悔之象。唯圣人知进退存亡，乃可免也。凡言有者，非必然之辞。曰"有悔"，亦自有无悔之道可知。

用九。见群龙无首。吉。

九变而七不变。凡筮得阳爻皆用九，而独乾称用九。盖他卦不纯阳，独乾之六爻皆变，则纯阳为阴，所用皆九矣。人为势位所移，为才气所使，是为九所用，非能用九者。因时变化，无适无莫，故独称"用九"。坤之"用六"仿此。六爻皆动，有群龙象。阳皆变阴，不以刚为物。先刚而能柔，有群龙无首象。龙未尝无首而首不可见，善藏其用者，吉之道也。六爻皆不言吉，独此言吉，圣人不恃刚也如此。

《彖》曰：大哉乾元，万物资始，乃统天。

《彖》即文王所系"元亨利贞"之辞。"《彖》曰"以下谓之《彖传》，孔子所以释《彖辞》也。彖，兽名，豕形而有六牙。卦有六爻，《彖》则总六爻之义，故以为名焉。《彖传》以天道明乾义，又析"元亨利贞"四德而言圣人之法天。此一节首释"元"义也。卦以阳为大，阴为小。六爻纯阳，故曰"大哉"，赞叹之也。"元"字兼"大""始"二义。大者，无所不包，物莫有外者。始者，无所不达，物莫有先者。元之为德不可见也。可见者，物之资始而已。天以生物为心，而物之生必有所始，乾元实能资之。既资以始，即资以终。自始而终，终而复始，皆一元生意贯彻其间，是能统乎天也。资始者，无物不有。统天者，无时不然。此乾元之所以大也。

云行雨施，品物流形。

此释乾之亨也。既资其始，自然亨通。元气薰蒸，油然云行。淋漓布薄，沛然雨施。资始之初，浑沦未辨，故曰"万物"。此则形质可别，故曰"品物"。流者，川流不息。形者，明白不紊。所谓亨也。《经》未言"亨"字。然"云行雨施"气之亨，"品物流形"物之亨也。

大明终始，六位时成，时乘六龙以御天。

此言圣人体天之元亨也。始即元，终即贞。不贞无以为元，不终无以为始。故曰"终始"。《来注》以终为上爻，始为初爻，引《系辞》"原始要终"。亦可兼用，盖六爻即有元贞之义也。大明之者，深知其所以然之故也。六位即六爻潜见惕跃飞亢之位。位随其时，皆有一定而不可易，故曰"时成"。成者，位自成。乘者，圣人乘之。既曰"六位"，又言"六龙"者。位有一定。因时变化，与之咸宜者，圣人也，故曰"时乘六龙"。不曰"行天道"，而曰"御天"者，与时偕宜，造化在我，犹控御之也。言圣人大明乾道之终始，见卦之六位各以时成，而能因时变化以合乎天，则圣人即天矣。六位已兼利贞，而谓圣人之"元亨"者，言其功业作用，未及其究竟也。

乾道变化，各正性命，保合太和，乃利贞。

此释"利贞"之义也。乾道即乾元之道。变者，化之渐。化者，变之成。万物由变而化也。各正者，不相混淆，无偏枯也。物所受为性，天所赋为命。保者，存而不失。合者，聚而不散。太和，阴阳会合，冲和之气也。各正者，得于有生之初，万物各具一元也。保合者，全于有生之后，万物统会一元也。乾道由变而化，万物华者向实，生理各足无偏，此利也。太和元气，保全凝合，又含将来生意，此贞也。各正性命言理，而气在其中。保合太和言气，而理在其中。然皆元之所为，此元之所以统天也。

首出庶物，万国咸宁。

此言圣人体天之利贞也。首出庶物，聪明睿智出乎庶物之上。

以君临天下，犹乾道之变化也。乃恭己无为，而四海各遂其生，各复其性，犹万物之各正性命而保合太和也。此圣人功业成就究竟，故谓之利贞。又按：古本"大明终始"节在"利贞"之下，"首出庶物"之前。则圣人体天之元亨，与体天之利贞，不必分属，尤为浑融。大抵《彖传》以乾备四德，而要以元气流行无间，发生万物。圣人备四德，亦体元出治，以致太平。此圣人得天位，行天道，致太平之占。而占者得之，亦随其所处时位论之，不必拘也。

《象》曰：天行健。君子以自强不息。

书不尽言，言不尽意，故圣人立象以尽意。卦之上下两象，伏羲所取。六爻之象，周公所系也。此节谓之"大象"，孔子作《传》，以释伏羲所取之象也。"潜龙"以下，谓之"小象"，孔子作《传》，以释周公所取之象也。上下卦有重义，天则一而已。但言天之行，则今日一周，明日又一周，至健之象也。以，用也。君子体易而用之，常存天理。不以人欲害其天德之刚，则自强不息。若间以一念之私则息矣。凡《大象》之传，皆夫子所自取，故与卦爻不相属。行健者，在天之乾。不息者，在我之乾。上句以卦言，下句以人事言。他卦仿此。

潜龙勿用，阳在下也。

自此至用九，夫子《小象》之《传》，以释周公取象之意也。阳谓九。初爻在下，阳气在下。君子处微，未可以有为也。圣人于乾之初，忧其在下。于坤之初，虑其始凝。已有扶阳抑阴之意。

见龙在田，德施普也。

德即刚健中正之德。二虽未得位，而德化足以及物，所施普矣。

终日乾乾，反复道也。

反复，往来进退动止必合乎道也。下乾已尽，上乾复来。乾而复乾，无他涂辙。犹云"反反复复"，只在这条路也。二德及于人。三惟道修于己，以所处危地也。

或跃在渊，进无咎也。

量可而进，适其时则无咎。增一"进"字，以断其疑也。

飞龙在天，大人造也。

造，作也。圣人兴起，在天子位也。此释"飞龙在天"。至"同声相应"节，乃言"利见大人"。

亢龙有悔，盈不可久也。

乾之上九，阳之盈也。盈则必消不可久，至悔之由。人知其不可久，防于未亢之先，则有悔者无悔矣。防其亢者，复返于潜而已。

用九，天德不可为首也。

天德即乾道。阳刚天德，不可为物先。群龙无首，用九之象。不可为首，为人之用九者言也。然惟其不可为首，所以能首出庶物。盖乾本为万物之所资始，已具首出之德。而物极必变，善体乾者，刚而能柔，谦卑逊顺，不为天下先，故曰"不可为首"。非于乾有所不足也。

《文言》曰：元者，善之长也。亨者，嘉之会也。利者，义之和也。贞者，事之干也。

他卦《彖》《象》，作《传》而已。独乾坤为诸卦之父母，故夫子更设《文言》，以尽二卦之蕴。依文以言其理，故曰"文言"，又为有文之言词也。此乃释"元亨利贞"为四德者字也。字，夫子悠然有会于其妙而赞叹之，非诠解之词。元者，生物之始。天地之德，浑函于此。于时为春，于人为仁。四时之运，皆此元气周流。义礼智之善，皆从此生生，恻怛之心发端，故曰"善之长也"。亨者，生物之通。物至于此莫不嘉美。于时为夏，于人为礼。万物至夏地生畅茂。一物如此，万物无不如此。众美之物无不会聚，故曰"嘉之会也"。利者，生物之遂。物各得宜，不相妨害。于时为秋于人为义。秋气严肃，义也。然无此气，不能各遂其生。人人亲其亲长其长，义也。即此便和，所以为利。若不亲其亲而亲他人之亲，至于不和，又安有利。不于利上求利，义之和处便是利。盖处置得宜，不逆于物，利莫大焉者也。贞者，生物之成。实理具备，随在各足。于时为冬，于人为智。万物至冬收敛完固，实理充足。故贞下起元，来岁复能发生。人之有知，见理既明。知而弗去，灵明内涵，万变由我。犹木之有干，枝叶从此以生也。此节发明乾之四德，天理之自然也。下节乃言君子体乾之学，人事之当然也。

君子体仁，足以长人。嘉会，足以合礼。利物，足以和义。贞固，足以干事。

体仁，以身法天地生物之心。所存所发无不在是。全体皆仁，无一物不在所爱。有君长之道，故足以长人。嘉会，《本义》曰"嘉其所会"。谓众美毕集，动容周旋，无不尽善。不失之过，不失之不及，故曰"合礼"。义，体严而用和。君子使天下君君臣臣父父子子，各得所利。情既相安，分乃不渎，故义无不和。贞固者，真知理之正而固守之。凡事从此立矣，故曰"足以干事"。

君子行此四德者，故曰乾，元亨利贞。

天行健而四德备。君子亦体天之健以行四德，君子之乾也。四德，人所同具。唯君子能自强不息以法乎乾，乃能行之。故言元亨利贞，必先以乾也。自"元者善之长"至此，皆以申明《彖传》之意。然下文申明《彖传》皆系以"子曰"，此则否者。疑古人已有其辞，故《左传》穆姜当称引之，夫子亦有取焉者也。

初九曰：潜龙勿用。何谓也？子曰：龙德而隐者也。不易乎世，不成乎名。遁世无闷，不见是而无闷。乐则行之，忧则违之。确乎其不可拔，潜龙也。

自此至乃见天则，夫子申言《彖传》之意。而此节六爻设为问答之辞。龙德，圣人之德也。圣人神明不测，故曰"龙德"。初九阳在下，圣人之在侧陋也。不易乎世，谓自守其道，不因世而变易。不成乎名，谓自晦其迹，不求其名之成。行与世违，遁世矣。而道足自乐，故无闷。己不求名，不见是于人矣。而心可自信，故无闷。时当可乐，则不私其有，以同乎人。时当可忧，则不失吾己，违而去之。"忧"与"闷"不同。为一身起见为"闷"，为天下起见为"忧"。此六句皆言龙德确乎其不可拔，隐也。然"确"乃"的确"之确，非"坚确"之确，盖非意专于退也。忧乐一随乎时，行违一准乎道，非一己之私。所谓用舍无与于己，行藏安于所遇。富贵不淫，贫贱不移。所见真确者也。六爻皆以圣人言之，有隐显而无浅深。

九二曰：见龙在田，利见大人。何谓也？子曰：龙德而正中者也。庸言之信，庸行之谨。闲邪存其诚，善世而不伐，德博而化。《易》曰：见龙在田，利见大人。君德也。

正中，正当下卦之中也。盖上下卦以二五为中也。德而曰"龙"，似神奇不可测矣，不知圣人只修其庸言庸行而已。庸常之言亦信，庸常之行亦谨。则无不信与谨，盛德之至矣。犹且闲邪存诚，犹《诗》所谓"无斁亦保"，虽无厌斁而常自保守也。邪自外入，故言"闲"。诚本我有，故言"存"。邪闲则诚自存。盖妄去则真全，非别求所谓诚者而存之也。乾二画实，故言诚。坤二画虚，故言敬。诚敬者，圣学之源。见于乾卦坤卦，实天地自然之理也。去其不谨信之邪，存其谨信之诚。由是上可格君，下可善俗。则善不徒在一身，而及于一世矣。不见为己之善，而见为世之善，何伐之有乎？善被于一世，德之博也。己既不伐，人亦不知其所以然。正己而物正，化也。自诚之纯粹言之曰"善"，自其及人者言之曰"德"。二非五，未居君之位，而正中已有君之德，故称大人也。

九三曰：君子终日乾乾，夕惕若，厉无咎。何谓也？子曰：君子进德修业。忠信，所以进德也。修辞立其诚，所以居业也。知至至之，可与几也。知终终之，可与存义也。是故居上位而不骄，在下位而不忧。故乾乾因其时而惕，虽危无咎矣。

《本义》谓六爻皆以圣人言之，有隐显而无浅深。言所处时位有不同，非自初而上有积渐也。三爻爻辞称君子，亦君子而求至于圣人者也。进德就存诸心言，修业就见诸事言。忠信，存诸心者无一念之不诚也。德欲进而不已。然使无真实之心，德安能进？故忠信，所以进德也。修辞立其诚，见于事者无一言之不实也。人之不实多在于言。若口不择言，虽有忠信之心不能立。立其诚，即立此忠信。随事检点，不敢妄言。虽不言制行，而制行在其中矣。业既言修，又言居者。修者治而弗怠，居者守而勿失。如屋之既修，居之乃为我有也。修辞立诚，业为我有，故曰"所以居业也"。忠信修辞，言所以进德修业之道。知至知终，又详其始终用功之序。知至至之，进德之事。理无加于忠信，故曰“至”。至之，则进而不已也。诚伪微茫之判曰“几”。与，许也。人惟所见未真，故不敢进。疑似之际，不能自主。知至则实见是非端的。知德之极至在是，而以实心必欲赴之。则凡意念所动，微茫之际，不差此几之动，乃可许之，而德日进矣。知终终之，居业之事。万事究竟归于一诚，故为终。终之则居而不失也。事物有裁制之宜为义。义与几非二。在心之初动为几，然几尚有善恶。所动皆善，见之于事，则为义矣。存之即居之也。人不知究竟所在，则不知所终。知之而不务至乎其极，虽所行偶有合宜，亦不能存。知终则深知万事归于一诚，而以修辞立诚终之。则凡事之裁制合宜而为义者皆无不存，而业自修矣。知开其始，行要其终。内实其心，外实其事。以此居上居下，安往不宜。所以终日乾乾，夕犹惕若，无一息之间也。三在内卦为上，合外卦为下。不骄不忧，所谓无咎，进德修业之效也。

九四曰：或跃在渊，无咎。何谓也？子曰：上下无常，非为邪也。进退无恒，非离群也。君子进德修业，欲及时也。故无咎。

“或”之为言，可上可下可进可退。上下无常，疑为邪矣。然欲及时而上，故有时或下，非为邪枉也。进退无恒，疑于离群矣。然欲及时而进，故有时或退，非离群类也。四处危疑之地，进德修业与九三同。三因时，四欲及时。“无常”乃所以为常，“无恒”乃所以为恒，故无咎也。

九五曰：飞龙在天，利见大人。何谓也？子曰：同声相应，同气相求。水流湿，火就燥。云从龙，风从虎。圣人作而万物睹。本乎天者亲上，本乎地者亲下。则各从其类也。

此言凡物各从其类。圣人，人类之首，故为人所归。以释“利见”之义也。鹤鸣子和，雄鸣雌应，同声相应也。取火于日，取水于月，同气相求也。下湿易润，水先趋之。干燥易焚，火先燃之。龙，阳物，薰蒸之气为云；虎，阴物，肃杀之气为风。凡此皆以类相感者也。圣人，人类之首，故为人之利见亦然。作者首出于上，睹者下观而化也。又以物之亲上亲下，以见人之于圣人亦然。本乎天，日月星辰轻清成象者皆亲之。本乎地，虫兽草木重浊成形者皆亲之。盖属阳者从上，属阴者从下也。类各有本，本各有亲。圣人万物一体，利见又何疑乎？

上九曰：亢龙有悔。何谓也？子曰：贵而无位，高而无民，贤人在下位而无辅，是以动而有悔也。

九为龙，贵矣。而阳不得阳位，位在于五，是无位也。上而亢，高矣。而纯阳无阴，是无民也。九三之贤在下，而敌体不应，是无辅。是以动而有悔。然致悔在动。不动而复于潜，则悔可无矣。

潜龙勿用，下也。

阳在下也。释"潜龙"以气言，此释"勿用"以人言。言在下未可用也。

见龙在田，时舍也。

"舍"作"舍止"之舍。见止在田，尚未大用。时舍者，暂止于此，势非久安也。

终日乾乾，行事也。

进德修业，行所当行也。即行健不息之意。

或跃在渊，自试也。

自试，斟酌之意。试其时之可否而不轻进，非中无所主而漫以尝试也。

飞龙在天，上治也。

得位而行，居上以治下也。

亢龙有悔，穷之灾也。

阴阳一气无穷，而时位有穷。穷极则灾生也。

乾元用九，天下治也。

言"乾元用九"，见与他卦不同。盖一百九十二阳爻皆用九，各有所指。独乾之用九为刚而能柔，人君治天下之道也。元者，仁也，足以长人者也。人君体乾之"元"，用乾之"九"。至诚恻怛之意，行于刚果之中。宽猛得宜，天下自无不治矣。四德独言"元"，元可包四德也。亢之后言"元"，贞下起元也。天下自无不治，一元之运，无为之化也。自"潜龙勿用下也"至此，申言《象传》之意。

潜龙勿用，阳气潜藏。

阳气潜藏，君子亦当晦隐。初一潜而天下阳之属皆宜潜也。曰"下"曰"隐"曰"藏"，反复发明示人，不必强立分别。

见龙在田，天下文明。

"文"者，经纬成章。"明"者，光显不昧。二虽不在上位，天下已被文明之化。如孔子是也。此爻变离，有文明象。

终日乾乾，与时偕行。

兼"无时不然""随时加谨"二意。天行健，无息时。与天时俱不息，法天之学也。时当危厉，理宜乾惕，处危之道也。

或跃在渊，乾道乃革。

离下内卦而上外卦。时当变革，势不得轻。

飞龙在天，乃位乎天德。

六爻皆天德。而五乃天位，天德之得位者。唯有是德，乃宜居是位也。

亢龙有悔，与时偕极。

此穷极之极，非至极之谓也。时既极，而我不能变通，则与时运俱极，故言"偕"。偕极有悔，非德也。故初曰"德之隐"。二曰"正中"。三、四曰"进德"。五曰"天德"。独上不言"德"。知进退存亡之圣人，则虽偕极，而有穷变通久之道矣。

乾元用九，乃见天则。

则者，理之有节限而无过不及者也。刚柔适中，天之则也。用九刚而能柔，乃合乎天之则也。言"用九"而冠以"乾元"，有统天之德，而后九可用也。自"潜龙勿用下也"至此，皆反复申言《象传》之意。或言其时，或言其位，或言其用，不必强有所分。

乾元者，始而亨者也。

自此至"天下平也"，又申《象传》之意。承上言"乾元用九"，又乾元之妙。前以"元亨利贞"析为四德，至此又若以"元亨"与"利贞"分言之，而统归于一元。因赞乾德之妙，唯圣人能体元以法天也。他解有谓自此至"天下平",申言"乾元用九天下治"者,非。盖用九六爻皆变,取其刚而能柔。此言刚健中正,六爻发挥,则以纯乾之德言之。盖夫子因言乾元,因申《象传》未尽之意也。始即"资始"之始。而始则必亨。盖有息则不能亨,不息则理势必亨。增"而"字,有渐次而无断续。天地生生之气,自微而著。始而亨,则亨而利,利而贞,皆可知矣。

利贞者,性情也。

收敛归藏,乃见性情之实。元亨时,乾之发见。利贞则各有成就。如草木之种。春时发芽,夏则千枝万叶。至秋渐收敛,冬乃坚实。前此发见时,共一性情。至此则各一性情,犹前言各正性命也。溯性之本言之,则曰"性命"。推性之用言之,则曰"性情"。情又可发生,贞下又起元矣。

乾始能以美利利天下,不言所利,大矣哉!

乾始,乾元之始也。乾始之道,能使庶类生成,天下蒙其美利,能以美利利天下也。坤"利牝马",他卦"利建侯","涉川",皆有所指。乾始无所不利,非可指名,故言利,不言所利也。乾之始即元而亨。不言亨者,元可包亨也。利天下者,利不言所利者。贞不言贞者,利可包贞也。然乾始能以之,则亨利贞皆在元之中矣,故赞其大。

大哉乾乎! 刚健中正,纯粹精也。

四德一元,元一乾也,故曰"大哉乾乎"。其体坚强,不可屈挠,刚也。其用循环,无少间断,健也。其行若有所限,而无过不及,中也。其立若有所专,而不偏不倚,正也。刚健之极,不杂于阴柔,纯也。中正之极,不入于邪恶,粹也。纯粹至于至极,无有形容,精也。乾属刚,而又言中正者。盖分乾坤而言,则有阴阳刚柔动静之不同。自一元之气周流无间之本体言之,则无所不包也。

六爻发挥,旁通情也。

乾德之精,不容言矣。可言者其情耳。故圣人以六爻发挥,曲尽其情,而乾之道在《易》矣。

时乘六龙,以御天也。云行雨施,天下平也。

六爻曲尽《易》之道。而唯九五有德位之大人,能体备乎乾之蕴。故独以有天下之圣人言之。六龙即六爻。"时乘"句增"也"字，与上不同。上重乘龙，此重御天。言乘龙者将以御天也。六爻不外一时。圣人以时乘此六龙，将以御天下也。云行雨施，就圣人言之。政教如云之行，德泽如雨之施，天下自无不平也。御天而云行雨施，圣人之以美利利天下也。天下皆平，圣人之不言所利也。至此而乾之道在圣人矣。又按：《象》以"元亨利贞"言乾，《文言》即以"元亨利贞"属之君子。乾之德在君子躬行之中也。《象》以"云行雨施"言乾，《文言》即以属之圣人。乾之功即在圣人运用之内也。此天人之合。君子自强不息以法乎天，不可以已也。

君子以成德为行，日可见之行也。潜之为言也，隐而未见，行而未成。是以君子弗用也。

德，得于心者也。行，见于事者也。日可见，犹指日可待之意。理得于心，可以见之行事矣。但当隐而未见之时，德虽可行，而时位未能成其所行。君子知其时位之未可，是以弗用。此以下又申《象传》未尽之意。

君子学以聚之，问以辨之，宽以居之，仁以行之。《易》曰：见龙在田，利见大人。君德也。

九二有正中之龙德。然所以成德者，亦由学问之功。"之"指正中之理。言理之得于天者，虽我所固有，然散见于事物，不学则闻见者寡，无以聚于吾心也。聚矣而不问，则不知所择。故问所以辨其是非同异也。聚矣辨矣，狭隘其心，则此理非我有。故必有涵养宽裕之意，优游厌饫，勿忘勿助，而所聚所辨者，庶融会贯通，与心为一矣。至于仁者，吾心之全德，即天之元。吾之所学所问者此也。既聚既辨之后，既居于心，即见之于行事。亦犹天之行健，无或一息之间。则莫非天理，无一毫私欲之间。而乾元之德全。虽未居君之位，而已具君之德矣。

九三，重刚而不中。上不在天，下不在田。故乾乾因其时而惕，虽危无咎矣。

重刚，阳爻阳位也。按：《来注》三居下卦之上，四居上卦之下，以刚接刚，故皆曰"重"。此解亦可参。不中，非二五也。不在天，非上之中。不在田，非下之中。时本可危，因时而惕以防危，故虽危无咎。

九四，重刚而不中。上不在天，下不在田，中不在人，故或之。或之者，疑之也。故无咎。

"重"字衍。三四皆人位，而四居人之上而近君，故曰"不在人"。"重刚不中"之中，二五之中也。"中不在人"之中，六爻中间之中也。下以二为中，三则过。上以五为中，四则不及。过则忧，不及则疑。然忧所当忧，卒于无忧。疑所当疑，卒于无疑。故皆可以无咎。

夫大人者，与天地合其德，与日月合其明，与四时合其序，与鬼神合其吉凶。先天而天弗违，后天而奉天时。天且弗违，而况于人乎？况于鬼神乎？

前"同声相应"节言"利见"之意。此专就大人言，而利见之意在其中。九五之为大人，大以道也。天地者，道之原。大人无私，以道为体，则合于天地易简之德矣。天地之有象，而照临者为日月，循序而运行者为四时，屈伸往来生成万物者为鬼神。名虽殊，道则一也。大人既与天地合德，故其明目达聪合乎日月之照临，刑赏惨舒合乎四时之代禅，遏扬彰瘅合乎鬼神之福善祸淫。先天弗违，如先王未有之礼可以义起。盖虽天之所未有，而吾意默与道契，虽天不能违也。后天奉时，如天秩天序天理所有，吾奉而行之耳。盖人与天地鬼神本无二理，特蔽于有我之私而不能相通。大人与道为一，即与天为一，原无彼此先后之可言。其曰"先天""后天"者，亦极言或先或后，皆与天合也。

亢之为言也，知进而不知退，知存而不知亡，知得而不知丧。

进退以身言。穷上反下，退矣。存亡以位言。过五居上，亡矣。得丧以物言。无辅无民，丧矣。是之谓亢，所以动而有悔。

其唯圣人乎？知进退存亡而不失其正者，其唯圣人乎？

知进退存亡，则无得丧矣，故不复言得丧。不失其正，处之以道，非计私以避害也。正即贞也。乾元归于一贞。圣人法天体元归于一正。随其时，不失其正，非圣人不能也，故再言"其唯圣人乎"。此卦六爻，周公皆取象于龙，夫子《文言》皆属之于圣。非圣人固不能体天，然《易》非专为圣人言也。自天子以至于庶人，自圣贤以至于愚不肖，皆可观象玩辞，观变玩占，而以圣人为法耳。盖人生天地之间，吉凶悔吝无一息之停，圣人随其时之所值，而皆有以处之，使得其正。此不独乾卦之义，而实全《易》之义。《易》之所以开物成务，圣人所以为天下后世法者，此也。

☷（坤）

《归藏》首坤，其义未知所取。《周易》以坤继乾，以地承天，万物之父母也。全卦以柔顺得正，为地道臣道妻道之宜。六爻唯二、五言吉利，而五不如二之正。他则皆有扶阳抑阴之微旨焉。坤卦之大略也。

坤。元亨。利牝马之贞。君子有攸往。先迷后得主。利。西南得朋。东北丧朋。安贞吉。

三偶为阴，其卦为坤，其象为地。阴之成形，莫大乎地。地势卑顺，故名为坤。六画皆阴，内外皆坤，阴之纯，顺之至也。纯阴至顺，一承乎阳。循物无违，居心顺应。理无不通，故占亦可大亨。然必守此顺德，久而不变，故曰"利牝马之贞"。牝马，柔顺而健行者。马为乾象。曰"牝马"，明配乾也。阳得其全，阴得其半。以柔顺得正为利，则其他有所不利矣。阳先阴后。君子占此，欲有所往，率先首事，必至于迷。居后顺从，乃得其当。故曰"先迷后得"。主利，《本义》谓阳主义而阴主利。《大全》谓占此卦便主利此事，非坤道主利万物也。时解皆从之。今按：《苏传》《来注》皆以"后得主"为句。谓阳为阴主，乾为坤主。居后从乾，得其所主，所以为利也。此虽与《本义》不合，然观后《文言》"后得主而有常"句，似非遗去"利"字，且于理义甚顺，宜存之。西南，阴方。东北，阳方。西南致养之地，与坤同道，故"得朋"。东北反乎西南，故"丧朋"。阴体柔而躁，妄作以求全，则非矣。必安于正乃吉，故曰"安贞吉"。盖阴之德减于阳之半。故体乾之君子，可先亦可后。而体坤之君子，但为后不可为先。所遇虽得丧之不同，而要以安于正则吉，此地道臣道妻道也。此三句《本义》解如此，时解皆从之。今按：《苏传》及《来注》皆谓"文王圆图，西南，兑离巽三女所居，坤之朋也。东北，震坎艮三男所居，非朋也。阴以从阳为正，去其三女之朋，求主于东北，则为安贞之吉矣"。此虽与《本义》悖，而说可存。

《彖》曰：至哉坤元！万物资生，乃顺承天。

此以地道明坤之义，而首言元也。至，极也。乾曰"大"，无所不包也。坤曰"至"，无所不尽也。乾之大无方。坤则未离乎方也，故但曰"至"。元非别有一元。乾施坤受，一气而已。资始者有其气，资生则有其形。然非坤自为，顺天气而承之以生。不先不后，所以为至也。坤厚载物，德合无疆。含弘光大，品物咸亨。此言亨也。坤之德厚，持载万物，合于乾之无疆。无疆，即乾之不息也。不息则可久，无疆则可大矣。其静也翕，故曰"含弘"。含言无所不容，弘言无所不有。其动也辟，故曰"光大"。光言无所不著，大言无所不被。所以"德合无疆"。而品物之流形者，咸畅茂条达，无不亨矣。

牝马地类，行地无疆。柔顺利贞，君子攸行。

此言利贞也。马，乾象。而曰"地类"者，马行地之物，牝则阴之类也。行地无疆，则顺而健矣。地承天施，柔顺也。生物有终，利贞也。坤之德如此，君子所行如之，则有"先迷后得"之庆矣。

先迷失道，后顺得常。西南得朋，乃与类行。东北丧朋，乃终有庆。

居先则迷惑而失坤之道，居后则顺利而得地之常。西南，与阴之类行，故"得朋"。东北，非其类，故"丧朋"。然反而与类行，亦终有得朋之庆矣。《本义》所解如此。《程传》谓东北从阳，成生物之功，曰"有庆"。《苏传》《来注》同之。今按：独阴不生，从阳有庆为是。

安贞之吉，应地无疆。

安而且贞，地之德也。《彖》有三"无疆"："德合无疆"，坤配乾之无疆；"行地无疆"，坤之德无疆也；"应地无疆"，人法地之无疆也。无疆本天德。唯地能合天之无疆，则地亦无疆。君子能法地之无疆，君子亦无疆。君子法地，地法天，一天德之无疆已矣。

《象》曰：地势坤。君子以厚德载物。

天以气运故曰"行"，地以形载故曰"势"。上下卦皆地，然其象一而已，故不言重，而但言其势之顺。盖地非以平为顺。高下相因，正见其顺也。高下相因无穷。地势之顺，以地德之厚也。"厚"，故万物皆载焉。君子以之法地德之厚，而民物皆在所载矣。至乾之《大象》不言乾而言健，地则不言顺而言坤，朱子谓用字偶有不同，不必穿凿。

初六。履霜。坚冰至。

阴爻言六者，凡揲筮得三偶，则所余二十四策，合四六之数为老阴。得二奇一偶，则所余三十二策，合四八之数为少阴。老变而少不变，故阴爻称六。又按：两地之义合河图，地二地四而为六。取地之生数，不取成数，则亦为六也。霜，一阴之象。冰，六阴之象。霜，阴气所结，其势犹微。及其既盛，则水冻而为冰。初阴有霜象，六阴有冰象。阴爻虽始生于下，其端甚微，而其势必盛，故圣人示人以戒辞，当履霜则知坚冰之将至也。盖阴阳，造化之本，不能相无。而消长有常，亦非人所能损益。然其类则阳生阴杀，阳善阴恶，阳君子而阴小人。故圣人于《易》，每致扶阳抑阴之旨，亦参赞天地之微权也。

《象》曰：履霜坚冰，阴始凝也。驯致其道，至坚冰也。

《本义》谓"《魏志》作初六履霜"，当从之。驯，顺习也。道，即小人道长之道。《经》言"坚冰至"，要其终也。《象传》"至坚冰"，原其始也。当其履霜，不过阴之始凝耳。乃至于坚冰，则惟其因循顺习以致之耳。戒占者当豫防，不可自我致之也。始于微而终于著，阴阳均也。而阴之为物，弱而易入。易以陷人，故戒其驯习而致之。即子产"水弱民玩"之意。

六二。直方大。不习无不利。

乾五爻皆取象，独九三指其性体刚健者言之。坤五爻习取象，独六二指其性体柔顺者言之。初三五柔顺而不正非阴位也。四上柔顺而不中，非上下卦之中也。唯六二柔顺而中正，得坤道之纯者也。正则无私曲而内直，中则无偏党而外方。内直外方，其德自然盛大。不假修习，而自无不利也。不揉而直，不矩而方，不廓而大，故曰"不习"。不待学习，自然直方大，故曰"无不利"。盖习而利，则利止于所习矣。唯不习，故"无不利"。言以乾之德为德也。乾，其动也直，坤亦直。乾圆而坤则方。乾不息而坤德合无疆，则与乾并大矣。占者有是德，则其占如是。初六占在象中，此则象在占中。

《象》曰：六二之动，直以方也。不习无不利，地道光也。

地之直方，于其动观之，即生物之无屈挠。见其直，即赋形之无变易。见其方，盖唯承天而动故也。直方则大也，故不言"大"。地道之光，自然而然。无所勉强，不可掩蔽也。

六三。含章可贞。或从王事。无成有终。

坤为吝啬，又为文。六三阴居阳位，刚柔相杂，内含章美之象。体纯阴，可贞以守之象。居下卦之上，有位者也。有或出而从王事，不终含藏之象。三居下卦之终，有终之象。三居阳不正，故不曰"贞"曰"可贞"。不欲轻进，故曰"或"。不敢造始，故曰"从"。人臣之道，凡事不敢居其成功，唯奉事以守终，故曰"无成有终也"。《本义》谓始虽无成，后必有终，意似不同。然全卦有先迷后得之象，而三爻多凶。凡占者得此，即如所占可也。

《象》曰：含章可贞，以时发也。或从王事，知光大也。

处下之道，必能含其美，乃为得正。然义所当为，则以时而发，非有所隐而不尽也。或从王事，乃能无成有终，以其知之光大故也。盖天下唯能含者乃能发。圭角浅露，不可有为矣。唯知光大者乃能含暗昧不明，妄自炫耀矣。大知光明者不事匿名晦迹，而骄矜不形。涵养深沉者不用见事风生，而事业自远。此即《象传》所谓"含弘光大"也。

六四。括囊。无咎无誉。

阴虚能受，故坤有囊象。重阴凝闭，有"括囊"之象。三以阴居阳，犹或可出。四以阴居阴，逼近于君，唯有谨密晦藏而已。不但言语之简默，凡一切动止皆然。如此则无偾事之咎，亦无成事之誉。盖四近君，誉则逼上，誉即咎之招。"无咎"者，以无誉也。求誉，则不能括囊矣。

《象》曰：括囊无咎，慎不害也。

能慎，则不害也。君子当否塞之时，不求有功，当思远害。

六五。黄裳。元吉。

黄，中色，地之色也。裳，下饰，坤为裳也。然不于二言之，独于五言之者。盖六二阴而在下，柔顺中正，自然无不利。六五以阴居尊，必中顺之德充于内而见于外，乃得大善之吉，否则凶矣。《程传》以羿、莽、武氏臣妾居尊位者言之。先儒或病其拘。盖卦本臣道妻道，而五居尊位。然《易》之为占，皆因人立教。为臣妾者得此，则宜忠信卑顺，以尽其道。为君得此，则宜居中谦逊，以下贤也。

《象》曰：黄裳元吉，文在中也。

坤为文，又居五之中。文生于相错，阴阳专一则无文。阴有阳德，则黄中之文充于中而见诸外也。

上六。龙战于野。其血玄黄。

阴宜从阳者也。纯阴在上，盛于阳矣，故与阳皆有龙象。盛则必争，故有战象。上动不已，进至于外，故有战于野之象。阴虽极盛，岂能独伤阳哉！故有两败俱伤之象。气阳血阴，阳衰于阴，故与阴皆有血象。象如此，不言凶而凶可知矣。乾上但言“亢”，而坤则言“战”者。盖阴阳虽不可相无，然乾尊则无对待。坤卑而盛极，必至侵伤也。初曰“坚冰至”者，防龙战之祸于始。上曰“龙战野”，则著坚冰之祸于终也。余意《文言》详之。

《象》曰：龙战于野，其道穷也。

阴盛穷极，势必争而伤也。然道岂骤穷？由初之驯致也。

用六。利永贞。

坤之用六，以凡筮得阴爻六变而八不变也。然凡阴爻皆用六。独坤以纯阴而皆变为阳，则得称“用六”也。阴柔不能固守，变而为阳，则能永贞矣。不牵于私欲，不惑于常变，固守其顺，所以利也。坤本有元亨，此独言永贞者。盖乾以元资始，坤以贞大终。六爻皆变，则其德减半，故不言元亨也。前言安贞之德，而此言永贞者。盖安者顺而不动，永者健而不息。变而为乾，故言永也。乾吉在于无首，坤利在于永贞。盖以刚健居人之首，则物之所不与也。以柔顺而为不正，则佞邪之，道也。乾变坤，刚而能柔。坤变乾，虽柔必强。变化气质之道，阳本先于阴，而阳之极不为首。阴本小于阳，而阴之极以大终。审时观变之学也。

《象》曰：用六永贞，以大终也。

阴小阳大，先阴而后阳，始小而终大也。小者，小人之道。大者，君子之道。美其善变也。

《文言》曰：坤至柔而动也刚。至静而德方。

此释"牝马之贞"也。动者，生物所动之机。德者，生物所得之质。坤不专成，本至柔也。而承天发生，勃不可御，动之刚也。坤不造始，本至静也。而生物赋形，一定不易，德之方也。乾刚健而中正，所以为大。坤柔静中有刚方，所以为至。不必于柔静之外别求刚方也。

后得主而有常。

按：《本义》"主"下当有"利"字，即《象传》"后顺得常"之意。今按：苏、来二说，后乎乾，得乾为之主，坤道之常也。观其文势，"主"下无"利"字为是。

含万物而化光。

复明亨义。即《象传》"含弘光大"之意。静翕则含生意于中，动辟则有光辉也。

坤道其顺乎？承天而时行。

承天之健，顺天之时以行。即《象传》顺承天之意。自坤至柔至此，皆以申言《象传》之意。

积善之家，必有余庆。积不善之家，必有余殃。臣弑其君，子弑其父，非一朝一夕之故，其所由来者渐矣。由辨之不早辨也。《易》曰：履霜，坚冰至。盖言顺也。

顺，《本义》作"慎"。凡事皆由积渐所致，宜辨之于微而加慎也。或曰顺即驯。即驯致其道，言因循以致之也。更通。

直其正也，方其义也。君子敬以直内，义以方外。敬义立而德不孤。直方大，不习无不利，则不疑其所行也。

何以谓直？言其心之本体无邪，正也。何以谓方？言其心之妙用合宜，义也。此六二"直方"之所由名也。下则言求直方之功。

君子惟主敬，则其内自直。兢兢业业，主一无适。一私不扰，直矣。惟守义，则其外自方。凡所施行，因时制宜。一定不易，方矣。敬义既立，事君则忠，事亲则悦，交友则顺，所谓不孤。至此，不期大而自大矣。苏氏谓直内方外，隐然如硕师良友之在吾侧，是以特立而不孤也。此说较胜。凡事必有所疑，故习而后利。体全用备如此，无施不可。坦然行之而无疑，复何假于习乎？乾于二言诚，坤于二言敬。乾于二言仁，坤于二言义。先儒以诚敬属乾坤，仁义分阴阳，盖本于此。

阴虽有美，含之。以从王事，弗敢成也。地道也，妻道也，臣道也。地道无成，而代有终也。

三以阴居阳，虽有美而含之。非其才有所不足，分有所不敢也。以从王事，不敢专其成功。盖以地承天，即以妻承夫，以臣从君之道也。地道不敢专成功，不过代天而终所未终，况妻道臣道乎？以数言之：天数终于九，亦以地十终之。

天地变化，草木蕃。天地闭，贤人隐。《易》曰：括囊，无咎无誉。盖言谨也。

"天地"二句引起下文之辞。天地交感，则变化万物，虽草木亦蕃。若重阴闭塞，虽贤人亦隐。初言慎，毋纵夫微阴之长也。四言谨，毋炫于重阴之时也。

君子黄中通理。

此释"黄"字之义，中德在内。曲𬯀旁通，无私欲之滞塞。条理分明，无私欲之混淆。中德在内不可见，即"通理"二字形容其蕴，所谓"文在中也"。本爻既变，坎为通通①之象。本爻未变，坤为文理之象。

正位居体。

此释"裳"字之义。虽在尊位，而居下体。

美在其中，而畅于四支。发于事业，美之至也。

德之美者既在其中，由是畅于四支，而和顺在一身。发于事业，而顺治者在天下。内外融贯，乃为美之至。此赞叹之，以见元

---

① "通通"疑为"中通"。

吉之故。

　　阴疑于阳必战。为其嫌于无阳也，故称龙焉。犹未离其类也，故称血焉。夫玄黄者，天地之杂也。天玄而地黄。

　　三虽有美含之，犹知有阳也。上则均敌，无小大之差。疑于阳矣，其势必战。十月纯阴，古人称曰"阳月"，亦以天道不可一日无阳。故称龙于盛阴之时，以存阳也。气阳血阴，未离乎阴，故曰"类"。玄黄，天地之正色，言阴阳皆伤也。全卦唯二五居中，为坤德之美。二居中得正，故不习而利。五以柔中居尊，必中顺而吉。三以阴居阳，贵乎含。四以阴居阴，在乎括。初势犹微，宜辨于始。上势已极，必凶于终矣。盖阴阳二气，天地不能相无。而因时有扶阳抑阴之妙，又圣人裁成辅相之功，所以参赞天地者也。

䷂（屯）

屯卦，震下坎上。震一阳动于二阴之下，故其德为动，其象为雷。坎一阳陷于二阴之间，故其德为陷为险，其象为云为雨为水。有天地，而后万物生焉。屯者，难也。物之始生，郁结未通。故其为字，象草穿地始出未申。此屯所以次乾坤之后也。其卦以震遇坎，乾坤始交而遇坎陷，故其名为屯也。六爻二阳四阴。凡卦爻中阴阳以少者为主，故二阳为四阴之主。然五坎体，陷而失势。初震体，动而得时。屯难之世，阳刚善下，可以有为，故初为全卦之主也。五但小贞吉而已。余四爻皆因初起义。四应初则往吉。三不应初则往吝。二乘初则不进。上远初则道穷。此全卦六爻之大略也。

屯。元亨利贞。勿用有攸往。利建侯。

乾坤始交而遇险陷，世界草昧之时。震动在下，坎险在上。在险中有震动之才，可以大亨。但出险有机，利于守正，未可妄进。震性好动，故戒以勿轻往也。三四五互为艮止，勿用攸往之象。震一君二民，又为长子，震惊百里，有侯象。初九阳居阴下，为成卦之主。是以贤下人，得民而可君，故利于建侯。筮立君者遇之则吉也。盖盈天地之间者万物，万物以人为首，人道以君为尊。草昧之时，震动出险，立君得正，乃以继天立极。此屯所以具四德而继乾坤也。

《彖》曰：屯，刚柔始交而难生。

乾坤之后，一索得震为始交，再索得坎为难生。此正昏冥杂乱之时。此以二体释屯之名义也。

动乎险中，大亨贞。

动乎险中，未遽出险。震体能动，故可大亨。坎在险中，故宜正。自此以下释元亨利贞，皆不言四德，用文王本意。此以二体之德释卦辞也。

雷雨之动满盈，天造草昧，宜建侯而不宁。

此以二体之象释卦辞也。雷，震象。雨，坎象。物之生未有不待雷雨者，然必霁而后见其功。当其方动，充满渎乱，不知所从，则气运郁塞之时也。孔子即此以言世道，言此乃天造之草昧。草者，如草不齐。震为蕃草之象。昧者，如天未明。坎为月，天尚未明。又坎水外暗内明，亦昧之象。此时，天使之然，如天所造。天下未定，名分未明，杂乱晦冥之际，宜立君以统治之。然君初立，治理犹疏，日夜不遑宁处，乃可成拨乱反正之功。如更始既立，日夜纵情声色，非不宁者矣。盖惟侯心不宁，方可求天下之宁也。自屯卦以下，《象传》皆先释卦之名义，后释卦辞。而释卦辞又各有所取。或卦体，或卦象，或卦德，或卦变，而《象》之旨尽矣。此皆先儒所未及。说似拘，而分疏清析，不可易也。

《象》曰：云雷。屯。君子以经纶。

坎不言水而言云者，在雷之上。郁而未通，雨而未成也。坎在震下，则为雷雨之解矣。《象》言雷雨，象言云雷。《象》言其动，象著其体也。经纶，治丝之事。君子治世，犹治乱丝，解其纷结。经者，理其绪而分之。犹雷自敛而发。纶者，比其类而合之。犹云自散而聚。屯难之世，人皆惶惧沮丧，不知正君子经纶之时也。

初九。磐桓。利居贞。利建侯。

磐桓，难进之貌。阳刚动体，才足济屯。但初在下无势，应四柔无援。当险陷之交，故有磐桓之象。然阳居阳位为得正，故利于居贞。又初，成卦之主。以阳下阴，为民所归，有君之象。故占者如是，则利建以为侯。此爻为卦之主，大意与《象》同。"磐桓"即"勿用有攸往"。"利居贞"即"利贞"。"利建侯"虽同，而合全卦言之，则侯指人。自初爻言之，则侯指己。占者得之，则随所处以为占，不必泥也。

《象》曰：虽磐桓，志行正也。以贵下贱，大得民也。

磐桓，非晏安弃务，志在行正也。正为济屯之本，居之将以行之也。阳贵阴贱，初爻阳在阴下。屯难之世，人皆思主。贵能为贱下，所以大得民心，可以为君也。

六二。屯如邅如。乘马班如。匪寇婚媾。女子贞不字。十年乃字。

"屯如"以时言，郁塞而未通也。"邅如"以遇屯之时者言，迟回而未进也。班，分布不进之貌。震于马为馵足为作足，班如之象。女子许嫁，笄而字。六二变兑为少女，女子之象。三四五互为艮止，不字之象。二三四互为坤，坤数十，十年之象。六二阴柔中正，上应于五，然以乘初之刚，故为所难而遭回不进。然初非为寇也，乃求与己为婚媾耳。但二与五为正应，二贞于五。异于五者皆寇矣，焉知其德哉！故守正而不之许，至于十年。则妄求者去，正应者合。数穷理极而可许，故不字于初，终字于五也。爻象如此，占者得之，则宜如是。盖全卦虽以屯初为主，而各爻又各以所处之位论其吉凶。唯二乘初刚，故为所难。二之质柔，故受人所制。欲应五不得，故屯遭不字。所应者正，故终有可字之时。《易》爻有己正，而他爻视之为邪者。有己凶，而他爻得之为吉者。屯之初，正也，而二视之，则为寇。旅之上，凶也，而五承之，则有誉命。盖皆以所处之时位论之，不可泥也。

《象》曰：六二之难，乘刚也。十年乃字，反常也。

乘刚，居初之上。为初所迫，失其常也。然理之所在，十年必反。守正不变，不悖常矣。终获正应，复其常也。

六三。即鹿无虞。惟入于林中。君子几。不如舍。往吝。

六三，下卦六阴而居三之阳位，以求上六。不安于阴，而又贪求阳。不中不正，无正应而妄行，取困者也。鹿，阳物。虞，虞人。无虞，无应也。阳在五而不在上。求阳不获，即鹿无虞之象。林，阴象。在六二六四之间，入于林中之象。卦下体震，动也。互体有艮，止也。圣人于其震之动，庶几其艮之止。曰君子见几，不如舍去。若往逐不舍，必致羞吝矣。

《象》曰：即鹿无虞，以从禽也。君子舍之，往吝穷也。

妄动由于多欲。无虞而即鹿，以有贪禽之心。君子见几则必舍。若往，则羞吝而至困穷矣。《经》曰"不如舍"，辨之明也。《传》曰"舍之"，去之决也。

六四。乘马班如。求婚媾。往吉无不利。

坎为下首薄蹄之马。阴柔居屯，不能上进，故有乘马班如之象。然初九守正于下，以应于己，故初来求四，四往应之，则吉也。《本义》谓下求婚媾，盖以初求四为以阳求阴。往者，适人之意也。时解以四近五为大臣，初刚为贤。四求贤辅君，乃以济屯。然以阴求阳，有害婚媾之义。且初为卦主，有可君之德。如汤之于伊尹，昭烈之于孔明。皆以君下臣，以求济屯。然后往而应之，正不必复言辅五。又刚柔相济，亦以济屯，亦不必专以刚为济屯之贤也。

《象》曰：求而往，明也。

初来求我而后往应，非明理知几者不能。观《象传》意，更与《本义》合。

六五。屯其膏。小贞吉。大贞凶。

九五虽以阳刚中正居尊位，然当屯之时，陷于险中。六二虽为正应，而阴柔才弱不足以济。初九为众所归，则人心已他属。坎体虽有膏润，而不得施，故为屯其膏之象。以处小事，则守正犹可获吉。以处大事，则虽正亦凶矣。初与五皆阳，而五以中居尊反逊于初者。初在下而动，为众所归，时之方来者也。五在上而陷于险，人心他属，时之已去者也。六爻独二五言屯者。二在下而柔，遇时之屯者也。五在上，以刚而陷于柔，自屯者也。守贞不字，无济变之才。屯膏吝赏，非大君之道。皆不能济屯者也。

《象》曰：屯其膏，施未光也。

光，阳德也。陷于二阴之间，人君泽不下及，所施未见大也。

上六。乘马班如。泣血涟如。

坎为血卦又为水，有泣血涟如之象。阴柔无应，处屯之终。进无所之，唯有忧惧，遂至于泣血涟如也。爻言"乘马班如"者三。二待五，四待初，皆有应。独上无所待，唯有泣血涟如而已。

《象》曰：泣血涟如，何可长也。

屯难穷极，莫知所为。颠沛如此，何能久乎？全卦当屯难之世，居上陷险，而下方震动。阳刚奋发而能下人，则可以为君。柔顺待求而应，则可以为辅。居上而泽不下究，则仅可小安。居下而应远被迫，则但当守正。若贪欲妄行，势必取困。穷极忧惧，理难久长。知此，可以处世变矣。

䷃（蒙）

蒙卦，下坎上艮。艮一阳止于二阴之上，故其德为止，其象为山。坎为水为险。内既险陷不安，外又行之不可，蒙之象也。水，必行之物，遇山而止，莫知所之，亦蒙之象。蒙次于屯。盖屯者物之始生。物生必蒙。蒙者，物之稚。蒙昧未明，蒙所以次屯也。乾坤之后，屯主在震之初九，蒙主在坎之九二。此长子代父，长兄次弟之象。艮为少男，方有待于开发者也。此屯蒙次乾坤之义也。又屯之建侯，有君道焉。蒙之养正，有师道焉。天地既位，君师乃立。此又乾坤屯蒙之序也。六爻二阳四阴，亦以阳爻为主。然九二刚而得中，故能为蒙之主。上九过刚不中，则但可击蒙御寇而已。上下四阴爻皆因二以起义。五应二，则为童蒙之吉。初承二，则为发蒙之利。四远二不明，则为困蒙之吝。三乘二不顺，则不以蒙待之，故独此爻不言蒙。此六爻之大略也。

蒙。亨。匪我求童蒙。童蒙求我。初筮告。再三渎。渎则不告。利贞。

物生之初，蒙昧不明。然蒙者不终于蒙，则有亨道。而卦之九二以刚居中，与六五阴阳相应，能发人之蒙，亦有亨道也。我，指二。童蒙，幼稚而蒙昧，谓五也。礼无往教，故非我往求童蒙，必待童蒙之求我也。其所以必待童蒙之求我者，何也？凡求教者，必其心精专而吾之言易入，故童蒙来求我则告之。若再三，则以我求蒙为亵渎。渎则虽告之无当，与不告同矣。凡若此者，盖以蒙者为物所蔽，其中之正未亡也。俟其求发而告之，使归于正，所以利也。若求蒙至再三亵渎，彼终不得其正，何利何亨之有乎？《本义》以初筮再筮为喻言。初筮指问者之精专，渎指问者之烦渎。于理固顺。但《易》皆取象，不必作喻言。观《象传》"以刚中"及"渎蒙"二语，似非指问者言。《来注》以初筮指二，再三指三四。说又近凿。今按：蒙有九二之发蒙，则不终于蒙，有亨象。二不求五而五求二，有不求童蒙，童蒙求我之象。坎一阳为内卦，初筮所得，初筮告之象。艮一阳止于上，再三则不告之象。九居二，六居五，似非正矣。然二以刚中为正，五以应二为正，利贞之象。

《象》曰：蒙，山下有险。险而止，蒙。

山下有险。上峻而难升，下险而莫测。以卦象释蒙之义也。内险则危殆不安，外止则窒碍难往。以卦德释蒙之义也。

蒙，亨，以亨行时中也。匪我求童蒙，童蒙求我，志应也。初筮告，以刚中也。再三渎，渎则不告，渎蒙也。蒙以养正，圣功也。

此以卦之体释卦辞也。卦以九二当发蒙之任者。以亨行时中，谓九二以可亨之道，发人之蒙，所行皆得其时之中也。时者，当其可之谓。五之志未与二应而告之，非时也。再三而渎，亦非时也。蒙当养正，过此而后养，亦非时也。故下文皆言行时中之事。二不求五，而五求二，志自相应也。初筮得九二，以刚居中，故告之，有节也。渎蒙则与不告同，以蒙不可渎也。人皆学为圣人，而圣学不外于养正。人惟当蒙之时，因时而告，则有以养之使正，即为作圣之功。甚言蒙之不可不养，而养之必以时，乃亨也。

《象》曰：山下出泉。蒙。君子以果行育德。

泉，水之始出者。出而遇险，未有所之，故有蒙象。然泉之既出，势有必行。君子本坎之刚中，以果决其行。水尚在山，涵蓄深沉。君子体艮之静止，以养育其德。

初六。发蒙。利用刑人。用说桎梏。以往吝。

初六以阴居下，蒙之甚也。欲发其蒙，利用刑人，谓痛加惩责，使知敬学也。用说桎梏，谓暂去拘束，以待自新。坎为刑为桎梏，故有其象。然坎初变为兑，则为毁折，又有脱之之象。桎梏用之未刑，刑时未有不脱桎梏者。若既刑又桎梏，一往而不舍，拘束太苦，则失敷教在宽之义，必致羞吝矣。

《象》曰：利用刑人，以正法也。

发蒙之初，法不正则人玩。故惩戒之，以正教之之法，盖明刑以弼教也。

九二。包蒙吉。纳妇吉。子克家。

此一爻而具三象也。包蒙对上下四阴言，纳妇克家皆对六五言。九二以阳刚统治群阴，当发蒙之任。然物性不齐，不可一概取必。唯刚而得中，故能有所包容而吉也。坎中阳而五阴，以阴应阳，二能纳之，纳妇之象也。五位尊，有父之象。二居下位而能任上事，又为子克家之象也。时解谓大臣能敷教以宽，以无负君之委任。善教之良臣，犹克家之肖子也。亦通。

《象》曰：子克家，刚柔接也。

《程传》谓子而克治其家者，父之信任专也。二能主蒙之功者，五之信任专也。此重五之能接二也。《本义》但言指二五之应，谓刚柔往来相接也。二说《本义》为优，全卦不重在五也。

六三。勿用取女。见金夫不有躬。无攸利。

三变为巽为长女，有女象。九二阳刚得乾金之中爻，有金夫象。六而居三，阴柔而不中正，女之见有金之夫，而不有其躬以从之者也。取女得如是之人，何所利乎？故戒占者以勿取也。《王注》谓三应在上，有男女之义。三之动为女先求男，故有此象。不如《大全》合屯六二参观，而以三趋二取象为优。盖屯之六二，近初九之阳而正应在五。然震之性动而趋上，而所居又中正，故曰"女子贞不字，十年乃字"。蒙之六三，近九二之阳而正应在上。然坎之性陷而趋下，而所居又不中正，故曰"见金夫不有躬"。六五中正，故为可纳之妇。三不中正，故为淫奔之女。六四质柔，虽困犹可教，故得称为蒙。三徇欲趋利而忘身，并不得言蒙矣。故言勿用以拒之，亦不屑之教也。

《象》曰：勿用取女，行不顺也。

顺亦作慎。按：《程传》作邪僻不顺。亦可。舍正应之夫而从金夫，是不顺也。

六四。困蒙。吝。

六四以阴居阴，既远于阳，无正应又在二阴之间，为困于蒙之象。盖气质既昏，锢蔽又甚，可羞吝之甚也。然能尊师取友，困而学之，犹或可免。终焉，则真吝矣。

《象》曰：困蒙之吝，独远实也。

阳实阴虚。唯刚明有实德者能发蒙，四独远之。从九二则隔三，欲从上九则隔五。又乏正应。异于初与五也。言独，使反而知耻也。

六五。童蒙。吉。

艮为少男，有童象。所谓童蒙者，不失赤子之心。纯一未发以听于人，非幼稚之谓也。五以柔中居尊下应九二，所谓"童蒙求我"，有可亨之道者。故吉。时解作幼主任贤。亦近之，勿拘。

《象》曰：童蒙之吉，顺以巽也。

中爻为坤顺，变则为巽。顺以爻之柔言之。舍己从人，顺也。巽以志之应言之。降志下求，巽也。

上九。击蒙。不利为寇。利御寇。

艮为手，有击之象。以刚居上，治蒙过刚，有击蒙之象。艮止于上，不利为寇之象。应爻坎为盗贼，利御寇之象。《本义》："取必太过，攻治太深，则必反为之害。"是犹为寇者矣，故不利。"惟捍其外诱，以全其真纯，则虽过于严密，乃为得宜。"犹御寇者也，故利。全卦取象以诲人言。《程传》以用兵言。唯《本义》谓凡事皆然，不止为诲人也。得《周易》立象以尽意之旨。占者随事以思其义可也。今以此爻合之象辞。卦中二阳爻。二，初筮之告者也。上之击蒙，近于再三之渎者也。敷教在宽，非徒取于击者。然如三之纵欲忘身，犹之寇也。击之，御寇之道。若一概施之他爻则渎，是上自为寇矣，又何利乎？御寇，贞也。为寇，则非贞矣。如此解，则与《象》意更相发明。

《象》曰：利用御寇，上下顺也。

上阳爻，击蒙者。下四阴，皆蒙也。上之刚不为暴，上之顺也。下得击去其蒙，下之顺也。全卦有作师之道。大抵正蒙者，贵有刚中之德，而有所包容。不必过暴以为之害。此二之包蒙所以吉。而上之击蒙，但利于御寇，不宜渎而至于为寇也。为蒙者，贵于柔顺中正以听于人。不宜自远于刚明之德，尤不可纵欲以忘其身。此童蒙所以吉，困蒙所以吝。而见金夫不有躬者，并不得数于蒙也。初亦阴爻，宜言蒙而言发蒙之道，宜痛惩而暂舍者。盖亦因其材质之阴柔卑下，故正蒙之道宜如此。若能为五之童蒙，则刑可不用矣。六爻于正蒙之道，最为明白详尽。然而圣人立象以尽意，不必专为一事而言。凡治己教人，一切应事接物，皆可推其意而悟之也。

䷄（需）

需卦，下乾上坎。以卦象言：水在天上，未遽下地。必待阴阳之交，薰蒸而后成雨。需之象也。以卦德言：乾健坎险，以刚遇险，而不遽进以陷于险。需之义也。需次于蒙。按：《序卦》，"蒙，物之稚也。物稚不可不养也，故受之以需。需者，饮食之道也"。物之幼稚，必需饮食长养。云上于天，有蒸润之象。饮食所以润益万物，故需为饮食之道，所以次蒙也。卦之大意取须待之义。《序卦》取所需之大者耳。按：《左传》云"需，事之贼"，言犹豫不决之害事也。《易》"需"非不决之谓。见险而不动，能动而不轻动者也。内三爻以见险不轻进为需，外三爻以入险而待人以共进为需。六爻初九、九五之吉不待言。余四爻虽有悔吝，然终归于吉。如二曰"终吉"，三曰"敬慎不败"。盖有刚健之德，而能相机度势，纵容少待，鲜有败者。四曰"顺以听"，上曰"敬之终吉"。盖虽入险中，而待阳刚之德以共进，故亦吉也。卦虽四阳二阴。然三阳不轻进，坎五居尊有孚。二阴非卦义所重，故不得为卦之主。

需。有孚。光亨。贞吉。利涉大川。

需，坎水在前，乾健临之，将涉水而不轻进之象。乃事所当待，非不当待而待者也。九五坎体中实，阳刚中正而居尊位，为有孚得正之象。三四五互为离，光明之象。坎为通，亨通之象。乾济乎坎，有涉大川之象。乾阳在下，皆有所需。九五坎阳在上，又为众所需。需之道贵于实心，又贵于得正。人之需有出于不得已者，需而无实，无光而且亨之时。必实有有守能待之心，则无私计较而光明，不恤得失而亨通矣。然世有心虽诚实而处事未正者。需而非正无吉，而且利之理，必所为皆合于义，不图行险侥幸。则居常凡事皆吉，而济险历难亦利矣。盖有孚以善其需，贞又所以善其孚。孚贞者，尽所需之道。光亨吉利，则得所需之效也。

《彖》曰：需，须也，险在前也。刚健而不陷，其义不困穷矣。

需者，须也。理势所在，不得不待也。刚健者，多以轻躁而陷于险。刚健而能不陷，故善其不至困穷也。坎陷而云不陷，何也？需然后进，所以不陷。不陷，则终能出险，故不困穷。乾三阳进而迫乎险，遇险而能需者也。坎一阳居中守正，处险而能需者也。遇险而能需，则不至犯险。处险而能需，则又将出险矣。故曰"不陷"。此以卦德释卦名义也。

需，有孚，光亨，贞吉，位乎天位，以正中也。利涉大川，往有功也。

"正中"与"中正"同，指五也。正则规模宏远，无欲速之为。中则中心宁静，无喜功之念。唯以中正居天位，故虽险在前，而终必克济。非若蹇之见险而止。虽坎居上，而刚健不陷。非若困之刚掩。人知奋发者能有功。不知以刚健之德，能临事而惧，从容整暇，气定神全。不往则已，往必有功。此以卦象释卦辞也。

《象》曰：云上于天。需。君子以饮食宴乐。

云气上蒸于天，必待阴阳之和而自成雨，无所作为也。事之当需者亦然。内有孚，外守正。但饮食宴乐，俟其自至。饮食以养其气体，宴乐以和其心志。所谓"居易以俟命"。非若后世曲蘖之托，昏冥之逃者也。

初九。需于郊。利用恒。无咎。

郊，旷远之地。用恒，守其常也。初远于险，有需郊之象。而九阳刚居阳位，有恒于其所之象。同人"于门""于宗"，而后"于郊"，自近而远也。需由郊，而沙而泥，自远而近也。既能需于郊，又戒以利用恒者。人需于始，或不能需于终。唯以义命自安，身既远险，又心不妄动，乃无咎也。

《象》曰：需于郊，不犯难行也。利用恒无咎，未失常也。

险难由人自犯，"于郊"则不冒险而行矣。恒即《象》之孚也贞也。贞者，乾之常。"利用恒"，未失处需之常道也。

九二。需于沙。小有言。终吉。

水近则有沙，二近险，有需于沙之象。二三四互得兑为口舌，有言语相伤之象。刚中能需，有终吉之象。既近于险，虽未陷患害，群小从而訾议之。然言语之伤，灾之小者。初以刚居刚，虽远于陷，犹有戒辞。二以刚居柔，守中宽裕。故虽近险，可断其终之吉也。爻多以相应为吉，此又不然者。见险在前，有待而进，故无取于相应也。

《象》曰：需于沙，衍在中也。虽小有言，以吉终也。

衍，宽也。宽居中，不急于进。盖刚居柔位，故谓刚为衍也。

九三。需于泥。致寇至。

水涯有泥。三将陷于险，有需于泥之象。坎为盗贼，有寇之象。三过刚不中，有自我致寇之象。

《象》曰：需于泥，灾在外也。自我致寇，敬慎不败也。

外谓坎在外卦。谓之外，则祸不自己作。但以过刚妄动，以近于险，则寇乃我致之也。然卦为需，能敬慎，犹可不至于败。此则象中本无此意，《本义》所谓"发明占外之占"。使人之逼近于险者，思所以善处之道也。

六四。需于血。出自穴。

内卦三阳以见险不轻进为需。外卦入险矣，以待人共进为需。血者，杀伤之地。穴者，险陷之所。四入乎险，坎为血卦，故有需于血之象。然以阴居柔得正，初为正应。所居得正，又待正应之阳刚为援，可以不终陷于穴矣，故有出自穴之象。

《象》曰：需于血，顺以听也。

阴柔入险中，疑不能出矣。然能顺以听初之阳刚，则不冒险以进，是以能出穴也。三能敬，则虽迫坎之险而不改。四能顺，则虽陷坎之险而得出。敬与顺，固处险之道也。

九五。需于酒食。贞吉。

坎有酒食之象。九五为需之主。以一阳处二阴之间，以待三阳同德之援，需于酒食之象。居中得正，三阳自来，阳汇进而阴退，则坎可平而险可夷，贞吉之象。人君位乎中正之天位，与天下相安于日用饮食之常，无为而治者也。然又必正乃吉，非可宴酣无度也。饮食男女，人之大欲存焉。屯蒙多言男女，需言饮食。盖云上于天，物资雨泽以为养。需于酒食，人亦藉饮食以为养故也。

《象》曰：酒食贞吉，以中正也。

五居中得正，是以贞则吉也。

上六。入于穴。有不速之客三人来。敬之。终吉。

六居上，阴居险极，无所复需。变巽为入，有入穴之象。下应九三，而三下二阳连类并进，有不速客三人来之象。居柔得正，以待阳刚，变巽亦为顺，有敬之之象。然阴动于上，三阳至健知险，可以拯溺，待以共济，亦将出险矣，故有终吉之象。

《象》曰：不速之客来，敬之终吉。虽不当位，未大失也。

六居上，阴之当位者。曰不当位，以应爻言。三与上正应。当位者也。今三阳同来而敬之，非其位，似有失矣。然入穴之时，三阳能援我。犹论位之当否而敬之，失权变矣。故初二虽不当位，亦敬以待之以出险，则亦未大失也。全卦以遇险不遽进为义。内卦乾健知险，有所须而不轻进。外卦坎险，待刚健之材以共济险。九五孚贞，需之适当其时。其他或近或远，要于须而不轻进。需于泥，已迫险矣。然能敬，犹不至败。入穴，已陷险矣。然能敬，犹可终吉。敬者，处险之学。敬则无不贞，无不孚矣。此《象传》又发《象》外之旨也。

䷅（讼）

讼卦，下坎上乾。以二象言之：天阳上行，水性就下，其行相违。以二体言之：上刚陵下，下险伺上，刚险相接。又以一人言，内险而外健。以二人言，此险而彼健。所以讼也。讼卦次需。按：《序卦》，"饮食必有讼，故受之以讼"。人所须者饮食，既有所须，讼端以起，讼所以次需也。六爻不外《象传》"讼不可成"一言。九五居尊中正，为听讼之主，故吉。余五爻皆讼者。大抵刚者能讼，柔者不能讼。初与三柔，故皆终吉。二四上皆刚。而二与五对，顾势不敌。四与初对，知理不可，亦以居柔，故得无眚而安贞也。独上处卦之穷，三柔不敌，故虽暂胜而不足敬。此全卦六爻之大旨也。

讼。有孚窒。惕中吉。终凶。利见大人。不利涉大川。

天水违行。乾刚在上以制下，坎险在下以伺上。又为内险外健，己险彼健。皆讼之象。九二中实而沉二阴之中，上无应与，有有孚而见窒之象。坎卦为加忧，刚居二在下卦之中，为惕而得中之象。上九过刚，有终极其讼之象。九五刚健中正，有大人之象。三阳在坎上，以刚乘险，以实履陷，有不利涉大川之象。盖讼非得已。必理直受诬，有孚见窒而后可。又必忧惕存心，适中即止。不可终极其讼以取凶。又利见中正之大人以取直，不可冒险以求胜。圣人欲人无讼，故不言元亨贞。言吉兼言凶，言利即言不利。盖至于讼必无全吉，所以贵谋始以绝讼端也。此卦与需反对。与需卦皆言有孚，以中实皆同也。但坎在上则为光亨，坎在下则为窒惕。乾在坎下，刚健不陷，故利涉大川。乾在坎上，为健无所施，故涉川不利。

《象》曰：讼，上刚下险。险而健讼。

此以卦德释卦名义。

讼，有孚窒，惕中吉，刚来而得中也。终凶，讼不可成也。利见大人，尚中正也。不利涉大川，入于渊也。

刚来得中。按：《本义》以卦变言。《易》言卦变者始于此。自上而反下为来，自下而升上为往为进。此自遯卦艮体九三来而居二，在下卦之中也。今按：卦变之说，本于虞翻，先儒亦多异同。义多牵强。今俱以综卦论之。需讼相综，需上之坎来居下卦。坎中刚居柔位，刚中为有孚。与五敌而不相应为窒。窒塞而坎体常怀惕惧之心，不过于讼为吉。皆以刚来而得中也。得中则吉，终之则凶。故以不可成戒之。此皆以综卦言也。二得中，五居中得正。中则其心不偏，正则所断合理。窒者可伸矣。此以卦体言之也。以乾刚临坎水之上，欲讼以陷人，反自陷于渊。此以卦象言之。

《象》曰：天与水违行。讼。君子以作事谋始。

天上水下，相背而行，所以致讼。违而后谋，则无及矣。欲绝讼端，必谋之于始。天为三才之始，水为五行之始。君子法之以谋始。又乾阳生于坎水，坎水生于天一。乾坎始本同气，其后至于违行，有天渊之隔。故其几之萌不可不谨。

初六。不永所事。小有言。终吉。

好讼者多刚。初六质柔，不能与人讼者，故有不永所事之象。然不曰不永"所讼"，而曰"所事"者，讼端初起，犹冀其不成讼也。初变为兑，有小有言之象。此"小有言"与需不同。需二在人有言语之伤，此则在我有争辨之语也。有事不永则易收，有言而小则易释。所以终吉，以其质柔在下故也。

《象》曰：不永所事，讼不可长也。虽小有言，其辨明也。

讼不可成，长则成矣。不可长，不欲其成也。小有言语，因辨得明，所以终吉也。

九二。不克讼。归而逋其邑人三百户。无眚。

九二阳刚为险之主，本欲讼者。然以刚居柔，得下之中，而九五阳刚居尊，势不可敌，故有不克讼之象。坎为隐伏，有逃之象。坤为国土，二变坤有邑象。二三四互为离，离数三，三百户之象。坎为眚，二变坤无眚之象。"归而逋"二句，《本义》谓自处卑约以免灾患。盖邑过三百，非为窜也。窜而据强，灾未免也。退处卑小，故得无眚。按：此二句《王注》《本义》皆同。而于"邑人"句终觉牵强。今按：苏氏作一句读。"逋其邑人三百户"者，犹曰"亡其邑人三百户"云尔。失众知惧，犹可少安，故曰"无眚"。盖以下讼上而不胜，故其私邑之人亦惧而逋逃也。然居柔知儆，灾眚或可免耳。此说较顺。

《象》曰：不克讼，归逋窜也。自下讼上，患至掇也。

掇，拾取也。以下讼上，则祸患自取。邑人之逋，自掇之患也。

六三。食旧德。贞厉终吉。或从王事。无成。

食旧德。如祖宗有世德，子孙得食其报之类。六三本阴也，变而为阳，则阴柔为旧德矣。然守其阴柔，不欲争讼，故有食旧德之象。不改其素为贞。然所居刚位，故有贞厉之象。守旧居刚，虽见侵凌，终不罹祸，有终吉之象。然三虽不欲讼，而与上应。上九方刚，其势必讼，故有或从王事之象。此与坤从王事无成有终不同。从王事，即讼事也。上位高，将讼之于天子也。"无"与毋同，作戒辞。讼不可成。即不得已而或至于从王之事，亦守旧以待，无使讼之成也。六爻独三与上辞无"讼"字。然三主于让，上主于争。或从王事，不得已而讼者也。锡之鞶带，则由讼而得者也。此爻《程传》《本义》、苏氏、《来注》所解各不同。《注疏》虽对上九一爻言之，而意未尽。姑出臆见，以待就正。

《象》曰：食旧德，从上吉也。

守其柔贞，以从上九，故得吉也。此亦与《本义》不同。

九四。不克讼。复即命。渝。安贞吉。

即，就也。命，正理也。渝，变也。九四刚而不中，故有讼象。以其居柔，故又为不克而复就正理，能变易其心以安于正之象。占者如是则吉也。二与五讼，四与初讼，而皆曰"不克"者，二四皆以刚居柔也。然二以下讼上，不克者势也。四以上讼下，不克者理也。九二坎体，其心本险。见势之不敌而逃，无眚而已。九四乾体，其性至健。知理之不可而渝，故遂可获吉。圣人不责人以无过，而望人改过。欲人审势，尤欲人知命也如此。

《象》曰：复即命渝安贞，不失也。

始不免于有失，能改则不失矣。

九五。讼。元吉。

阳刚中正以居尊位，听讼而得其平者也。占者遇之，孚窒者可伸矣，故为大善之吉也。然圣人贵无讼，乃以元吉与五。何也？盖上有中正听讼之君，下乃有无讼之化。初之不永，三之无成，二四不克，即上亦终褫，以有五之中正故也。故曰"利见大人也"。朱子谓刑狱之官皆足以当之，不必专言人君。然五实君位，大抵必有德位之大人耳。

《象》曰：讼元吉，以中正也。

中则听不偏，正则断合理。谓以九居五也。

上九。或锡之鞶带。终朝三褫之。

鞶带，命服之饰。褫，夺也。乾为衣为圜，有带象。上以刚居讼极，三柔而不抗，故能胜之，有锡命受服之象。曰"或"者，亦未必然之辞也。变兑为毁折，过刚不中，以讼得之，岂能安久？故又有终朝三褫之象。盖好讼不已，以无理而取胜，其所得，终亦必失也。

《象》曰：以讼受服，亦不足敬也。

受服尚不足敬，况三褫随之乎？甚言以愧之也。全卦以九五为听讼之大人，余皆讼者。听讼者，欲其有中正之德，化天下于无讼。讼者，欲其有孚惕之心，不可成其讼。初三质柔而不欲成讼，四知理而不欲成讼，所以皆吉。二知势而不敢成讼，所以无眚。独上终讼，故虽讼而不足敬也。

䷆（师）

师卦，下坎上坤。二体为地中有水，聚众之象。二卦之义，内险外顺。险道而以顺行，有师之义。六爻以一阳统众阴，有大将率师之象。二刚居下，五柔居上任之，人君命将出师之象。故名为师。师次于讼。按：《序卦》，"讼必有众起，故受之以师"。师旅之兴，由于有争，所以次讼也。出师贵乎得正，而用将在乎得人。此全《彖》之大旨也。九二以阳刚在下卦之中，为老成之将。六五相应，为任将之君。三四亦皆将兵之臣。二以居中持重而吉。三以躁妄而凶。四以柔自守，仅可无咎。初为出师之始，贵其纪律之明。上为行师之终，尤欲论功行赏之当。盖六爻而行师之道备矣。又师与比反对。皆以一阳统众阴，而义各有所取。盖先王之制民，居则为比闾族党。故比则众在内，而一阳在上为之主，君象也。行则为伍两卒旅。故师则众在外，而一阳在下为之统，将帅象也。此又二卦取义之意也。

师。贞。丈人吉。无咎。

师，兵众也。下坎上坤。以卦象言，地中水聚。犹师之聚。以卦德言，坎险坤顺。古者寓兵于农，伏至险于大顺，藏不测于至静之中。卦唯九二一阳在下卦之中，为将之象。上下五阴从之，为众之象。又九二以刚在下统众，六五以柔在上而应之，为人君命将出师之象。贞，正也。所谓仁义之师，师出有名者也。丈人，老成持重，众所畏服者也。言行师之道，当以贞为本。而用将，又必得老成持重之人。乃有全师战胜之吉，无穷兵黩武之咎。言"吉"而又曰"无咎"者，盖动众而无边，罪也。有功而贻患，亦非善也。故必吉乃无咎，而吉又贵于无咎也。

《彖》曰：师，众也。贞，正也。能以众正，可以王矣。

此以卦体释师贞之义。以，能左右之也。坎以一阳而能统上下五阴，皆归于正道。则顺天应人，可以为王者之师矣。以之正则为王，微有不正则为霸。行一不义，杀一不辜，而得天下不为。所谓以众正，而为王者之师也。

　　刚中而应，行险而顺，以此毒天下而民从之，吉又何咎矣。

　　以卦体言之，九二刚中而六五应之。刚而得中，恩威并济。五与为应，则君之信任专矣。以卦德言之，坎险坤顺，虽行危道而顺人心。以此同师，虽劳民伤财，不无毒于天下，而民悦而从，则有吉而无咎矣。此释"丈人吉无咎"之义也。

　　《象》曰：地中有水。师。君子以容民畜众。

　　地中有水，有包容畜聚之象。古者兵出于民。容保其民，即以畜聚其众。水不外于地，兵不外于民也。容民则无流民，畜众则无叛众。容之畜之于无事之时，而用之于有事之日。

　　初六。师出以律。否臧凶。

　　律即纪律。否臧谓不善。即无纪律之谓也。初，出师之始。出师之道当谨于始。以律则吉，不善则凶。盖以初六才柔，故有否臧之戒。然以律不言吉，否臧则凶者。律令谨严，出师之常，胜负犹未可知。若失律，则凶立见矣。

　　《象》曰：师出以律，失律凶也。

　　按：《程传》释臧为胜，谓失律虽胜亦凶也。今按：《象传》似竟以否臧为失律为是。

　　九二。在师中。吉无咎。王三锡命。

　　九二以刚居柔，在下卦之中，有在师中吉无咎之象。上应六五之柔，为君所宠任者也，有王三锡命之象。在师中吉无咎，竟作在师而得中，不必又云在师之中。盖刚柔兼济，故有克敌全师之吉，无躁妄逗挠之咎。此即《象》之所谓丈人也。锡命至于三，言极其宠。故权无中制，所向得有功也。

　　《象》曰：在师中吉，承天宠也。王三锡命，怀万邦也。

　　爻就二之刚中得吉，兼由上之宠任言。《象传》专重人君任将之道言。言二之中而得吉，以承天之宠故也。人君三锡命于将，亦非徒私于一将也。盖将以绥怀万邦，必专其事权，以责其成功也。

六三。师或舆尸。凶。

六三众阴在上，有积尸之象。坤为舆，坎为轮，有舆尸象。六三以阴居阳，不中不正。才弱志刚，轻躁以进。师徒覆败，舆尸以归也。此按：《本义》如此。又按：《程传》《苏传》皆以舆为众。尸，主也。小人掣肘，号令不一，必至败也。今观下文"弟子舆尸"，则程、苏之说为顺。

《象》曰：师或舆尸，大无功也。

本欲躁妄以图功，而至于大无功，非徒小挫而已。

六四。师左次。无咎。

军尚右。左次，退舍也。阴柔不中而居阴得正，故有左次之象。全师以退，贤于六三，故无咎。

《象》曰：左次无咎，未失常也。

恐人以退为怯，故云。知难而退师之常也。

六五。田有禽。利执言。无咎。长子帅师。弟子舆尸。贞凶。

六五用师之主。柔顺而中，不为兵端者也。然敌加于己，不得已而应之。应坎为豕，为田中有禽害稼之象。言，语辞。利于搏执之，无穷黩之咎也。长子，九二也。弟子，三四也。长子即丈人自众尊之曰"丈人"，自爻象之曰"长子"。二互三四为震，长子之象。五独与二为应，故有使长子帅师之象。又因以戒之。言任将在审且专。设若任君子而使小人参，则使之舆尸以归。出师之名义虽正，不免覆败之辱矣。此《象》既言贞，而又言必用丈人乃吉之意也。按：《本义》"弟子舆尸"句其解如此，未免"弟子"下费一转折。不如程、苏二《传》，任长子而使众弟子参之，虽正亦凶，于文义尤顺也。

《象》曰：长子帅师，以中行也。弟子舆尸，使不当也。

长子所以可帅师者，以刚中之德行之也。弟子非不可使。使参长子之权，则不当矣。众之死生，国之存亡，在君之使，可不审哉！

上六。大君有命。开国承家。小人勿用。

上，师之终，论功行赏之时。坤为土，有开国承家之象。阳大阴小，阴爻重叠，小人之象。变艮为止，勿用之象。按：《本义》，小人虽有功，不可使有国土，但优以金帛可也。盖以兵多诡道，立功不必皆君子。故小人之赏虽不可无，而用之使有国有家则不可。此说虽顺，然论功封爵土，必无但赏以金帛之理。不如《来注》以用为任之以政事为是。盖小人功大开国，功小承家。使之享有爵土，不必任以政事。如光武云台之将，邓禹贾复外不任以政是也。

《象》曰：大君有命，以正功也。小人勿用，必乱邦也。

论功行赏以正其功，君子小人皆在所录也。但用之使豫国家之事，则邦必乱矣。出师本以绥怀万邦，岂复容小人乱之哉！锡命于行师之始，专在丈人。有命于行师之终，戒在小人。用将不可不知人也。全卦于用师之道最为详尽。王者之师在于得正，尤贵于择人。专任君子而不以小人参之，此人君御将之道也。行师者贵有刚中之德，而又得君之委任。师之出必纪律严明而后可以制胜。其或敌强我弱，则当知难而退。宁为四之"左次"，勿为三之"舆尸"。此为将之道也。至于论功行赏，则有"开国承家"茅土之封，而小人必不可豫家国之事。此圣人之垂戒深远，非若后世权谋苟且之事。凡命将出师之道尽于斯矣。

周易浅述卷二

䷇（比）

比卦，下坤上坎。以二体言之：水之在地上，亲切无间，有比之象。又卦以九五一阳为上下五阴所亲附，亦比之义。故曰"比"也。比卦次师。按：《序卦》，"众必有所比，故受之以比"。人类既多，必相亲附而后能安，比所以次师也。卦以九五为君象，阳刚中正，为众所归，相亲相辅。但当自审于先，不可失之于后。此全《彖》之大旨也。六爻以五为比之主，五阴皆求比之。初以先而吉。上以复而凶。二以应五为自内。四以承五为外比。故皆吉。唯三失其所比，离五既远，而应于无位之上，所以伤也。此六爻之大略也。

比。吉。原筮元永贞。无咎。不宁方来。后夫凶。

比，亲辅也。卦以九五一阳为上下众阴所归，以一人而抚万邦，以四海而仰一人，故有亲辅而吉之象。原筮，再筮也。蒙卦坎一阳在下曰"初筮"，比坎一阳在上曰"原筮"。比本坤卦，以再筮得乾之五。具乾之"元"与坤之"永贞"，故有原筮元永贞无咎之象。水性流动，终有所归，有不宁方来之象。九五一阳已为众所归，上后来以阴变阳，两雄不并栖，有后夫凶之象。占者得此，则我当为人所亲辅而吉。然人之归我，归于德也。必我有元善永长正固之德，然后可以当众之归而无咎。其未比于我而有所未安者，亦将来归。若彼迟而后至，则此交已固，彼来已晚而得凶矣。卦就人比我言之。《本义》谓我比人，以是反观。然玩《彖》意，则比人之占已在其中。盖卦以坎五为比之主，故我有元永贞之德，则人自当速比于我，而彼之后至者凶矣。若我无其德，则必求有是德者比之，我不可自取后夫之凶。盖卦具此象，筮者各随所问以为占，不可执一而论也。

《彖》曰：比，吉也。

《本义》谓三字皆衍。《大全》谓衍"也"字，今从之。

比，辅也，下顺从也。

比之所以吉者，以比有辅之义，臣下皆顺从之，所以吉也。顺者，情不容己。从者，分不可逃。谓阳居尊而阴在下也。此以卦体释卦名及比吉之义。

原筮元永贞，无咎，以刚中也。不宁方来，上下应也。后夫凶，其道穷也。

此亦以卦体释卦辞也。刚谓五。以者，因也。因刚中则私无所留，所以为元。刚中则健而不息，所以为永。刚中则正固不偏，所以为贞。上下谓五阴。凡卦皆以刚柔两爻相应，此则以五阴应五之一阳，又为一例。然师亦一阳五阴，又专以五为应者。师以君任将，则其任专。比以君临下，则其分严也。既曰"上下应"，又曰"其道穷"者。五阴皆有当应之道。独上以一阴在最后，势处于穷，所以凶也。《乾·上九》曰"穷之灾"，坤、比《上六》皆曰"道穷"，皆以处上极穷故也。

《象》曰：地上有水。比。先王以建万国，亲诸侯。

水比于地，不容有间。先王画疆分国，使连属相亲。则诸侯知尊君亲上，而天下从之矣。《本义》谓"《象》意人来比我，此取我往比人"。然封建以治天下，使天下亲于诸侯，即使诸侯亲于天子，亦人来比我之意也。井田封建，先王治天下之大者也。于师得井田之法，使民自相合而无间。于比得封建之法，使君与民相合而无间。

初六。有孚比之。无咎。有孚盈缶。终来有他吉。

《易》六爻皆归正应，独比诸爻皆以比五为义。他卦阳爻皆言有孚，此阴爻亦言有孚。程子所谓"中实者信之质，中虚者信之本也"。当比之始，虚中求比，意无他适，有有孚比之无咎之象。坤为土。缶，土器。以阴变阳，又为仰盂。坎水下流，初变为屯。屯者，盈也。有水流盈缶之象。不与五应，而终比于五，有终来有他吉之象。言凡比之初，贵乎有信，则可以无咎。若诚信之心既充，则在我无他向之心。不但无咎，终且有他吉之来也。时解就人臣始仕者言，亦不必拘。凡事君交友有所资于人，皆从其占也。

《象》曰：比之初六，有他吉也。

言他吉，即于其初而信之，不待其终而见之也。

六二。比之自内。贞吉。

内外卦之分始见于此。以二应五，故曰"比之自内"。谓之自内，则涵养有素。道可格君，学可匡时。非以名求，以伪应者也。柔顺而中正，故曰"贞吉"。

《象》曰：比之自内，不自失也。

阴柔恐自失其身，得正则不自失矣。己无所失，然后可以比人也。

六三。比之匪人。

六阴柔而居三，不中不正。承四乘二应上皆阴，所比皆非其人，不言凶而凶可知矣。

《象》曰：比之匪人，不亦伤乎？

比以求安也。上无首而三应之，所以伤也。承乘应皆阴。所应非人，尤重所应，如所事非人。所承所乘，如居之有邻，学之有友，仕之有同寮，皆是也。三、①四皆吉，然皆阴爻，故统谓之匪人。

六四。外比之。贞吉。

以柔居柔，外比九五为得其正，吉之道也。初不系四而比五曰"他"。四不系初而比五曰"外"。二曰"自内"，有以心许国之意。四曰"外比"，有公尔忘私之意。阴柔近君近于媚，故皆戒以"贞吉"。

《象》曰：外比于贤，以从上也。

五以刚明中正之贤，又居君位。四外比之，岂徒以其贤哉！正以上下之分，有所必从，无所逃也。

九五。显比。王用三驱。失前禽。邑人不诫。吉。

---

① "三"当作"二"。

五以一阳居尊，为众阴所附，阳明光显，有显比之象。比为师之反。阳在上而统众，有王用三驱之象。四阴皆顺乎五。独上背之，而五无容心，有失前禽之象。坤为土为邑为众。五下四阴皆比，听上之背去，邑人不诫之象。三驱宜从旧解，三度逐禽而射之也。失前禽者。古田猎之礼。置旃以为门，刈草以为围。猎者三面合围，开其前门。天子自门驱而入，车三发，徒三刺，谓之三驱。禽兽由门而出者皆免，惟在围之中者杀之。围三面而空其门，所谓"天子不合围，开一面之网"者此也。从门出者为前，故曰"失前禽也"。"王用三驱"句，不过言天子之田。"失前禽"句，中自有三面不合围之意。若以三驱为三面驱禽以待射，则非矣。邑人不诫者，天子听其去而不问。既无必得之心，则邑中之人亦无警备之意也。师比之五皆取禽象。然师之田有禽，害物之禽也。在师则执之，王者之义也。比之前禽，远我之禽也。在比则失之，王者之仁也。然使邑人不喻上意，有唯恐失之之心，则禽无遗类，其仁不广矣。故失前禽而邑人不诫，乃为吉也。此爻取象极得帝王之用心。盖王者未尝不欲万国皆在绥怀之中，然惟顺我抚而亲之，其叛去者亦姑舍之。在内者安之，在外听之。其心光明正大，在下亦相忘其化，王道所以隆也。

《象》曰：显比之吉，位正中也。舍逆取顺，失前禽也。邑人不诫，上使中也。

位在正中，心无偏党，比之所以为显而得吉也。舍逆取顺者。古人之猎，喜其向我而纵，恶其背我而杀之，似纵其顺而杀其逆。今借以为喻。但取往者不追，来者不拒之意。故以向我出围者为逆，以纵之为舍。以背我入围者为顺，以杀之为取。舍逆去者，取其顺者。顺逆两忘，德怨不任也。上使中者。王心无取舍，邑人亦无得失。共化于中，若上使之也。

上六。比之无首。凶。

按：《王注》云，乾刚恶首，比吉恶后。五君元首之象，上六居五之后，比之不先，无首之象。即卦所谓"后夫凶"者也。《本义》谓阴柔居上，无以比下，为无首之象。盖以卦画之序言之，则上为后而初为先。以上下之体言之，则上为首而初为足。其才既不足以高人而为人之首，又不能自卑以后人而失其首。二意亦相贯也。乾以纯刚尽变为柔曰"无首"，比以阴居上亦曰"无首"。而吉凶各异者。乾之无首，刚而能柔，不为首者也，故吉。比之无首，阴柔不足为首者也，故凶。

《象》曰：比之无首，无所终也。

其德不足以为首，则其效不能以有终矣。全卦以一阳统众阴，有君临万邦之象。故五阴皆以比五为义，而不论爻位之相应。五为人所比。贵于显，显则正大光明。取内四阴之比，而舍上之后比，不以为嫌。余五爻皆比人者。恶其后，后则无始无终。故三以应上而伤。初以能比于先而吉。二以中正内比。四以得正外比。故皆有贞吉之占也。卦爻大意，取象于事君交友。而得此卦者，亦随事以为占，不必泥也。

䷈（小畜）

小畜，乾下巽上。巽一阴伏于二阳之下，故其德为巽为入，其象为木为风。畜，止之也。畜止刚健，莫如巽顺。乾在上之物，乃居巽下，为巽所畜，故为畜也。然以阴畜阳，能系而不能固。以柔顺柔其刚健，非能力止之也。所畜者小之义也。又卦唯六四一阴得位，上下五阳说之，皆为所畜。阴小阳大，以小畜大之义也。故为小畜。《象传》不及二体，但言六四畜诸阳，盖举其重言之也。小畜次比。按：《序卦》，"比必有所畜，故受之以小畜"。物相比附则为畜聚，又相亲比则志相畜，小畜所以次比也。全《象》内健外巽，二五刚中，其志得行，有可亨之道。然其畜未极，则施亦未行。占者得此，能亨而未可大有所为。此全《象》之大旨也。六爻上三爻巽为畜者也，下三爻受畜者也。初与四为正应，二近初而刚中，故初"复自道"，而二亦以"牵复"而吉也。三近四而非正应，故为"反目"。四以一阴畜众阳，在忧惧之中，故"有孚"而"血去惕出"也。五助四以畜乾，四得五为"合志"。五合志于四，为以邻也。至上则畜极而成。然以阴畜阳，圣人忧之，故危词示戒。此六爻之大略也。

小畜。亨。密云不雨。自我西郊。

卦以巽阴畜乾阳，爻以一阴畜五阳，皆以小畜大，畜而不固，小畜之义也。以卦德言之，内健外巽。有可为之才。以卦体言之，二五皆以阳刚居中。有得为之势。其道有可亨也。阴在天上，有云象。云虽密而阳多，足以制之。又坎为雨。三四五互为离，坎之反也，故为不雨象。互体得兑为西方，有西郊象。四为主。四互成兑在外卦。又为巽风。云气虽密，遇巽风。云自西而东，阴倡而阳不和，不能成雨。故有密云不雨，自我西郊之象。占有得此，其道可亨，而不能大有所为。或以臣畜君。则臣道虽盛，未能得君以施其泽。或以小人畜君子。则虽受其拘縻，而守道不为所困。或以应事。则大事未有所成，而为小事所阻。不必执一以论也。《本义》

以为文王与纣之事，似亦不必拘。

《彖》曰：小畜，柔得位而上下应之，曰小畜。

柔得位，六居四也。上下应，五阳也。卦为一阴，则四为主。故独言其得位。四得位而不能大有所畜者，阴柔故也。此以卦体释卦名义也。

健而巽，刚中而志行，乃亨。

刚健果决，则能秉正嫉邪。巽顺舒徐，则非用壮用罔。五刚中正，二与合德。君子居中用事，正气得伸，志可行也，乃亨。乃者，亦难之之词。阳为阴畜，宜不亨矣。以健巽刚中志行，乃亨也。此以卦德卦体而言，见阳道犹可亨也。

密云不雨，尚往也。自我西郊，施未行也。

尚往，阳也。指二五两阳而言。阳升而阴不能固止之，阳以得行为亨也。施未行，阴也。指六四一阴而言。阴不能固诸阳，未能郁蒸成雨，所施未得行也。然曰未行，则非终不行。上九既雨既处，则畜极而雨，阴施亦行矣。盖上九论一爻之德，则有畜极而施之理。《象》论全卦之体，则有密云不雨之象。夫子《彖传》于阳则曰"志行"，于阴则曰"未行"，则又扶阳抑阴之微旨也。

《象》曰：风行天上。小畜。君子以懿文德。

阴阳和，则畜极而为雨。阳气盛而畜之不固，则散而为风。雨则泽施。风则号令虽布，所施犹未行。此风行天上，所以为小畜也。《本义》谓风有气无质，能畜而不能久。盖对大畜言之。谓山体刚而风质柔，然不必泥。懿，美也。大畜"多识前言往行"，所畜者大。道德经纶之事也。小畜未能厚积远施，所畜者小。但美其文德，如文章才艺之末而已。

初九。复自道。何其咎。吉。

下卦乾体纯阳，本在上之物，故自下升上。曰"复自道"，言由其故道也。《本义》谓初九居下得正，前远于阴。虽与四为正应，而能自守以正，不为所畜。故有进复自道之象。今时解皆从之，谓如君子不援小人以进也。然爻义虽取进复，全卦则取畜止。四以一阴畜众阳，初适与应，自有畜象。但九居初，自处以正，而所应又正。虽为所畜而其进以道，则不受其拘縻。所以为小畜也。此与

《本义》不为所畜意稍异，然于卦义为顺。以人事言之，则如孔子之于季桓子。虽为所召而堕其都，亦"复自道"之义也。如此，则无咎而吉可必矣。

《象》曰：复自道，其义吉也。

吉断以义，不待事后而始知也。

九二。牵复吉。

《王注》《程传》皆以二五同志为牵复，《本义》以连初为牵复。今从《本义》。盖五与四邻，主畜者也，不得牵二。下卦三阳，同志上进者也。二渐近阴，似不能复矣。然以刚居中，故能与初九牵连而复。譬则君子同道汇征。亦吉道也。

《象》曰：牵复在中，亦不自失也。

初复自道，固不失己。二有刚中之德，亦可同道，不至自失也。

九三。舆说辐。夫妻反目。

按：《来注》，乾错坤，有舆象。今按：坤为舆，取其能载。然乾亦可为舆，取其健行。如震为龙，乾亦为龙。不必从错卦取象也。辐，车辐，所以利轮之转也。辐无脱理，必轮破毂裂而后可脱。三与四本非正应也，志从上进而迫近于阴。见制于四，为阴所畜，不能自进。互四得兑为毁折，有舆脱辐之象。以阳遇阴受其畜而不能平。乾为夫。巽长女为妻。有夫妻象。互四兑又为口舌。互四五得离为目。有夫妻不和，反转其目，不相对视之象。重刚非正，故不能如初之自道。不中，故不能如二之牵复。

《象》曰：夫妻反目，不能正室也。

夫不能正其室家，由自处不以道也。三刚而不中，四为卦主，自制于四。

六四。有孚。血去惕出。无咎。

外卦主为畜者，四又畜之主也。以一阴畜众阳，本有伤害忧惧。以其柔顺得正，虚中巽体，而五上二阳助之，有有孚之象。坎为血，又为加忧。四互三五为离。离，坎之反，有血去惕出之象。血去，身可无伤。惕出，心可无忧。得以无咎矣。占者必诚信感人，乃可远害。若不然，则凶咎也。

《象》曰：有孚惕出，上合志也。

上合志，谓二阳与四同心畜乾也。

九五。有孚挛如。富以其邻。

五上同为巽体，与四合志畜乾者也。而九五居中处尊，势能有为以兼乎上下。四中虚，五中实，皆言有孚。中虚者，信之本。中实者，信之质也。挛与牵，皆有相连之义。二连初以上进，有牵引之象。五合四上以畜乾，非挛固不可。然唯五居尊，能使之挛如也。上比上，下比四，有邻象。四阴虚乏而五阳实，又巽为利市三倍，有富象。推其富以助六四而畜之，是为以其邻之象。以阴畜阳，虽能有所畜，终非圣人之所与也。故初二皆有吉占，而四五则否。

《象》曰：有孚挛如，不独富也。

言助四以畜乾也。

上九。既雨既处。尚德载。妇贞厉。月几望。君子征凶。

上九变巽为坎，为雨为月之象。畜极而成，阴阳和矣。不雨者既雨矣。尚往者既处矣。尚，尊之也。载，积而满载也。犹《诗》言“厥声载路”也。阴不盛不能畜阳。今既雨既处，由于尊尚阴德至于积满而然也。妇德如此，虽正亦厉。盖阴盛抗阳，如月之将望。君子不可以有行矣。妇虽贞亦厉，戒阴不得加阳。君子有征必凶，戒阳不可失道，以受制于阴也。

《象》曰：既雨既处，德积载也。君子征凶，有所疑也。

由积载而雨处，则阴之积当防其渐矣。巽为畜者，必有孚而后可畜。而乾上进者，必有疑而后免凶。盖阴疑于阳必战，有凶象。有所疑而豫制之，或可免于凶也。阳为君子。上与三应。上畜己极，三进不已。至于反目，所谓征凶也。全卦为小畜，其象不雨，故阳道可亨。上爻变为需，则云上于天而雨。则向之尚往者，至此而征凶矣。《易》之大旨扶阳抑阴，而此卦最重此意。乾受畜者，以尚往而不受所畜为善。故初得正应。而二以刚中。皆得吉占。独三以不中而非正应，为反目。巽为畜者，以合志同力为善。然主畜者有防患之危，而仅免于咎。以邻者有挛如之固，而未得吉占。至于畜极而成，犹云虽正亦厉。虽戒君子之征，实畏阴德之盛也。占者得此，当各从其类以为占。大抵阳为君子为夫为大事为善，阴为臣为小人为妾妇为小事为恶。又论我之所处。主于畜人或受人所畜，随事以求其吉凶，不可执一以论也。又按：《来注》以五上二爻不宜作同力畜乾，宜作与阳同德，引阳尚往。盖谓阳为君子，阴为小人。五上不宜佐小人以防君子。又以《彖》有"刚中志行"为阳之亨，故以"德积载"为载三阳俱上也。不知阳虽可亨而卦本取于畜，原不必拘君子小人之解。即以君子小人论之。小人之畜君子，非尽害之也，正欲引用之耳。如季桓子之于孔子，蔡京之于杨龟山。乃可为小畜，盖牢笼羁縻之而已。君子虽为所引，不受其牢笼。故阳德犹可亨犹可往，所以为小畜。《彖》就全卦言之，故以五为刚中志行。若单就五一爻而言，自宜主畜乾之说。盖五变则为大畜，君子不家食，此正小人引用君子之时也。若上变为需，则畜极而阴已盛矣。故戒君子之往，非能载三阳以上也。

䷉（履）

履卦，下兑上乾。兑一阴见于二阳之上，其德为说，其象为泽。天在上而泽居下。上下之分，尊卑之义，理之常也。礼之本也常，履之道也。又内和悦而外尊严，礼之象也，故为履。履卦次小畜。按：《序卦》，"物畜然后有礼，故受之以履。"物既畜聚，则有大小之别，高下之等，美恶之差，而礼起，履所以次小畜也。人之所履，和悦卑逊，斯为有礼。全《彖》以和柔蹑刚强之后，处危而不见伤。九五阳刚居尊，所履中正。其道光明，有亨之象。在上阳刚中正，在下和柔卑顺，礼也。人之所履当如是也。此全《彖》之大旨也。又礼主谦柔。阳爻处阴位，谦也。故六爻以刚复柔者吉，以柔复刚者凶，以刚复刚者厉。初言往，上言旋，一进一反，有践履之义。初阳履刚，以在下而无咎。九二之"幽人"，九四之"愬愬"，上九之"考祥"，皆以刚履柔。能行而不轻于行，所以吉也。六三之"跛履"，以柔履刚。不能行而强于行，所以凶也。九五之"夬履"，能行而决于行，所以厉也。此六爻之大略也。

履虎尾。不咥人。亨。

《程传》以履为承藉之义。谓乾上而兑下，乾乘兑而兑承之也。《本义》以履为蹑后之义。谓乾前而兑后，刚在前而兑以柔和蹑其后也。今按：虎尾字则蹑之意为是。乾刚强有虎象。兑以和柔蹑之，有履虎尾不见伤之象。人之入世，多近危机。不为所伤，乃见所履以柔应刚。谦以自处，其道自亨。惟礼可以免祸也。按：《来注》以兑错艮为虎象，遂以履作践履之履。不知震为龙，乾亦为龙，取其阳也。艮为虎，乾亦为虎，取其刚也。若必作践履，于《象传》"柔履刚"句不通矣。

《彖》曰：履，柔履刚也。

以柔弱蹑刚强之后，此以二体释卦名义也。

说而应乎乾，是以履虎尾，不咥人，亨。

此以卦德释彖辞也。以兑说应乎乾刚，则和而不激，顺而不拂，可以亨矣。

刚中正，履帝位而不疚，光明也。

上文释《象》已毕，此又专就九五一爻推广其义。二三四互为离，有光明象。以刚居尊位而得正，所履之无咎者也。德盛辉光，功业显著，岂不亨乎？此又发《象》辞言外之意。

《象》曰：上天下泽。履。君子以辨上下，定民志。

立卦之义取乎践履。人之所履礼而已矣。礼者，所以辨上下，定民志。古人位必称德，终身居之，得其分而志安焉。位或未称，则君进之。士修其学，学至而君求之，己无所慕也。农工商贾各勤其业，所享亦有定限，无所贪也。此上下之志定，而天下之治定也。后世位不称德，则上下不辨。不辨则公卿妄意尊荣，士庶侥幸求利。分不明则志不定，治所以难也。此君子观履之象而分别上下，使各当其分以定民志也。

初九。素履往。无咎。

初九以阳在下，居履之初。未为物迁，率其素履以往。所谓素位而行。可无咎也。六爻皆以阳居阴为善。初虽阳位而在下，在下能安其素，不变所守，虽未得吉，咎可无矣。

《象》曰：素履之往，独行愿也。

初无应，故曰"独"。独行其志愿，不为纷华所夺。即所谓不愿乎其外也。民有志，必辨分而始定。士有愿，则能独行其素矣。

九二。履道坦坦。幽人贞吉。

二变震为大途，履道坦坦之象。刚中在下，无应于上，幽独守贞之象。人之所履，未有不合道而吉者。以刚居中，道也。刚而居柔，坦也。在下无应，幽也。坦则平易而无险阻，幽则恬静而不炫耀。又幽独之人，多贤者之过。坦坦则不为索隐行怪以惊世骇俗，宜其贞吉矣。以阳居阴，不得言正。而曰"贞吉"者，戒辞。恐其幽静难久，刚化为柔，故戒以惟贞则吉也。此卦二五皆刚中，二贞吉而五贞厉者。二以刚居柔，五以刚居刚也。以刚居柔，所履谦下，礼之本也。故六爻唯九二尽履之道。

《象》曰：幽人贞吉，中不自乱也。

二有中德，在幽而贞，外物不得而乱之也。

六三。眇能视。跛能履。履虎尾。咥人凶。武人为于大君。

视不正曰"眇"。行不中曰"跛"。六三互二四为离有目象。互四五为巽有股象。兑为毁折，有眇跛之象。逼近于乾，有履虎尾之象。独与上应，履其尾而首应之有咥人象。阳主宽和，阴主肃杀。六三以一阴为成卦之主，欲统五阳，又以兑阴变为阳为纯乾，有武人为大君之象。六三不中不正，柔而志刚以履乾，必见伤害，故占为凶。又如刚武之人得志肆暴，必不能久也。

《象》曰：眇能视，不足以有明也。跛能履，不足以与行也。咥人之凶，位不当也。武人为于大君，志刚也。

自以为能视，明实不足。自以为能履，行实不足。爻柔故不足，位刚故自以为能。不中不正，位之不当。以柔居三，其志务刚。皆凶道也。

九四。履虎尾。愬愬终吉。

愬愬，畏惧之意。九四亦以不中不正履九五之刚。然以刚居柔，故有履危知戒而终得吉之象。全卦以乾为虎，此爻又以五为虎。唯五以刚居刚也。卦《象》、爻三言"履虎尾"，而吉凶不同者。全卦以和说履乾刚之后，故不咥人亨。三以柔居刚，故咥人而凶。四以刚居柔，故畏惧而吉也。二与四皆以刚居柔，而二有坦坦之安，四有愬愬之危者。二得中而四不得中也。

《象》曰：愬愬终吉，志行也。

以刚居柔，谦志得行，所以终吉。志刚者不足与行，愬愬者其志得行，而人可审所履矣。时解以此爻作大臣畏慎，得君行志言。盖初曰"独行"，远君也。四曰"志行"，近君也。柔顺以事刚决之君，得行其志也。亦是，但不必拘。

九五。夬履。贞厉。

九五以阳刚中正履帝位，而下以兑说应之。凡事必行，无所疑碍，故有夬决其履之象。然在上者纯任其刚，在下者一主于悦。君骄臣谄之渐也，故虽贞亦厉。盖在下者不患其不忧，患其不能乐。故二之履坦曰"贞吉"，喜之也。在上者不患其不乐，患其不能忧。故五之夬履曰"贞厉"，戒之也。然象辞"刚中正光明"，而爻辞则

"厉"，何也？盖以全卦言。六爻未动，刚中正所以为善。此就九五一爻言之。且变乾为离，自恃其明，愈过于夬决。在本卦上决下说，变又上下成睽，此所以厉也。

《象》曰：夬履贞厉，位正当也。

以刚居五，正当尊位，伤于所恃故也。

上九。视履考祥。其旋元吉。

履上与小畜上皆不取本爻义。小畜取畜之极，从六四一阴来，以阴盛为凶。履取履之终，合诸爻而观其始终，故以其旋为元吉。旋谓周旋无亏欠也。吉事有祥。祥非外来，视吾所履，则祥可考。若以此往，此旋皆无亏欠，则得大善之吉矣。又按：《来注》以"视履"为句，"其旋"为句。言周旋中规，折旋中矩，则履之尽善者，可以大吉也。意同《本义》，而解"旋"字更顺。

《象》曰：元吉在上，大有庆也。

人心难于有终。元吉在上，是所履至终大善，故福庆亦大也。全卦以履为礼，又取践履为义。大抵危而能亨，乃见所履之善。刚而居柔，乃获所履之吉。观履之吉凶，而处世可悟矣。

䷊（泰）

泰卦，乾下坤上。内阳外阴，天地气交，万物生成。君子进用，世道方亨。故为泰。泰次于履。按：《序卦》，"履而泰，然后安，故受之以泰。"盖履得其所，乃得安舒，履所以次之以泰也。泰以中为善。故二为辅泰之臣。五为保泰之君。皆得吉占。初为君子进用之始。四则过中欲否之时矣。三为消长之会，犹可有为。上则极盛而衰，不免于吝矣。自有天地人物以来，蒙以教之，需以养之，讼以平之，师以卫之，比以附之，畜以聚之，履以辨之，而后得泰。乃过中而否之几伏矣。甚矣！致泰之难，保泰之不易。虽曰天数，不可无人事也。

泰。小往大来。吉亨。

泰，通也。天地交而二气通，故为泰。内卦三阳，正月之卦也。阴小阳大。坤往居外，乾来居内。以综卦言之，有小往大来之象。占者有阳刚之德，则吉而亨也。盖坤本在下之物，自下而上故曰"往"。阳本在上之物，自外而内故曰"来"。往者去而来者当时用事，故为吉亨。

《彖》曰：小往大来吉亨，则是天地交而万物通也，上下交而其志同也。内阳而外阴，内健而外顺，内君子而外小人。君子道长，小人道消也。

天地高卑之形不可交而气可交，交则万物化生。君臣上下之分不可交而心可交，交则君臣同德。"阴阳"以气言，"顺健"以德言。此二句，造化之小往大来也。"君子小人"以类言。此三句，人事之小往大来也。内外释往来之义。阴阳，健顺，君子小人，释大小之义。盖阴阳不能相无者，天地之气。而欲天下皆君子而无小人者，圣人之心。泰否之机归宿于君子小人之消长，主持世运者所当知也。然小人必不能尽去。但使君子居中，而制其命。小人在外，不为无措。君子之气已伸，天下已泰矣。

《象》曰：天地交。泰。后以财成天地之道，辅相天地之宜。以左右民。

天地之道，以形气全体言。财成，以制其过也。如气化流行相继，圣人分之以春夏秋冬。地形广邈交错，圣人限之以东西南北之类是也。天地之宜，以时势所适言。辅相，以补其不及也。如春生秋杀，圣人使春耕秋敛。高燥下湿，圣人使高黍下稻之类是也。裁成辅相，皆所以左右辅助乎民。自乾坤以后，阴阳各三十画而为泰。而泰之阴阳各三，是泰由阴阳无过不及而成。故既泰之后，裁其过，补其不及，所以保泰也。

初九。拔茅茹以其汇。征吉。

乾初变巽，坤初变震，皆属木。三阴三阳皆相连以上，故泰否初爻皆有拔茅茹之象。茹，根之牵连者。三阳在下，初动则相连以进。众君子同德以升，泰运初开之时。占者有阳刚之德，则往而得吉矣。初曰"以其汇"。三阳欲进而以之者在初，君子与君子为类也。四曰"以其邻"。三阴欲复而以之者在四，小人与小人为类也。初曰"征吉"，四则"否"者，"《易》为君子谋"也。

《象》曰：拔茅征吉，志在外也。

君子之志在天下，不为一身。故当泰之时，志欲上进也。

九二。包荒。用冯河。不遐遗。朋亡。得尚于中行。

卦内君子而外小人。三阴在外荒秽，小人之象。九二当保泰之任，有宜包容荒秽之象。以九合五，成坎河象。乾健临之，有冯河之象。五阴在外，隔三与四，遐远之象。二应之，不遗遐远之象。三阳朋象。二居中不偏，上应乎五。专意事君，不立朋党，有朋亡之一象。泰欲得中。二，大臣辅泰者，当使君子小人皆得其所。不能包荒，使小人无所容，则非中。然能包荒而无果断，亦非中也。二以中上应乎五，有包容之德。以刚应柔，又有冯河之勇。遗弃疏远，使小人不得效其力，固非中。然能不遗远，而君子在近自成朋党，亦非中也。二远应乎五，远人在所怀。居中不倚，近者亦无可昵。刚柔相济，无偏无党。合四者言之，合中行之道也。然二居中，固为中行。今曰"尚"，则中行又指五也。五之象曰"中以行愿"。盖泰欲得中，上有中行之君，下非有中行之臣，不能上辅乎五而保泰矣。故二曰"尚"，五曰"归"，所谓"上下交而志同"。

曰"得尚"，喜之之辞也。以阴爻言，五取小人。以位言，又取君。此又不可为典要者也。

《象》曰：包荒，得尚于中行，以光大也。

二变为离，有光大象。人惟心胸光明正大，故能兼容果断，不至遗远而昵近。独言包荒，举一以该其余也。

九三。无平不陂。无往不复。艰贞无咎。勿恤其孚。于食有福。

九三将过于中，泰将极而否欲来之时也。阳居内为平，往外则为陂。阴出外为往，返内则为复。乾三朝乾夕惕，有艰贞象。变兑为口，食象。天下无常平而不陂者，无常往而不反者。唯艰危其思虑，正固其施为，则可以无咎。恤，忧也。孚，理之信然者也。食，享之也。平陂往复，天运之必至而信然者也。若以此动其心，则不能艰贞矣。唯尽其处泰之道，而不以此为忧恤，则可以食享其福也。盖平陂往复者，天运所不能无。艰贞勿恤者，人事所当自尽也。

《象》曰：无往不复，天地际也。

古本有"无平不陂"。"天地际"，谓阴阳交会消长之际也。

六四。翩翩不富以其邻。不戒以孚。

六四已过乎中，有泰极为否之渐。六四一阴既动，则五上二阴同类，有翩然而下，不约而同之象。阳实阴虚，故曰"不富"。邻指五上。以，四以之也。小人合谋，自外而内。不待戒令，自然相信。君子所当戒也。阳之升曰"拔茅"。以自下而上，升之难也。阴之复曰"翩翩"。以自上而下，复之易也。

《象》曰：翩翩不富，皆失实也。不戒以孚，中心愿也。

失实谓阴虚也。以失实，恐不容于君子。欲伤正势，必结于小人，乃中心所愿也。

六五。帝乙归妹。以祉元吉。

三四五互为雷，二三四互为泽，有归妹象。《史》谓汤为天乙，《左传》谓纣父为帝乙。姑两存之。《程传》谓帝乙始制王姬下嫁之礼，《本义》谓帝乙归妹时占得此爻。今从《程传》。盖以阴居尊为泰之主，柔中虚己下应九二。以柔中之君，倚任刚明之臣，可以保泰获福，有帝女之贵下从其夫而受福之象。全卦三阴皆为小人。以五一爻言之，则保泰之君。不可执一论也。

《象》曰：以祉元吉，中以行愿也。

居中应二，行其志愿，非勉强也。

上六。城复于隍。勿用师。自邑告命。贞吝。

坤土复反于下，有城复于隍之象。掘隍土积累以成城，如治道积累以成泰。及泰之终，将反于否如城土颓圯，复反于隍也。坤上为泰，坤下为否，以阴阳之气言也。若言其质，则坤土本在下之物，在上有必颓之理。曰"复"者，反其初也。坤为众，有师象。又为国土，有邑象。泰极而否，众心已散，难以力争。劳民伤财，必至散乱。穷守一邑，罪己下诏，收拾人心可也。然不能保邦未危，而播告之修不能及远，虽正亦可羞矣。

《象》曰：城复于隍，其命乱也。

命，政令也。其命先乱，故至于否，不尽关天运也。告命，乃尽人事以治之，非付之不可为也。全卦以小往大来为义。故内三阳属泰，外三阴属否。初为泰运方开，君子并进。二为保泰之臣。三则阴阳消长之会也。四为过中将否之时。五为保泰之君。上则泰极为否之日也。泰以方中为幸，故二五皆能保泰。初阳始进则可幸。四阴方动则可忧。三阳已极则艰贞，犹可有为。上阴已复刚命乱，已难于治。唯圣人保于方泰之时，而不敢自弛于泰极之日。虽天运有所必然，而人事无时不宜自尽也。

䷋ （否）

否卦，坤下乾上。天地不交，万物不通，隔绝闭塞，故为否。否卦次泰。按：《序卦》，"物不可以终通，故受之以否。"通极必塞，气化之常，否所以次泰也。否与泰反。故全《象》之辞皆与泰反，而六爻大意亦然。内三爻为否，而外三爻渐极而为泰。初为小人用事之始。二则小人得志之时。三则小人有知羞之意。四则否过中，有将泰之机。五则人君休否之事。而上则否倾为泰矣。天运无终泰，亦无终否。此天人所以常相胜，而主持世道者，当尽人事以回天心也。

否之匪人。不利君子贞。大往小来。

否，闭塞也。三阴在内，七月之卦也。匪人，非人道也。天地交而万物生，万物唯人最灵。不交则不生，人道绝矣。其占不利于君子之正道。贞有何不利？但此时小人用事，不利于君子之贞。大往小来，谓阳往居外，阴来居内也。泰先言"小往大来"，而后言"吉亨"。否先言"不利君子贞"，而后言"大往小来"。圣人以泰归之天，否责之人也。

《彖》曰：否之匪人，不利君子贞。大往小来。则是天地不交而万物不通也，上下不交而天下无邦也。内阴而外阳，内柔而外刚，内小人而外君子。小人道长，君子道消也。

无邦，谓上下隔绝，虽有邦与无邦同也。阴阳以天道言，刚柔以地道言，君子小人以世道言。泰言健顺，此言刚柔者。泰天地之气交，故言其德。否气既不交，则言其质而已。

《象》曰：天地不交。否。君子以俭德辟难，不可荣以禄。

收敛其德，不形于外，以免小人之忌。象坤阴之吝，收敛于内也。德既敛藏，人不知我，故不得以禄位荣之。象乾德之刚，远避于外也。

初六。拔茅茹以其汇。贞。吉亨。

三阴在下，当否之时，小人连类而进，亦有拔茅茹以其汇之象。然初之恶未形，故许以贞则吉亨，欲其变为君子也。小人苟得，故戒之以贞也。然君子小人有何定名？能贞则君子矣。《易》为君子谋。否乃不利君子贞之时，乃戒小人以贞。为小人谋，正为君子谋也。

《象》曰：拔茅贞吉，志在君也。

泰初九应六四。六，阴也民也。初阳志在泽民，不独善其身，故曰"志在外"。否初六应九四。九，阳也君也。初六志在爱君，不自植其党，故曰"志在君"。小人以爱君为念，则不计其私，变为君子矣。大抵小人初进，犹有君国之念。其后乃患得患失之心日胜，弥缝奔竞日工。故此爻为始进者戒之。小人君子之分，视其志而已。

六二。包承。小人吉。大人否亨。

否"包承"与泰"包荒"同。否对外卦三阳言。六二为得位之小人，有欲包罗群阳，而以承顺取之之象。小人能如是，在小人为吉道也。然大人处此，则当身安于否而道可亨。不可以彼包承于我，而失其所守，妄意出否以求亨也。初恶未形，故不曰"小人"。二则直以"小人"称矣。初曰"吉亨"，犹望反否为泰。二则"否亨"，遂成否矣。小人不安于否，求亨何所不至？故"否亨"者，大人之事，非小人之所能也。

《象》曰：大人否亨，不乱群也。

三阴，小人之群也。大人妄意出否以求亨，则入于小人之群矣。身否道亨，乃不乱于其群也。

六三。包羞。

以阴居阳，不中不正。欲包群阳，故有包羞之象。三，否之极，小人之在高位者。故亦欲包群阳。然二居柔，犹知承顺乎君子。所居中正，故吉。三居刚，故不言承。所居不中正，则取羞而已。"包承"如弥子之于孔子，"包羞"则丁谓之拂须是也。三否已极矣。然世虽极乱，必无善类尽灭之理。君子有否亨之道，小人亦不能尽肆其恶，犹有所包藏。且君子终有有命之时，小人亦不能无愧于心，故犹怀羞耻。以其恶未肆而知羞也，故不言凶咎之戒。

《象》曰：包羞，位不当也。

小人所以包而取羞者，岂心之所甘哉！但以不中不正，所处之位不当故耳。开小人以悔过也。

九四。有命。无咎。畴离祉。

《程传》以命为君命。谓九四近君，凡事必由君命，以图济否也。《本义》以命为天命。泰极而否，否极泰来。天之所命，即泰三平陂往复之义也。今从《本义》为优。九四以阳居阴，不极其刚。否过中而将泰之时，有有命自天，我不致咎，畴类三阳皆可获福之象。盖否泰之运皆天命也。泰变否易，故于内卦言之。否转为泰难，故于外卦言之。泰之三必无咎而后有福，否之四必无咎而后离祉。盖乾坤交接之会，阴阳消长之际，必我自立于无过，而后可为福，而后可为畴类之福也。泰三平陂往复，冀其艰贞。勉君子也。否四有命无咎，喜其获祉。戒小人也。君子有命自天，当否有可亨之道，否极有泰来之祉。小人之欲包君子者，不诚可羞哉！弥子谓"孔子主我"，孔子亦曰"有命"，即此意也。

《象》曰：有命无咎，志行也。

有命自天，又必无咎者。人与天合，转否为泰之志始行也。

九五。休否。大人吉。其亡其亡。系于苞桑。

九五阳刚中正以居尊位。能休时之否，大人之事。占此爻者，大人遇之则吉也。然方欲休之，否未尽倾，故必常存危亡之心，乃有苞桑之固。桑根深固。苞，丛生者，其固尤甚也。三四五互为巽木，苞桑象。巽又为绳，系之象。二五皆以大人言。二有德无位，故守其否而道亨。五有德有位，则能休时之否矣。二时方否，故与小人并言。五否已过，则大人独居其位矣。然非有戒惧之心，不能为休否之事，未可尽听之天也。

《象》曰：大人之吉，位正当也。

唯有位，故能休否。与二之大人否亨者，德同而位不同也。无位时不能否亨，得位未有能休否者。

上九。倾否。先否后喜。

以阳刚居否极，能倾时之否者也。不曰"否倾"而曰"倾否"，不恃天运而贵人事也。变兑为悦，有喜象。先否后喜，先有其亡之惧，则终有倾否之喜也。

《象》曰：否终则倾，何可长也。

天下无终否之时，必有阳刚之才以倾之也。全卦以大往小来之义。内三阴皆属否，外三阳则渐为泰。初小人之恶未形，犹可不至于否。二则小人得志，否之成。三则小人知羞，否之极矣。四之有命，否已过中，有欲泰之机。五之休否，则有转泰之事。至倾否，则否极为泰矣。泰以三阴在外为小人，而六五居尊应二，又为保泰之主。否以三阴在内为小人，而六二中正可言否亨之大人。则因爻起义，不可执一也。

䷌（同人）

同人，离下乾上。离一阴丽于二阳之间，其德为丽为文明，其象为火为日为电。天在上而火炎上，有同之象。上乾为天为君。下离六二一爻在离之中，居人之位。卦中上下五阳同欲二之一阴，而二五又以中正相应，有以天同人，以君同人之义，故曰"同人"。同人次否。按：《序卦》，"物不可以终否，故受之以同人。"天地不交则为否，上下相同则为同人。又世既否，必与人同力乃济，同人所以次否也。同人取其大公，不欲其狭小。大公至正，乃可以有为。此全《彖》之大旨也。六爻虽以二为成卦之主，然以私系而吝。反不如初之无私，犹无所咎也。三四与五争二而不克同者。然三怯于力，不如四之反于理为得吉也。五虽为三四所隔，然终以正应而得同。上虽免于三四之争，然以远而终未遂同之志。合六爻而论之。欲与人同，贵于公正，又可见矣。

同人于野。亨。利涉大川。利君子贞。

天火性同。二五中正德同。五阳喜阴情同。天与火，其性光明正大，其势旷远无私，有同人于野而得亨通之象。乾性健行，同则可以济险，有利涉大川之象。内文明而外刚健，中正有应，君子之正道也。有利君子贞之象。同人于野，其同也大。利君子贞，其同也正。人能大同有亨之道，故大川可涉。然有所同大而未必正者矣，故又戒以正为本。占者能大公至正，则可亨而大有所为矣。又按：夫子言"君子周而不比，和而不同"，卦名取比与同者何也？盖比以一阳为众阴所比。独坎五一阳得正，故《象》有"元永贞"。则其比所以为君子之周也。同人以一阴为五阳所同。唯二五之应以正，故《象》言"利君子贞"。其同所以为君子之和也。至两卦六爻之中，兼正不正言之。唯正则为君子。此夫子赞《易》之外，又有"周而不比，和而不同"之说也。

《彖》曰：同人，柔得位得中而应乎乾。曰同人。

柔谓六二。乾指五。此以卦体释卦名义。

同人。

旧作衍文。《来注》谓叙述卦辞而释之语气。谓六五应乾，固名同人矣。然卦辞曰"同人于野亨利涉大川"者何也？起下"乾行"句为是。

同人于野，亨，利涉大川，乾行也。文明以健，中正而应，君子正也。唯君子为能通天下之志。

"乾行"句，释"利涉大川"之由。二为同人之主，应乾固亨矣。至于利涉大川，非二所能。乃乾以刚健之天德，同乎人以涉险，故曰"乾行也"。"文明以健"二句，合二体言之，释"利君子贞"之意。内文明则能烛理，明乎大同之义。外刚健则能克己，尽乎大同之道。二五皆居中得正，内无私心而外合天德。凡此四者，皆君子之正道也。正者，人心所同。然君子唯以正，而天下之志已在吾心，所以利君子贞也。

《象》曰：天与火。同人。君子以类族辨物。

天在上而火炎上，同而异，异而同也。类族者。天之生物各族殊分。法乾之无私者，于殊分之族，而类聚其所同。异中之同也。辨物者。火之所及，凡物毕照。法离之有辨者，于均照之物，而辨析其异。同中之异也。

初九。同人于门。无咎。

两户为门。初变艮为门，有门象。同于门外，虽非野之可比，然亦所同者广而无私。同人之初，未有私主。以刚在下，上无系应。占可无咎。

《象》曰：出门同人，又谁咎也。

门以内，家人也，于宗是也。门以外，天下之人也。虽未至于野，而非私昵矣。必出门而所同乃大，人自无咎之者。他卦"又谁咎"，有在我取祸无所归咎者。此则谓其无私，人不得而咎之也。

六二。同人于宗。吝。

宗，党也。乾为诸卦之祖。离中变为乾，有同于宗之象。六二中正，有应于上。在一卦为同之主，宜得吉占。然同之道，贵乎大公。二既专有所应，则不能大同矣。又以阴从阳，臣妾顺从之道也，故吝。《易》之悔自凶趋吉，吝则自吉趋凶。本以相应为善，反以过于私暱而得吝。盖全卦取大同之义，于爻义又示阿党之戒也。

《象》曰：同人于宗，吝道也。

狭而不公，有可吝之道也。

九三。伏戎于莽。升其高陵。三岁不兴。

离为戈兵，有戎象。二三四互为巽木，有莽象。二与五为正应。三刚而不中，欲同于二，惧五见攻。伏于下以伺五之隙，有伏戎于莽之象。三变阴互为艮，有高陵象。三居下卦之上，下窥二之动，有升其高陵之象。自三至上三爻，上无正应，有三岁不兴之象。三欲同二，而二非正应，则理不直。五居尊位，势又不敌。故三年之久不敢动。此强同而不得者也。

《象》曰：伏戎于莽，敌刚也。三岁不兴，安行也。

敌刚指五。安行，言上无应必不可行。至于三岁之久，又安能行乎？

九四。乘其墉。弗克攻。吉。

四刚不中正，欲同六二而为三所隔。自三欲下取二，故有乘墉以攻之象。然以刚居柔，知二非正应，故有自反不克攻之象。能改过可以得吉，则贤于三矣。盖三伏于莽，自下而伺五也。四之乘墉，乘三以攻二也。三恶五之亲二，故有犯上之心。四恶二之比三，故有陵下之志。然三以刚居刚。惧五之攻，屈于势也。四以刚居柔。终不克攻，反于义也。反义，得吉道矣。此始强同而终能改过者也。

《象》曰：乘其墉，义弗克也。其吉，则困而反则也。

已乘其墉，则力非不足也，断以义而弗克攻耳。义者，天则之不可踰。志欲攻而知义不可攻，困于心而反于法则。能改过者，所以吉也。与人同，善事也。乃三四皆有争夺之象。四乘墉有其意，三伏莽则已见其形矣。四恶二三，所欲攻者臣。三敌五，则欲攻其君矣。涉世者不可不知。而三四有吉否之不同，又好刚强同者所宜戒也。

九五。同人先号咷而后笑。大师克相遇。

五刚中正，二柔中正，本正应也。而为三四所隔，不得其同。

然正应者终不得而间也。隔于三四，号咷之象。五变为离。互三四又为兑为说。又火无定体。故有先号咷而后笑之象。离为戈兵，有大师象。三四刚强，九五以阳刚之德胜之，故有大师以克之象。二五终为正应，相遇之象。九五大君。三四以臣隔君，大逆也。故兴大师以克强暴，而后遇正应也。然人君宜与天下相孚于大同，乃不免于先号后笑。用师以克，如敌国之争，何也？盖以全卦言之，以大同为亨。而就二五一爻言之，终未免于私吝。故不得言吉也。

《象》曰：同人之先，以中直也。大师相遇，言相克也。

中，理直。故不胜其忿，先至于号咷也。直，即君子之正也。相遇必由于中直乃克。非至正，无以通天下之志也。

上九。同人于郊。无悔。

乾有郊象。居外无应，去阴已远，物莫与同，故有同人于郊之象。野远而郊近。但野乃大众往来之道，无人不同。郊在郭外荒僻之处，无人可同也。然无所争，可以无悔。

《象》曰：同人于郊，志未得也。

爻曰"无悔"，以其无争于人喜之。夫子则以不能同于人病之。唯君子能通天下之志。今无人可同，则于同人之志，亦未得遂也。《易》卦有以此爻为主，而吉凶与《象》同者。如屯之初比之五是也。有成卦在此爻而不得为主，吉凶与《象》异者。则此卦之二五是也。盖论全卦。以五阳同一阴，又二五皆中正，故有旷远无私之象。若就一爻论。则所应既专，在我有私暱之嫌，在人有忿争之事矣。故二吝而五不免于号咷。三四皆争。上以远而志不遂。初亦以比二而仅免咎。六爻之义皆不及全《象》之德。君子欲通天下之志，非大公至正不能也。

䷍（大有）

大有，乾下离上。火在天上，其明及远。万物毕照，有盛大丰有之象。又一阴居，尊众阳并应。《易》以阳为大有，所有者大之义。故曰"大有"。大有次同人。按：《序卦》，"与人同者，物必归焉，故受之以大有。"众物所归，所有乃大，大有所以次同人也。小畜亦一阴五阳，而曰"小"，此则称"大"者。小畜阴居四，欲统诸阳，其势逆。大有阴居五，则位尊，以统诸阳，则势顺。故小畜之"亨"，不在六四而在上下五阳。大有之"元亨"，不在上下五阳而在六五。五以柔居尊，而为上下所应。合全卦，又有内刚健外文明之德，自可大亨。此全《象》之大旨也。六爻皆从五起义。初远五而有艰。二应五而无咎。三以公而亨于五。四以谦而能承五。上以近五而获天祐。此六爻之大略也。

大有。元亨。

大有，所有之大也。火在天上，无所不照。一阴居尊得中，五阳宗之。乾健离明，居尊应天。尊位能柔，物情所与。诸爻之有，皆六五之有，岂不大哉！所有者大，则其亨亦大矣。皆治世极盛之象也。

《象》曰：大有，柔得尊位。大中而上下应之，曰大有。

同人大有，一柔五刚均也。柔在下，曰"得位""得中"曰"应乎乾"而为同人。我同乎彼，卑附于尊之辞也。柔在上，曰"尊位"曰"大中"曰"上下应"而为大有。我有其大，上统乎下之义也。此以卦体释卦名义也。

其德刚健而文明，应乎天而时行，是以元亨。

上节自柔得尊位以下，专主六五一爻以论人君之位，能有众阳之大。自其德刚健以下，兼上下两体以论人君之德，能致元亨之治也。内刚健则克胜其私，外文明则灼见其理。上下应之者，众阳应乎六五也。应天时行者，五以柔应乾二之刚也。天之道不外乎时而已。宪天出治,顺时而行,是以大亨也。

《象》曰:火在天上。大有。君子以遏恶扬善,顺天休命。

凡物未见,则有无不可知。火在天上,无物不照,始见其有之大。所有既大,不可无以治之也。天命有善而无恶。君子于恶之未著者遏绝之,使不复作。善之隐者显扬之,使乐于为。去恶归善,所以顺天休美之命也。谓之顺者。天讨有罪,吾遏之以天。天命有德,吾扬之以天。于我无与也。君子在上则以此治世,在下则以此治身。故《本义》云:反之于身,亦若是而已矣。

初九。无交害。匪咎。艰则无咎。

害者,害我之大有也。富者怨之府。故当大有之时,最易有害。初居下位,凡民而享大有。家肥屋润,人或害之。离为戈兵,又以离火克乾金,有恶人伤害之象。而初阳在下,上无系应。未与物接,去离尚远。未涉乎害,何咎之有?然自以为匪咎,而以易心处之,反有咎矣。故必艰难其志,慎终如始,乃得无咎。盖匪咎者,此爻之义。艰则无咎,则处此爻之道也。

《象》曰:大有初九,无交害也。

交则有害,处卑无应,未有骄盈之失,得以无害故也。

九二。大车以载。有攸往。无咎。

坤为大舆。九二体乾而曰“大车”者。舆指轸之方而能载者言,车则以其全体而言。引之以马之健,行之以轮之圆,皆乾象也。况九二以刚居柔。柔则其虚足以受,刚则其健足以行。有大车象。上应乎五,载上之象。如是而有所往,可以无咎,可以任重而致远也。不言吉者。处大有之时,任天下之重。分所当然,得以无咎而已。此大臣才德兼全,足以任重者也。

《象》曰:大车以载,积中不败也。

车大足以任重。虽多积于中而车行不至于败也。

九三。公用亨于天子。小人弗克。

亨作享。按:《本义》作享献之享。时解因之,取大臣献赞之义。今按:《左传》“卜偃战克而王享”之言,作宴享之享为优。三四五互兑为口,三变六为坎,有饮食象。九三居下之上刚而得正,有公侯之象。上有六五之君，虚中下贤，有亨于天子之象。然三变六为阴为小，又有小人弗克之象。占者得此，有刚正之德，则足以受天子之宠荣。若不然，则虽有享宴之荣，亦负素餐之愧也。此与《本义》稍殊，然于卦爻较切。

《象》曰：公用亨于天子，小人害也。

小人妄叨君宠，反为害也。乾金三变为兑，亦金也。迫近离火，与初无交害者不同，故有害。

九四。匪其彭。无咎。

彭鼓声，又盛多之貌。即大有之大也。四变中互为震。震为鼓，有彭象。大有皆六五之有也。然以柔中居尊，而九四以刚近之。且居四阳之首，率诸阳以进。盛多盖彭矣。近君，声势不宜太盛。唯以刚居柔，虽盛大而不有其大，故有匪其彭之象。占者如是，则无咎也。

《象》曰：匪其彭无咎，明辨晰也。

四为离之初，有明晰之象。有盛大之势，而无烛理之明。僭逼震主，则柔中之君有所不安矣。当大有之时，不自有其大。非明晰者不能，故曰"明辨"。辨其所居之地，乃别嫌多惧之地。辨其所遇之时，乃盛极将衰之时。凡事贬损以处之，斯晰然明理见几者矣。

六五。厥孚交如。威如。吉。

六五为大有之主。离体中虚，有厥孚之象。柔中以应九二，上下归之，有交如之象。一变纯乾，有威如之象。当大有之时，柔中居尊上下孚信。然太柔，则人心玩矣。济之以威，所以吉也。初曰"交害"，五曰"交如"者。臣有交则私，故害。君有交则虚，故吉也。三有戒辞，初二四仅得"无咎"，独五言"吉"者。当大有之世，尽臣道之常，仅可免咎。而君能刚柔并用，使上下泰交，则可常保其大有矣，故曰"吉"。

《象》曰：厥孚交如，信以发志也。

一人之信，以发上下孚信之志，所谓"上下交而其志同也"。

威如之吉，易而无备也。

恐人心慢易，至于无备，故威不可无也。

上九。自天祐之。吉无不利。

大有唯六五一阴，而上下五阳从之。上九能下从六五，以阳从阴。处盛时，居高位，享自然之福，有自天祐之之象。曰"天祐"曰"吉"曰"无不利"，其为福多矣。象及《传》皆不言所以致福之由，故《系辞》谓"履信思顺尚贤"。盖五之交乎，信之也。上能履之。谦退不居，思顺也。志从于王，尚贤也。天助顺，人助信，有自天祐之吉无不利之象。时解作人君信顺下贤以保有。照《系辞传》大意而归重于君也。《大全》作功成身退之耆旧宾师。就六爻合论，对五而言之也。然皆不必拘。占者得之，亦随其所处之位以为占。大抵有刚明之德，居崇高之位，得天之祐者。而以人事言之，唯履信思顺尚贤则吉也。

《象》曰：大有之吉，自天祐也。

上居君上，有自天象。曰"自天祐之"，言其非幸致也。全卦为盛世至治之象。以六五之君为主。初之无交，盛世之逸民也。上之顺五，功成身退之耆旧，或在宾师之位者也。中爻三位为臣。二大臣，当大有之任者也。三外臣也，以公侯而受宠者也。以不中，故有戒辞。四近臣也，近于君而自抑损者也。以刚居柔，臣道之宜，故与初同无咎。五以中虚之信，孚乎上下。又一变纯乾，刚以济之。上下交应，则柔并用。君明臣良，故能长保其大有之盛治也。

䷊（谦）

谦卦，艮下坤上。内止外顺，为谦之意。山高地卑，屈而处其下，为谦之象。故曰"谦"也。谦次大有。按：《序卦》，"有大者不可以盈，故受之以谦。"大则易于满盈，道在谦损，谦所以次大有也。全《彖》极言谦德之亨。六爻虽以九三一阳为主，然内三爻皆吉，外三爻皆利。盖静则多吉，顺则多利。六十四卦未有如谦之尽善者，君子可以知所处矣。

谦。亨。君子有终。

谦者，有而不居之义。止乎内而顺乎外，山高而处乎地之下，皆有而不居者也。他卦或有待而亨，谦则即亨。他卦始亨而未易保其终，唯谦则始虽卑而终益尊，始虽晦而终益光。盖谦者人情所乐与，故必亨。始虽不居，终有成就，故有终。艮终万物，亦有有终之象。《程传》谓小人虽暂谦，未必能久。唯君子终身不易，是谓谦之有终也。《本义》谓先屈而后伸，是谓亨之有终也。然二意宜兼。盖君子唯始终能谦，所以始终能亨。若暂时勉为谦恭，偶然幸获通泰，皆非君子也。

《彖》曰：谦，亨，天道下济而光明，地道卑而上行。

天气下降，以济万物，天之谦也。化育之功光明著见，则谦之亨也。地势卑顺，处物之下，地之谦也。其气上行以交于天，则谦之亨也。天地犹不敢以自满，况于人与鬼神乎？此以天地言谦之必亨。

天道亏盈而益谦，地道变盈而流谦，鬼神害盈而福谦，人道恶盈而好谦。谦尊而光，卑而不可逾，君子之终也。

亏盈益谦以气言，日中则昃，月满则缺是也。变盈流谦以形言，高岸为谷，深谷为陵是也。害盈福谦以理言，满则招损，谦则受益是也。恶盈好谦以情言，满盈取忌，退巽见推是也。四者皆出于自然而非有心，故曰"道"也。盖太极之中，本无一物。事业功劳，于我何有？天地生万物而不言所利，此天地人鬼所以皆有取于谦也。然六爻皆以三为主。三居下卦之上，有尊象。光，艮体也。三居上卦之下，有卑象。不可逾，德莫之过也。盖人居尊而不光者有矣。谦者处尊而能下人，其德愈光。人处卑则皆得而逾之。谦者处卑，所谓我自卑而人莫我高，又孰得而逾之？君子之终，言此所以为君子有终也。不于其终观之，则争而得，谦而失者，盖有之矣。惟要于究竟，然后知谦之终必亨也。

《象》曰：地中有山。谦。君子以裒多益寡，称物平施。

不言"山在地中"而言"地中有山"，言卑下之中蕴其崇高也。外卑下而内蕴崇高，谦之象也。山之在地，高者降而下，卑者升而上。一升一降，高卑适平矣。物之多者裒取而使之寡，犹降山之高使之卑也。寡者增益而使之多，犹升地之卑而使之高也。一裒一益，而多寡适平矣。称物平施，谓称物之多寡而损益之，然后所施均平，而多者不偏多，寡者不偏寡也。盖谦之为名，生于过也。物过然后知有谦。谦者使物不过，期得中而已。圣人即谦之名，使一切返于中，善用谦者也。凡《大象》皆于卦外教人用《易》之理。裒多益寡称物平施，俾小大长短各得其平。非君子谦德之象。乃君子治一世，使归于谦之象也。

初六。谦谦君子。用涉大川。吉。

以柔处下，有谦而又谦之象。三四五互为震木，二三四互为坎水。木在水上，涉川之象。"用涉"与"利涉"稍殊。"利涉"者无往不利，"用涉"者涉川不可争先。用谦谦之道以涉则吉。人当险难之时，非深自屈折不足以济，故必用谦谦以涉也。全卦以三为主，故与《象》同言君子。初亦得称君子者，盖三在下卦之上，有劳而谦，在上之君子，尊而光者也。初在下卦之下，谦而又谦，在下之君子，卑而不可逾者也。用以涉川，则虽济患难可矣，况平居乎？占者有其德，则常变皆吉也。

《象》曰：谦谦君子，卑以自牧也。

牧，如牛羊使之驯服也。养德之地，未有不基于至卑者。养者至，则愈卑而不可逾矣。

六二。鸣谦。贞吉。

阴阳唱和为鸣。卦以三为主。三互四五为震，善鸣者也。《易》凡与震相应者皆言鸣，豫、初中孚二是也。故此卦二上皆言"鸣谦"。盖三以劳而能谦。故凡闻其风者皆相从于谦，和之而鸣。言论称述，皆自处于卑下，所谓鸣其谦也。二与三比，柔顺中正，谦出于性，故有贞吉之象。此爻《本义》谓以谦有闻。解鸣字亦可通。但此卦以三为主。诸爻所解与三无涉，于取象又未见确解，意义稍浅。今按：《苏传》解之，觉于三爻意义融贯。

《象》曰：鸣谦贞吉，中心得也。

二所居中正，谦本于中心所自得，非由勉强，正与上爻对。

九三。劳谦。君子有终。吉。

一阳居下之上，刚而得正，上下所归，有劳而能谦者也。谦非难，劳而能谦为难。一阳为成卦之主，劳矣。乃不处上而处下，故有劳而能谦之象。上不疑而下不忌，自能保终而吉也。艮终万物。三居艮之终，得其正位，故以象辞君子有终归之。

《象》曰：劳谦君子，万民服也。

卦中五阴有民象。非服其劳，服其劳而能谦。所谓汝惟不伐，天下莫与汝争功。万民服即有终也。

六四。无不利。㧑谦。

柔而得正，上而能下，其占无不利矣。然功不及三而居其上，必当发挥其谦，以示不敢自安之意。盖劳谦者虽无忮害之心，而在四则亦有自尽之道也。

《象》曰：无不利㧑谦，不违则也。

理之当然，非过于法则也。

六五。不富以其邻。利用侵伐。无不利。

阴柔，不富之象。以柔居尊五，谦皆为之用，不富而能以其邻之象。坤为众，五变互三为离为戈兵，又有行师之象。五君位。君德不必以谦见，且谦柔之过，或不能以自立矣，故不言谦。然不自用而用人，谦之大者。谦者不争。然居君位而使人有不服，非称物平施之谓矣。故为君，苟不自用而能用人，虽以之侵伐，亦无不利。盖无害于为谦也。

《象》曰：利用侵伐，征不服也。

言其侵伐非得已，非外谦而内好胜也。

上六。鸣谦。利用行师。征邑国。

上与三应，亦有鸣谦之象。坤为地为众，有国邑征伐之象。仅可征己之邑国，不能如五之无不利也。

《象》曰：鸣谦，志未得也。可用行师，征邑国也。

二柔顺中正，故贞吉。上所居不中，特以与三应，故亦鸣其谦，谦之实有不足矣。谦实不足，故己之邑国或叛之。然上鸣在于谦，则叛者不利。叛者不利，则征之者利矣。以谦得人心，故利用行师。非五之位，故不能无不利。非二之中，故不能贞吉。是以"鸣谦"虽与二同，而未得遂其志也。全卦以九三一阳爻为主。而五阴所处，虽有尊卑广狭常变之不同，而由艮体之静，皆得吉占。由坤德之顺，皆得利占。则甚矣！谦德之可贵也。

䷏（豫）

豫卦，下坤上震。九四一阳为卦之主，上下群阴应之。内顺外动，由顺以动。无不和悦，有豫之义。又雷闭地中，动而出地。通畅和豫，豫之象也。豫卦次谦。按：《序卦》，"有大而能谦必豫，故受之以豫。"大而能谦，则有豫乐，豫所以次谦也。然豫有三义：曰备豫曰和豫曰逸豫。知备豫，则和豫随之。然和豫之过，则逸豫生矣。《系辞传》："重门击柝，以待暴客，盖取诸豫。"此备豫之意，《彖》《象》所未及也。然建侯行师，虽主人心和豫，而建藩御侮，备豫之意隐寓其中矣。六爻唯九四之豫以和乐言。他则皆有心求豫，失豫之正而流于逸豫者也。唯二以中正不溺于豫，然有先几之识，则其知备豫可知。然则凡事宜豫而豫不可溺。此全卦六爻之大旨也。

豫。利建侯行师。

豫兼三义。《本义》但以和乐言之。盖备豫者，所以致和乐之由。而逸豫者，又和乐之过。故正解专取和乐，盖《彖》意尚未他及也。震动坤上，长子主器，有建国治民象。坤顺震下，一阳统众阴，有行师动众象。屯有震无坤，故不及行师。谦有坤无震，故不及建侯。豫兼二卦，故有此象。建侯必百姓归心，行师必三军用命。人心和乐，则二者利矣。

《彖》曰：豫，刚应而志行。顺以动，豫。

九四一阳，上下应之，其志得行。此以卦体言其豫也。以坤遇震，为顺以动。此以卦德言其所以致豫也。

豫顺以动，故天地如之，而况建侯行师乎？

顺理以动，人心悦服，建诸天地而不悖可也。

天地以顺动，故日月不过而四时不忒。圣人以顺动，则刑罚清而民服。豫之时义大矣哉！

日月之行，景长不过南陆，短不过壮陆。故分至启闭，不差其序。以顺阴阳之气而动也。刑必当罪，顺乎民心。非一己喜怒之私，民所以服也。时义，此时之义也。此极言而赞其大。使人涵泳言中，而推其意于言外也。

《象》曰：雷出地奋。豫。先王以作乐崇德，殷荐之上帝，以配祖考。

阳闭地中，奋震出地，则通畅和豫矣。先王作乐，象雷之声，又取其和之义。殷，盛也。乐无所不用。荐上帝，配以祖考，盛之至也。周祀稷于南郊，配以祖也。祀文王于明堂，配以考也。

初六。鸣豫。凶。

阴柔在下，独与四应。四震善鸣，欲与倡和，有鸣象。然四大臣近君，其志大行之时。初位卑，所居不中正。小人在下，上得强援。当时用事，不胜其豫。夸大自张，故有凶象。卦以乐豫为义，取众心之乐也。六爻自四外皆自乐者，则逸豫之过矣，故有吉凶之异。初爻，谦上之反对。皆与震应，故皆以鸣言。然谦者卑下自处，以闻于人者，故犹有利。豫者妄自张大，因人为乐者，故凶。

《象》曰：初六鸣豫，志穷凶也。

穷谓满极。

六二。介于石。不终日。贞吉。

二三四互为艮，有石象。二变互三四为离，不终日而作之象。乐豫易以溺人，溺则忧矣。六爻独二中而得正。自守之安静，坚确如石。静之至，故其思虑明审，不俟终日而见事理之几征，是不溺于逸豫而知备豫者也。盖此卦当逸豫，以无所系应为善。初应四而三五比之，皆有系而溺于豫者，故为凶为悔为疾。二特立于众阴之中，而无迟恋之意。故静则如石之坚，动则有不终日之速，不失其正而得吉也。

《象》曰：不终日贞吉，以中正也。

中正者，处豫之道也。

六三。盱豫。悔。迟有悔。

盱，上视也。阴不中正而近于四。四为豫主。六三不中不正，希其逸乐而上视之，有盱豫致悔之象。故占者事当速悔。若悔之迟，必至于有悔也。三质柔而位刚，犹有能悔之象，故戒之，恐其悔之迟也。盖盱豫者溺于逸豫，迟悔则又失于犹豫矣。圣人两言悔，始则示人以致悔之端，终则勉人以悔过之勇也。

《象》曰：盱豫有悔，位不当也。

言所处不中正，与六二反也。

九四。由豫。大有得。勿疑。朋盍簪。

九四，卦所由以致豫者。众阴应之，有大有得之象。以阳居阴，不能无疑，故戒之。德阳而位阴，故五阴亦有朋象。盍，合也。簪以贯发者。一阳贯五阴之中，有以簪贯发之象。四，大臣以阳刚任上事，致君泽民，合天下以为豫。大有得矣。又必开诚布公。使朋类之贤俱进，合志和衷，则可常保其豫也。

《象》曰：由豫大有得，志大行也。

由己致天下于豫，可谓大行其志矣。

六五。贞疾。恒不死。

贞疾犹言痼疾。不得言正，盖六五非正也。三四五互为坎为心病，贞疾之象。当豫之时，以柔居尊，沈溺于豫。又乘九四之刚，事权归四，众心不附，处势危矣。然以其得中，故又为恒不死之象。二五皆不言豫。六二贞吉，以中且正。当豫之时而不为豫者，所以吉也。六五贞疾，中而不正。当豫之时而不得豫者，虽未至于凶，亦仅矣。人生于忧患而死于安乐。以五之得中而仅得不死，则过中者，岂生道哉！以君象言之，周末之共主是也。使刚而不中，则魏之曹髦。柔而不中，则唐之僖昭矣。可不戒哉！

《象》曰：六五贞疾，乘刚也。恒不死，中未亡也。

乘刚，故权下移。得中，故位号犹可保也。

上六。冥豫。成有渝。无咎。

以阴柔居豫极，有昏冥于豫之象。然以其动体，又有事虽成而能有渝之象。能改过则可无咎矣。勉人以迁善也。又豫上六变则为晋。明出地上，不终昏冥。乐极哀生，有悔心之萌者，所以无咎也。然初鸣豫，即断其凶，严于初以遏其恶也。上冥豫开之以无咎，恕于终以引其善也。

《象》曰：冥豫在上，何可长也。

豫至昏冥，不可久矣，言当速改也。全卦以九四一阳为主，与《象》之乐豫同义。其他皆过于豫而至于逸豫者。爻之吉凶皆从四起义。二远于四而中正，所以吉。上虽远于四而处豫之极，又与四同震体，故为冥。初则应四而鸣豫者也。三以比四而盱豫者也。五又以乘四而溺于豫，究不得豫者也。总之，豫宜众不宜私。故世道不可无豫，人心不可有豫。初凶而五疾，三悔而上渝。为国者当如四之勿疑，守己者则当如二之介石矣。

䷐ （随）

随卦，下震上兑。震动兑说，此动而彼说，随之义也。以少女从长男，随之象也。随卦次豫。按：《序卦》，豫必有随，故受之以随。悦豫之极，物之所随，随所以次豫也。全《象》以物随为义。此感彼随，可以大通，而要之于正，则随人之意亦在其中矣。爻兼随物为义。此动彼说而至于随，易于自失其身。大抵阳爻则人随我，阴爻则我随人。而随人者，宜随上，不宜随下，爻阴位刚者犹知所随。此三随四所以有得，二系初则有失，上无所随则不言随也。居上者宜为人所随。五君位为二所随，故贞吉。四臣位为三所随，故贞凶。初虽阳爻而在下，故不言随言系，而言交。比六爻之大略也。

随。元亨利贞。无咎。

随，从也。随者，我有以致物，而物自随乎我。故占当得大亨，然必利于正，乃得无咎。若不正，则虽亨而不免于咎矣。按：《左传》穆姜之言，以随四德与乾同。虽非本旨，然所论深合利贞无咎大意①。诸卦中屯临无妄革皆言"元亨利贞"。独随系以"无咎"。盖动而说，易至于不正而有咎，故示戒辞。

《象》曰：随，刚来而下柔。动而说，随。

按：《本义》谓以卦变卦体释卦名义。谓自困卦九来居初，自噬嗑九来居五，自未济来兼此二变。皆刚来下柔也。今按：《来注》但以综卦言之。随蛊相综，《杂卦》原对言之。随以蛊之艮反兑居上，巽反震居下，是刚来下柔也。以后凡言卦变者，皆从综卦。

大亨贞无咎，而天下随时。

《王注》《程传》皆作随时。谓随时得正，则天下皆随其时也。《本义》作随之。意尤顺。盖论全卦之义，重我有以致物之随也。

随时之义大矣哉！

---

① 他本作"义"。

依《本义》作"随之时义"尤顺。

《象》曰：泽中有雷。随。君子以向晦入宴息。

雷二月出地，八月入地。泽亦地也。又兑正秋，八月正兑之时。震下兑上，有雷入地中之象。君子取之。及向昏晦，则居内休息。造化有昼有夜，人生有作有息。人心有感有寂，有动有静。此造化之自然，亦人事之当然也。

初九。官有渝。贞吉。出门交有功。

初九以阳为震之主，有官守之象。居下无随我者，刚体非随人者。然初动体，则改其常矣，故为有渝之象。阳居阳位得正，有贞吉之象。前临阴偶，二三四互为艮，有出门之象。与四同德，不言随而言交，有交有功之象。初九，卦之所以为随者。虽人无随我，我未随人，而震动之体已渝其常矣。然居正得吉。出门交四同德，不系私暱正。不必言随人，而自有功也。

《象》曰：官有渝，从正吉也。出门交有功，不失也。

交不失其正，则有功也。人虽未随我，我亦不随人，以阳刚得正故也。

六二。系小子。失丈夫。

初阳在下而近，以在下有小子象。五阳正应而远，以君位有丈夫象。二与五正应，宜得所随矣。然当随之时，以阴爻阴位为过于柔。不能自守以待正应，而近系于初，有系小子失丈夫之象。人随我为随，我随人为系。曰"失"，惜之也。

《象》曰：系小子，弗兼与也。

系此失彼，不能兼也。

六三。系丈夫。失小子。随有求得。利居贞。

九四阳爻，亦有丈夫之象。小子亦谓初也。三近系四而远于初，有系丈夫失小子之象。四阳当任，三则以阴随之，有求而必得之象。三言系又言随者，三有得犹可言随也。三不中正，宜失所随矣。然以居刚稍知自主，胜于二之过柔，故犹知系四而不系初，而有得也。然六居三不正，九居四亦不正也。以不正相比，至于求而有得，不可言矣，故戒以居贞则利。初九以阳居阳，故得贞吉。六三以阴居阳，故示以居贞而不得言吉也。

《象》曰：系丈夫，志舍下也。

舍初之在下者也。

九四。随有获。贞凶。有孚在道，以明。何咎。

九四以刚居上之下，与五同德而三系之，有得人之随之象。然势陵于五，有虽正亦凶之象。变则为坎，有有孚之象。互二三为艮，有光明之象。卦中三阴三阳，阴宜随阳。初以在下不足为人所随，故但言"交"。四与五同德，故人随之。然四大臣之位，上有刚德之君。虽君信民归，随皆有获。然使恩威不自五出，虽正亦有震逼之凶矣。故必中有孚诚，动皆合道，使心迹光明，君民共谅，乃得无咎也。豫、随九四皆大臣之位。豫"有得"不言凶，而随四之"有获"言凶者：盖豫卦一阳五阴，卦之所以随者在四。五又以柔居其上，四志可行。故戒不在臣而在君，五之所以贞疾也。随卦三阴三阳，卦能得随之中正者在五。四逼于五而得人心，未必上安而下从之也。故戒不在君而在臣，四之所以贞凶也。然豫四曰"勿疑"，随四曰"有孚"。居危疑之地，无论其吉与凶，宜以至诚自将则一也。

《象》曰：随有获，其义凶也。有孚在道，明功也。

有获岂必皆凶？有致凶之理，故曰"其义凶也"。有孚在道以有明哲之功也。爻曰"以明"，言以此明其心迹。《传》曰"明功"，言有明哲之功，则不为利欲所昏，而心迹自光明也。

九五。孚于嘉。吉。

九五阳刚中正，得众爻之随，随之主也。然所应唯在中正之二，是信于善者也，故有孚于嘉之象。而占则吉也。四五皆以阳居三上二阴之中。阳内阴外，有中实之象，故皆曰"孚"。然四之孚，戒之也，欲其孚于五也。五之孚，喜之也，喜其孚于二也。大亨贞无咎而天下从之，五足当之矣。

《象》曰：孚于嘉吉，位正中也。

五与二皆正中，故谓孚于嘉也。然以二之正中，在五谓之嘉，在二反有失者。盖随之为义，贵我致人之随，而不欲徒随于人。随人者有阳刚之德，犹可自主。若一于阴柔，则系于近而失正应之可随者矣。故五孚于二，则有君臣同德之象。而二之系初，则有背公植党之戒也。

上六，拘系之。乃从维之。王用亨于西山。

上六以柔居柔，处随之极，有拘系又维之之象。兑为西为巫。二三四互为艮为山。一变纯乾为王，有王亨于西山之象。《程传》以王为太王，亨作亨通之亨，指太王迁岐之事。谓其得民心也。《本义》以亨为祭享之享。今从《本义》，而王宜作太王。盖六爻之义，阴宜随阳，下宜随上。上势居最上无所随，而质柔又不足以致人之随。居五之上而非天子之位，与三非正应而两阴同德，有固结于幽阴之象。太王避狄，去幽迁岐，我非随人，而人之随我者亦未广。然诚敬以享于山川，有固结维系之意。人心从此而集，天命从此而基。占者得此，则其象亦如是也。

《象》曰：拘系之，上穷也。

处随之机故也。全卦物来随我，我往随物，皆贵于正。然此动彼说而至于随，易于失身，尤以阳刚为贵。故诸爻吉凶得失别为一例，唯阳爻能为物所随。五有阳刚之德，又居君位，当为物所随者，故吉。四居三之上，有大臣之象。故三系之有得。而在四有逼五之嫌，竟受人之随，则又不免于贞凶矣。初虽阳爻，为随之主而在下位，以在下则不应为人所随。然以阳爻为随之主，则不肯上系于人，又不能安静以处，故不言随不言系，而言交。阳居阳位，故交而有功也。三阴爻皆随物者，则不言随而言系。然阴居阴位者柔而无主，故二以舍五系初而失。阴居阳位稍知自立，故三以舍初系四而得。至上以随之极，阴爻阴位，所应又阴，则固结之极。然不可以人道言矣，故为享于鬼神之象。盖他卦六爻以相应为善，此则又贵其自处之能刚。他卦阴爻亦以得正为善，此则又不欲其过柔而失主。盖当随之时，义当如是。随之喜刚，亦犹履之善柔，故曰"观象辞则思过半矣"。

䷑（蛊）

蛊卦，巽下艮上。按：《左氏》，"风落山，女惑男。"以长女下于少男，惑乱其情，蛊之象也。风遇山而回，物皆挠乱，亦有事之象。《本义》谓上苟止而下卑巽，彼此怠缓，积弊致蛊。谓之蛊者，坏极而有事也。文从虫从皿。聚虫皿中，使自坏烂，蛊之义也。然卦中兼治蛊意。治蛊而曰蛊，犹治乱而曰乱也。蛊卦次随。按：《序卦》，"以喜随人者必有事，故受之以蛊。"喜悦随人，过中失正，则蛊惑坏乱之事，自此起，蛊所以次随也。全《象》谓蛊治则乱极复治。而治蛊之道，有取于更新丁宁。此全《象》之大旨也。六爻五为治蛊之君，下四爻为治蛊之臣，而上则为事外之臣。事外者，理乱不关，故不言蛊。余皆治蛊者。而蛊为前人已坏之绪，故又以子道言之。治蛊以刚柔相济为善。初爻柔位刚故"无咎"。二爻刚位柔故"得中"。三爻位俱刚故"有悔"。四爻位俱柔故"未得"。五亦以爻柔位刚，居中有应，故"用誉"。而五之一爻，自处则为子，二视之为母，上视之又为君。则其取象屡迁，不可为典要者也。

蛊。元亨。利涉大川。先甲三日。后甲三日。

蛊，《本义》谓坏极而有事也。坏极为蛊，有事则兼治蛊意。乱极当治，有元亨象。治蛊必勇往以求必济，中互震木在兑泽之上，有利涉大川象。然治蛊宜勇，亦须有道以治之。甲，日之始，事之端。先甲三日为辛。后甲三日为丁。前事已坏，取先甲三日之辛以更新之，不使至于大坏。后事方新，取后甲三日之丁以丁宁之，不使至于速坏。此治蛊而致亨之道也。先甲后甲，按《本义》及旧解皆同，于理固顺。而蛊取甲，巽取庚，未见着落。《来注》照圆图，但取艮巽二卦之义，亦未见的确。今按《苏传》所解与《本义》异，而似可存。按：《苏传》，蛊之与巽。一也。上下相顺与下顺而上止为偷，一也。而巽之所以不为蛊者，有九五以干之，而蛊无是也。故蛊之《象》曰"先甲三日，后甲三日，终则有始"。而巽之九五曰"无初有终，先庚三日，后庚三日，吉"。阳生于子尽于巳，阴生于午尽于亥。阳为君子，君子为治。阴为小人，小人为乱。夫一日十二干，相值支五干六而后终，世未有不知者也。先甲三日，后甲三日，世所谓六甲也。先庚三日，后庚三日，世所谓六庚也。甲庚之先后，阴阳相反，故易取此以寄治乱之势也。先甲三日，子戌申也。申尽于己而阳盈。盈将生阴，治将生乱，故受之以后甲。后甲三日，午辰寅。寅尽于亥，然后阴极阳生。蛊无九五以干之，则其治乱皆极其自然之势。势穷而后变，故曰"终则有始，天行也"。巽则不然。初虽失之，后必有以起之。譬之于庚。先庚三日，午辰寅也。后庚三日，子戌申也。庚之所后，甲之所先。故先庚三日尽于亥，后庚三日尽于己。先阴后阳，先乱后治，故曰"无初有终"，曰"吉"。不言于《象》而言于九五，明此九五之功，非巽之功也。

《彖》曰：蛊，刚上而柔下。巽而止，蛊。

刚上柔下以卦体言，艮刚居上，巽柔居下也。以卦综言，反随之震上为艮，兑下为巽也。上太刚则情不下接，下太柔则情难上达。上下不交以致蛊也。巽而止以卦德言，则下卑巽而上苟止，皆积弊以致蛊者也。

蛊，元亨而天下治也。利涉大川，往有事也。先甲三日，后甲三日，终则有始，天行也。

他解以巽而止为治蛊者，非。盖下卑巽而上苟止，乃致蛊之由，非所以治蛊。治蛊意当于此节言之。既蛊又言元亨，乱极复治之象也。曰"往有事"而不言"有功"者。当尽蛊之时，宜有事以济险，不可以无事视之。若巽懦而止，则终蛊而不能元亨矣。甲者，十日之始。乱之终，治之始，天运之行如是。治蛊者终前事，始后事。一番更新，一番丁宁，亦如天之行也。

《象》曰：山下有风。蛊。君子以振民育德。

山下有风，物坏而有事矣。治己治人事之大者。风在内而能振动外物，则象之以振动其民。山在外而能涵育内气，则象之以涵育其德。振者，作兴人之善，新民之事。育者，培养己之意，明德之事。《易》言育德，多取于山，故蒙亦言育德。而巽之申命行事，亦振民之意。当蛊之时，风俗败坏，由民之不新。民之不新，由己德之不明。故必有以振作耸动其民，而在己宜进德不已。此皆所以治蛊也。

初六。干父之蛊。有子考无咎。厉终吉。

干，木之干，枝叶所附以立者。以身任其事而不敢避，故曰"干"。中互震木，下巽木，有干之象。蛊之灾非一日之故，必世而后见，故皆以父子言之。明父养其疾，至子而发也。子能干之，克盖前愆，则振饬而兴起矣。初六以阴在下，所应又柔，似不足以治蛊者。然以其时言之。在蛊之初，蛊未深而事易济。且质柔而位刚。故有子能治蛊，考得无咎之象。质柔位刚，子专父事，有厉象。知危而戒，终承己志，有终吉之象。

《象》曰：干父之蛊，意承考也。

不承其事而承其意，所谓善继人之志者也。

九二。干母之蛊。不可贞。

母指六五也。艮止于上，巽顺于下。无为而尊于上者，父道也。服劳而顺于下者，子道也。故五爻皆言干父之蛊，取艮之上爻为父也。二独与五应。五虽艮体而质柔，故有母象。在五自处亦为子，自二视五则为母。此又取象之变，不可为典要者也。九二刚中上应六五，有子干母蛊而得中之象。以刚承柔而治其坏，故又戒以不可坚贞，言当巽以入之也。贞者事之干。而曰不可贞，非不可正也，不可固执以为正也。母性多柔暗。以二之刚承五之柔，固守其正，或至伤恩害义。必巽以入之，乃得中也。若以君臣论，则周公之事成王，成王有过则挞伯禽，亦此意也。

《象》曰：干母之蛊，得中道也。

九二以刚居柔，在下卦之中，有中道之象。得中道而以柔济刚，善于干母之蛊者也。

九三。干父之蛊。小有悔。无大咎。

过刚不中，故有小悔。巽体得正，故无大咎。

《象》曰：干父之蛊，终无咎也。

爻言无大咎，宜不免于小咎。而《传》谓"终无咎"者，幸之也。以九居三刚之至，君之诤臣，父子之诤子，不使君父陷于不义者也。盖干蛊之道，以刚柔相济为善。故初六六五之柔而居刚，九二之刚而居柔，皆可干蛊。不则与其为六四之裕而吝，不若九三之悔而无咎。裕而吝者，由吉而趋凶。悔而无咎，则自凶而趋吉也。

六四。裕父之蛊。往见吝。

以阴居阴，不能有为，有宽裕以治蛊之象。始是则蛊将日深，往则见吝矣。盖目前虽可苟安，如是以往，必致吝也。

《象》曰：裕父之蛊，往未得也。

目前以为得矣，循此以往，未为得也。欲人急于改图也。

六五。干父之蛊。用誉。

二以五为母，谓以柔居尊也。然五之上有上，则五又有子道，若继世之君也。用誉，用阳刚之臣以致誉也。五柔中居尊，九二承之以德，能用阳刚之臣以干父之蛊者，可以致闻誉矣。譬若周宣王之用仲山甫召穆公，能用良臣而干蛊有誉者也。

《象》曰：干父用誉，承以德也。

二承以刚中之德。德在臣，誉在君，上下一德矣。故不见前人之蛊。

上九。不事王侯。高尚其事。

阳刚居上，在事之外，有不事王侯，高尚其事之象。初至五皆言蛊，此不言蛊者。上九蛊之终。事之坏者，六五干之已毕，则乱极而治之时矣。故不言蛊也。初至五皆言父子，不及君臣者。臣之事君，犹子事父母。当蛊之时，身在事中，必视国事如家事乃可。故言父子，而君臣之道在其中矣。上九言不事王侯，又不言父子者。子于父母无可诿之事，无一日可离之时。君臣以义合者也，则当以其位与时论之。身在其位则尽力以干，如子事父母，不以为污。不在其位则超然远引，不事王侯，而不以为傲。时当艰难则鞠躬尽瘁，不避险患，不以为劳。世已升平则功成身退，辞荣谢宠而不以为矫。上九者，无位之逸民，功成身退之耆旧也。

《象》曰：不事王侯，志可则也。

洁身高尚如子陵，功成身退如范蠡。其事高，其志可为法则矣。全卦名蛊而皆言治蛊。蛊之可亨，犹否极则泰。虽天运自然，而人事宜尽。所以有取于更新丁宁，以为致亨之道。家事国事皆有蛊，为子为臣无异道，总以刚柔相济为善。然与其柔而致吝，又不若刚而免咎，圣人望人之意切矣。

周易浅述卷三

䷒（临）

临卦兑下坤上。泽上有地，岸临于水，相临最切。又有进而侵凌之义，二阳侵长以逼于阴。故曰临也。临卦次蛊。按：《序卦》，"有事而后可大，故受之以临。"临者，大也。可大之业，由事而生。二阳方长，阴小阳大，阳气将盛。是谓可大。临所以次蛊也。全《象》以阳长为亨，而以阴生为戒，亦扶阳抑阴之意。六爻以二阳偏临四阴。二当任而初不当任，故以二为临主。上四阴皆受阳之临者。三不中正，迫阳而应非正之上，故无利。四五皆应阳，上附五而厚于二，故皆吉也。而三曰"甘临"，四"至临"，五"知临"，上"敦临"，又有上临下，柔凌刚之义。《杂卦》云"临观之义，或与或求"，言彼此相与为临也。

临。元亨利贞。至于八月有凶。

临，《本义》谓进而凌逼于物。言凡逼近者皆为临，不专居上临下之意也。二阳侵长以逼于阴，故为临。而卦中上下彼此又互有相临之象。于一岁中为十二月之卦也。下说上顺，九二刚中，上应六五，故占者大亨而利于正也。又按："元亨利贞"者，乾道之变化。阳长之卦，独临与乾同者。易道贵中。二阳方主于中，乾之体用全备于此，故四德咸归之也。八月有凶，戒辞。何氏以建子至建未为八月。褚氏以建寅至建酉为八月。孔氏据《王注》"小人道长，君子道消"，以建申为八月。按《大全》不言建申。隆山李氏主建酉为观卦。谓当自临数，不当自复数也。《本义》主建未为遁卦。谓文王作卦时，只就周正纪之也。今按：文王作卦在纣之时，未用周正，正朔之说可不必拘。以阴阳消长之数论之，当自复数至遁为是。盖否卦阴阳各半，观卦四阴胜阳，其凶不待言矣。今曰"有凶"者，亦将盛之辞也。于二阳方盛之时，即时二阳方盛之虑，圣人防微杜渐之意也。不然则凡阳盛之卦，八月皆有阴盛之时，何独于临言有凶哉！又按：复言亨而此言元亨，复不言利贞而此言利贞。盖复初阳未盛，至临则大矣。复阳之萌，无有不善。临则阳盛，易于肆矣。此圣人所以于临独有戒辞也。

《彖》曰：临，刚浸而长。

此以卦体释卦名也。爻辞上下皆有相临之意，此独取以阳临阴。浸长内兼二意，有渐长不骤之意，又有方来未艾之意。

说而顺，刚中而应。

内卦说，则阳之进也不逼内，不激于意气矣。外卦顺，则险之从也不逆外，皆中于机宜矣。此以卦德言卦之善也。九二刚中，在我有强毅之才。应五柔中，在上有知人之主。此以卦体言卦之善也。

大亨以正，天之道也。

刚长而说顺，大亨也。刚中应柔中，以正也。刚长之时其善如此。以之临人临事临天下，莫不大亨。而必以正者，天道宜然也。天道扶阳而抑阴，黜邪而崇正者也。

至于八月有凶，消不久也。

言二阳方盛之时，然至八月为遁，则阳之消亦不久矣。此虽天运之自然，而君子所当戒也。

《象》曰：泽上有地。临。君子以教思无穷，容保民无疆。

不曰"地下有泽"，而曰"泽上有地"，主泽之二阳而言也。地临于泽，上临下也。二者皆临下之事。教思无穷，泽润地之象也。容保民无疆，地容泽之象也。不徒曰"教"，而曰"教思"，其意念如泽之深。不徒曰"保"，而曰"容保"，其度量如地之广。

初九。咸临。贞吉。

按：《王注》及《程传》皆以咸作感之义。《本义》以"咸临"作"遍临"，谓以二阳遍临四阴也。从《王注》《程传》为顺，而遍临意可兼。盖咸者无心之感。二阳在上，无为而天下化，所以为观。二阳在下，无心而天下应，所以为咸。初以正，二以中，我中正而天下自应，故皆曰"咸"。初二两爻与四五正应，皆有咸临之象。初以刚居初为得正，有贞吉之象。四，大臣之位。无所感而临，则不获乎上。然自处不正，所应非正，亦枉道徇人者矣。唯刚而得正，所应又正，故曰"咸临贞吉"也。

《象》曰：咸临贞吉，志行正也。

自处以正，所应又正，则得以行其正道矣。时解以此爻作君子临小人以正。阴虽小人，然爻中未有此象。

九二。咸临。吉无不利。

二应于五，上有中正之君。既见信任，得行其志，故有吉无不利之象。此爻为临之主。盖阳在初犹微，至此乃盛。初之咸临，谓与二协力以为临也。二之咸临，谓率初同往以为临也。

《象》曰：咸临吉无不利，未顺命也。

九二以刚居柔，非苟且以取悦于上者，有未顺命之象。五顺体而二说之，疑以苟从取悦矣。然刚而得中，以此为五所信任，非苟将顺君命以取容者也。《本义》于此爻，《传》云未详。今从此解，得圣人教人以道事君之意，然爻中亦实有此象也。

六三。甘临。无攸利。既忧之。无咎。

卦以阴阳相临为临。三阴柔说体，逼近二阳，而与上非正应。坤土味甘，变兑为口舌，无实心相接，但以甘说临人之象。不中不正，下乘二阳，上无正应，有无攸利之象。二阳上逼，互卦得震，有忧惧之象。一变为乾为泰，有无咎之象。盖在上以甘说临人，固无所利，然知忧惧自改，则咎可无。若小人在上，知君子非可以甘言要结，能改过以合乎刚正，则咎自可无矣。

《象》曰：甘临，位不当也。既忧之，咎不长也。

位不当，不中正也。始虽有咎而后可无，其咎不长也。

六四。至临。无咎。

以阴居阴，处得其位，与三之不当者异。下应初九，应得其正，与三之乘阳者异。又坤兑之交，地泽相比，自临之切至者也。至，非至极之谓，言诚意以相与也。故无咎。

《象》曰：至临无咎，位当也。

言位之当，而正应之意其中矣。

六五。知临。大君之宜。吉。

五变坎为通，知之象。以柔居中，下应九二，不自用而有人，知之事也。自用其知者其知小，不自用而用人者其知大。以此临下，乃大君之所宜，吉之道也。

《象》曰：大君之宜，行中之谓也。

中者，天理之当然，非出于矫饰也。

上六。敦临。吉无咎。

上六居地之上画，爻本坤土，又变艮土，有积累至于极厚之象。旧说以上最远于阳，不敢以柔临刚，厚之至也。以厚接物，未有不安者。故厚敦于临，乃吉而无咎之道也。然按《象传》，志在内，则非不敢临之意。按《苏传》，六五既已应九二矣，上六又从而附益之，谓之敦临。复之六四已应初九矣，六五又从而附益之，谓之敦复。此说解敦字为切。言附五以加厚于二也。

《象》曰：敦临之吉，志在内也。

上六与九二非正应，而志在于九二之阳。附五以相临，厚之至也。上以志在阳为吉，三以志在上而无利可知矣。卦义以阳临阴，而六爻自三以上阴亦临阳。阳气方升，阳临阴，在所宜，故皆吉。阴上阳下，虽有以上临下之势，而嫌其逼于阳，故独于三爻无利。上以远于阳而志在阳，反得吉。至四之无咎，五之吉，则又皆应于阳者。阳气方盛，势正上进，吉多凶少，圣人言外扶阳抑阴之意又可见矣。

䷓（观）

观卦，下坤上巽。风行地上，遍触乎物，有自上观下之义，则为去声之观。二阳在上，四阴所仰，有自下观上之义，则为平声之观。全《彖》取以上示下之义，故卦名取去声之观也。观卦次临。按：《序卦》，"物大然后可观，故受之以观。"观所以次临也。《彖》取上观下之义。在上者致其洁清，不轻自用，民自信而抑之。此全《彖》之大旨也。六爻以四阴自下仰观二阳。然上不得位，故以五为观之主。而下四阴则近者吉而远者凶。四观光而三进退，二利女而初则吝矣。盖临卦二阳在下，进而凌阴，故阴欲远阳。观卦二阳在上，阴自下仰，故阴欲近阳。此又扶阳抑阴之征意也。

观。盥而不荐。有孚颙若。

观者，以中正示人，为人所仰也。盥者，将祭而洁手。荐奉酒食以祭也。颙若，尊敬之貌。盥者无不荐。盥时诚意精专，荐亦未至于懈。今云盥而不荐者，风行地上，万物肃清，然无形可见，有盥而不荐之象。然气之所至，自然鼓动万物，有孚而颙若之象。圣人洁清自治，恭己无为。不待政教号令之行，而群下信而仰之，莫不整肃。犹祭者方盥手于洗，诚意精专。不待牲牢酒食之陈，而精诚使人皆肃然生敬也。又按：大壮则取四阳之盛，观则不言四阴之盛，反取二阳在上为四阴所仰，则又圣人扶阳抑阴之意也。

《彖》曰：大观在上，顺而巽中正，以观天下。

阳为大，故曰"大观"。在上以位言。顺巽中正以德言。中正指九五也。有位无德，有德无位，皆不足以观天下。顺则心于理无所乘，巽则事于理无所拂。具顺巽之德，以我之中正，观天下之不中正者。此节以卦体卦德释卦名义也。

观，盥而不荐，有孚颙若，下观而化也。

非有意于感人，而观者自化也。此释卦辞也。

观天之神道，而四时不忒。圣人以神道设教，而天下服矣。

神者，无形与声，而妙不可测。天运自然，四时不忒。天之所以为观，神道也。圣人亦不俟号令政教之烦，使天下自服。圣人之所以为观，以天之神道设教也。不荐之孚，圣人之神道也。犹中庸之笃恭而天下平，上天之载无声无臭也。此因卦辞而极言之。

《象》曰：风行地上。观。先王以省方观民设教。

风行地上，遍触万物，有周观之象。先王体之，省方以观民风而设教。如国奢示俭，国俭示礼之类是也。坤为土，有土有民。省方观民坤之象。巽以申命。设教巽之象。

初六。童观。小人无咎。君子吝。

卦以观示为义，据九五为主也。爻以观瞻为义，皆观乎九五也。初六阳位而阴爻，阳则男而阴则稚，又居卦之下。如未有知识之童子，不能远见，有童观之象。小人无咎而君子则吝者。盖下民日用而不知，乃其常也。君子不著不察，则可羞矣。

《象》曰：初六童观，小人道也。

小人之常也。

六二。窥观。利女贞。

六二质柔位阴，女子之象。自内窥外。虽与五为应，而为三四所隔。三四五互为艮，有自门内窥视，所见者小，不见其全之象。此女子之正道也。

《象》曰：窥观女贞，亦可丑也。

在丈夫则可丑矣。

六三。观我生。进退。

诸爻皆观乎五，故三上不取相应之义。我生，我之所行也。六三隔四，不能观国。居下之上，可进可退。故不观九五，而观己之所行。可否何如，以为进退，量己而后入官者也。他卦居中多吉，三不中多凶。此独以观之远近取义，故四最善而三次之。

《象》曰：观我生进退，未失道也。

进退合宜，未失其常道也。

六四。观国之光。利用宾于王。

六四下互坤土，有国象。互五为艮，近阳爻，有光明象。五为君王象。四承五最近，而柔顺得正，宾于王之象。其占利于朝观仕进也。

《象》曰：观国之光，尚宾也。

士不苟进，君以宾礼待臣，有非常之遇矣，故其志尚乐于进用也。

九五。观我生。君子无咎。

九五阳刚中正，以居尊位，下四阴仰而观之，君子之道也。然必返而自观我之所行，果合于君子，乃得无咎。盖观本四阴侵阳之卦，故有危词。苟我之所行不足以观示四方，反有咎矣。

《象》曰：观我生，观民也。

人君有临民之责。而曰"观我生"，非置民而不问也。王者通天下为一身。观我所行之善否，即可以知民之善否矣。观我，正所以观民也。《本义》："又当观民德之善否。"似作言外补意，稍缓。

上九。观其生。君子无咎。

上九以阳居尊位之上，亦为下所观瞻，若宾师之位也。故亦当反观己之所行，求免于咎也。曰"其生"者，上无位，不当事任。避九五，不得称我也。

《象》曰：观其生，志未平也。

自省其身，未得自安，故曰"未平"，不敢以不居其位而晏然不自省也。观为阴盛之卦。而九五阳刚得位，故有可以观示下民之象。然高位为众所仰，非可易居，而阴盛亦多戒惧，故五仅无咎而上志未平也。四阴观在上之阳。位高则所观者大，卑下则所观者狭。此四观光，三进退，而初二则羞吝也。

䷔（噬嗑）

噬嗑，下震上离。噬，啮也。嗑，合也。口中有物间之，必啮而后合。卦上下两阳而中虚，顺口之象。九四一阳间于其中，必啮之而后合，故为噬嗑。噬嗑次观。按：《序卦》，"可观而后有所合，故受之以噬嗑。"嗑者，合也。既有可观，然后有来合者，嗑嗑所以次观也。口有物间之，必噬而后合。天下有强梗谗邪间之，亦必治之以法而后治成。又火为明，雷为震，皆有当于治狱之道，故全卦皆以治狱之事言之。六爻则初上无位，为受刑之人。中四爻为用刑之官。大抵以爻位之刚柔论噬之难易，要归于能谨。此全卦六爻之大略也。

噬嗑。亨。利用狱。

上下两阳而中虚，口之象。天下之物，中有所间则不通。啮之而合则通矣，故有亨象。此概论天下之事，用狱则噬嗑中之一事也。天地生物，有为造物之梗者，必用雷电击搏之。圣人治天下，有为民之梗者，必用刑狱惩治之。上离电之明，所以察狱也。下震雷之威，所以决狱也。六五以柔居中，有威与明而得中者也，故有利用狱之象。又相噬以求合，教化之衰也，故但利用狱。

《象》曰：颐中有物，曰噬嗑。

上下两阳颐象，中一阳有物象。此以卦体释卦名义，所谓近取诸身者也。

噬嗑而亨，刚柔分，动而明，雷电合而章。柔得中而上行，虽不当位，利用狱也。

噬之而嗑，乃得亨通。以治道论，寇盗作梗。以伦纪论，谗邪作梗。治而去之则合矣。《象传》增"而"字，所谓以卦名释卦辞也。三阴三阳，刚柔均分，此以卦体释卦辞也。下动而上明，言夫嗑以前，以噬而致亨。雷震电耀相须并见，曰"合而章"。言既噬之后，以嗑而致亨。所谓以卦德二象释卦辞也。此以上皆释噬嗑之亨也。"柔得中"句。《本义》谓卦变自益卦六四上行于五而得其中。然与得中上行不合。今依卦综，贲之离二本得中，今上行于五，为是以柔居五，为不当位。然刚柔相济，治狱所宜。此以卦综释卦辞也。此二语释"利用狱"也。

《象》曰：雷电噬嗑。先王以明罚勑法。

雷电当作电雷。明者，辨别精审之意。象电之明，所以示民而使之知避也。勑者，整饬严整之意。象雷之威，所以防民而使之知畏也。罚者，一时所用之法。法者，平日所定之罚。明罚勑法犹不知戒，不得已乃有丰之折狱致刑。

初九。屦校灭趾。无咎。

初上受刑之象，中四爻用刑之象。校，足械也。屦校者，校其足如纳屦然。趾所以行。灭其趾，遮没其趾使不得行，受刑之小者也。震为足。初应四。三四五互为坎为桎梏。初爻最下，故有屦校之象。震变坤，不见其足，灭趾之象。罪小而受薄刑，小惩可以大诫，故无咎也。

《象》曰：屦校灭趾，不行也。

震主动，变坤则静。不敢妄动，不进于恶矣。

六二。噬肤灭鼻。无咎。

中四爻言用刑之人，皆取食物为象。肤，豕腹下柔软无骨之内，噬而易嗑者。灭鼻，深入至没其鼻也。六二阴柔中正，听断得理，噬之最易合者。二三四互艮为鼻。二变则为离，故有深没其鼻之象。盖以乘初之刚，以柔治刚，深痛治之，不至于有咎也。此解照《程传》。按：《本义》谓伤灭其鼻，占者虽伤而终无咎。然噬肤无伤鼻之理，不如《程传》之顺。

《象》曰：噬肤灭鼻，乘刚也。

噬肤至于灭鼻，疑于深矣。所以无咎者，以乘刚故也。盖在下有强梗之人，恐过柔以治之则废。故深严而得宜，乃得其中也。

六三。噬腊肉。遇毒。小吝无咎。

腊肉，小兽全体骨而干之者，坚韧之物也。六三柔中有刚，有腊肉象。互坎，有遇毒象。六三阴柔不中正，治久年疑狱而人不服者也，故占小吝。然时当噬嗑，于义亦无咎也。

《象》曰：遇毒，位不当也。

以柔弱居刚强之位故也。

九四。噬干胏。得金矢。利艰贞吉。

干胏，肉之带骨者，至坚而难噬者也。金矢，《本义》谓入钧金束矢而后听之。然《周礼》"束矢钧金"，所以禁民讼狱。使琐屑之事不敢妄兴讼，非听讼之正道也。不如《程传》以金刚矢直为得治狱之宜。九四离体，离为干，干胏之象。三四五互坎，坎得乾之中爻，有金象。坎又为矢，得金矢之象。九四以刚居柔，居大臣之位。所断之狱，又非若肤腊之易者。必如金之，刚则不挠，如矢之直则无私。然刚直非易行，恐瞻，顾而不果矣，故必艰难正固则吉。

《象》曰：利艰贞吉，未光也。

离有光明之象。四离体而居下，大臣之位，不便威福自己。治此大狱，虽以刚直为主，未免艰难戒惧，故曰"未光"。

六五。噬干肉。得黄金。贞厉无咎。

干肉，难于肤而易于腊胏者也。六五君位。小事不至于君，故所噬非肤之易。君威无所不加，故不至如腊胏之难。黄金，《本义》谓指钧金。盖《周礼》小事束矢，大事钧金。大臣大小兼听，唯钧金则以闻之君者也。今从《程传》作刚中之德为优。离中变乾为金，黄金之象。盖大臣贵其不挠，尤贵于无私。君则无可私矣，唯恐其优柔不断而已。黄中色而金刚德。六五柔顺居尊，刚柔相济，得其中矣。然刑者，圣人不得已而用之，不可无戒惧之心也。故虽贞亦厉，但于义则无咎也。五位与二同。而五能噬干肉，二但能噬肤者。二以柔居柔而五以柔居刚，五之才胜乎二也。五之才与三同。而五得黄金三不免遇毒者。三之柔不中，五之柔得中，五之位胜乎三之位也。六五之才之位胜二三，而爻辞但言"无咎"，不及九四之吉者。五之柔不如四之刚也。盖九四以刚噬者，有司执法之公。六五以柔噬者，人君不忍之仁。然治狱本有司之事，而有司虽威照并行，必以刚直为主。故论治狱之道，必以九四为则也。

《象》曰：贞厉无咎，得当也。

得当，谓处刚而得中也。《象》言"不当位"，以位言也。爻言"得当"，以事言也。四爻言"吉"而《传》曰"未光"，五爻仅

"无咎"而《传》言"得当"者。九四臣位，必艰贞而后吉。权难自主，所以未光。五君位，用刑人无不服，而以艰贞危厉为心。盖钦恤之道当然，故在五为得其当也。

上九。何校灭耳。凶。

何，负也。本爻离为槁木。三四五互坎为耳为桎梏。坎耳在下，有何校而灭其耳之象。居卦之极，怙终不悛。罪之大者，故凶。

《象》曰：何校灭耳，聪不明也。

罪其听之不聪，怙终而陷于大罪也。九未变为离之明。今变不成离，故不明也。全卦以物由噬而得合，莫甚于用狱以惩奸，故所论皆用狱之事。初上无位，为受刑之人。初过小而在下，为治狱之始。上恶极而怙终，为用刑之终。中四爻皆治狱之人。然卦才之刚柔不同，故所噬之难易亦异。六二以柔居柔故噬肤，最易者也。六五以柔居刚为得中者，故噬干肉，然此肤则难矣。六三柔中有刚则噬腊肉，比干肉难矣。九四刚中有柔，则噬干胏，噬之最难者也。难易虽有不同，而四艰贞，三亦遇毒，五贞厉，而三亦灭鼻。则治狱之道，期于敬谨一也。

䷕（贲）

贲卦，下离上艮。山下有火。山者，草木百物所聚。火照之其上，百物皆被光彩，有贲饰之象。又卦综刚柔交错，卦德文明以止，皆有贲饰之义。故为贲。贲次噬嗑。按：《序卦》，"嗑者，合也。物不可以苟合而已，故受之以贲。"人物合聚，必有次序行列，威仪上下，而文饰生焉。贲所以次噬嗑也。贲虽尚文，必以质为本。凡事无本不立，无文不行，故全《彖》以贲有可亨之道。然本大而文小，故不过小利于所往。六爻初四以相应为贲，而二与三，五与上则以相比为贲。三爻在内者离体，则以文明为贲，故贲趾贲须濡如皆有所设饰。三爻在外者艮体，则又以笃实为贲，故"皤如""丘园""白贲"皆取于质素。然内三爻虽以文明为贲，二之贲须既出于自然，初之舍车则取其高隐，三之濡如即戒其永贞。于贲饰之时，皆以不贲为贲。此又圣人返朴还淳之妙用，维持世道之深意。此六爻之大略也。

贲。亨。小利有攸往。

贲，饰也。凡事无文不行。有贲之文，文以辅质，此贲所以亨。然文胜又恐灭质。内文明而艮止于外，收敛其文，不欲尽发，故小利有攸往。盖凡事以本为大，而文则小也。又按：小利有攸往，固所利者小之意，亦有唯小则利之意。盖阴小阳大，小利往而大不宜往矣。故以下六爻，阴爻皆宜动而阳爻多有戒辞。此又贲而剥之渐也。

《彖》曰：贲，亨。

"亨"字疑衍。

柔来而文刚，故亨。分刚上而文柔，故小利有攸往。天文也。

"柔来"二句以卦综言。盖噬嗑以初五两爻为主爻，此二上两爻为主爻。噬嗑五柔来为贲二，居初三两刚之中。所谓"黄离元吉得中道者也"。文在其中，是以谓之"贲亨"。噬嗑初上而为贲上，居四五两爻之终。所谓敦艮之吉以厚终者也。文成其终，是以小利有攸往。柔来不言分，离反为离，中偶不动也。刚上言分者，震反为艮，下画移居上画也。"天文也"上有"刚柔交错"四字。日月五星之运行，不过刚柔一往一来而已，故曰"天文"。

文明以止，人文也。

此以卦德言之。君臣父子夫妇兄弟朋友之间，灿然有礼以相接，文之明也。截然有分以相守，文之止也。

观乎天文，以察时变。观乎人文，以化成天下。

圣人观日月之次，昏旦之星，以察四时寒暑之变。观于君臣父子之间，有礼有分。而导之以《礼》《乐》《诗》《书》，列之以采章服物，化旧为新而风俗成于天下。占此卦者虽小利于所往，而贲之为用又大如此。

《象》曰：山下有火。贲。君子以明庶政，无敢折狱。

山下有火，明不及远。明庶政，事之小者，离明在内之象。折狱，事之大者，艮止于外之象。又山在上，法有所必守。火居下，明有所不矜。君子礼此，于钱敕簿书之小，必精审之，以成文明之治。至折狱则无敢。无敢非不折也，盖狱贵详审，得情。若自恃明察，深文缘饰，没其情实，是之谓"敢"。"敢"则民命不可问矣。

初九。贲其趾。舍车而徒。

初在下为趾象。二三四互为坎为车象。初虽与四应而在最下，艮止于上，故以刚德明体自贲于下，为舍非道之车而安于徒步之象。盖君子以义为荣，不以徒行为辱故也。初四相应。四求初为贲德，初求四则为趋势，故以徒行为贲。壮初刚居刚而健体，故壮于趾。贲初刚居刚而明礼。故贲其趾。车马币帛主于文饰，故贲六爻取象及之。

《象》曰：舍车而徒，义弗乘也。

君子之取舍决于义，每于在下之时，发足之初观之。徒义而车非义，故弗乘，非恶富贵而逃之也。

六二。贲其须。

须、鬚同。在颐曰"须"，在口曰"髭"，在颊曰"髯"。三在上有颐体。二在颐下须之象。须亦人身之有文饰者，故以须言之。

二以阴柔居中正，三以阳刚而得正，皆无应与。然须附颐以成其文，二爻相比以为贲者。故二附三而动，有贲须之象。盖须生而美，非外饰者。六二柔丽乎中正，固有其美须之贲，非待于外也。然阴柔不能自动，必附丽于阳，如须虽美必附于颐。占者宜资人共济，从上之阳刚而动，则可有为也。

《象》曰：贲其须，与上同也。

不能自兴随上而动也。

九三。贲如濡如。永贞吉。

三互坎一阳居二阴之间，得其贲而润泽者也，故有濡如之象。然坎体有濡象，亦有陷溺之象。九三非不贞也。能永其贞而不溺于所安，则二阴于我有润泽之濡，而我无陷溺之悔矣，故吉。此爻与二以相比为贲。然小利往，故二随上而三则宜永贞也。

《象》曰：永贞之吉，终莫之陵也。

陵生于狎。以正自持，颦笑不假，谁能陵之？

六四。贲如皤如。白马翰如。匪寇婚媾。

皤，发之白者。四变，互二三为巽为白。不变，互为坎为马。四与初以相应为贲。乃为三所隔，心虽合而迹睽，不得所贲，为皤如之象。然本正应，不肯他从，往求之心如飞翰之疾，有白马翰如之象。九三刚正，非为寇者也，乃求婚媾耳。此与屯六二相似。屯刚柔始交，贲刚柔相集，皆有婚媾象。然屯之乘马班如意甚缓，贲白马翰如意独急者。屯二以下求上，难进易退。贲四以上求下，虚己求助也。此爻与初以相应为贲。然小利往，故初贲趾而四则翰如也。

《象》曰：六四当位，疑也。匪寇婚媾，终无尤也。

四与初远，为三所隔，所当之位有可疑也。然位虽近三，心实在初。守正不与，理直义胜，三不得而尤之也。

六五。贲于丘园。束帛戋戋。吝终吉。

六五柔中为贲之主。离之文明至艮而有所止，渐近敦本而尚实。上九艮体有丘象。五互三四震木有园象。五比上以成贲者。人君虚己以求山林隐逸之贤，故有不贲于朝市而贲于丘园之象。阴性吝啬，浅小薄物可以自将，故有束帛戋戋之象。如此虽可羞吝，然礼奢宁俭，礼贤贵质实，不事虚文，故得终吉。盖贲以文饰成卦，过则流于靡矣。自五与上皆有敦本返始之象。

《象》曰：六五之吉，有喜也。

方逐末之时，人君崇俭反本，人心世道之幸也。

上九。白贲。无咎。

居贲之极，反本复于无色，有白贲之象。如此则善补过矣，故占为无咎。此爻与五相比以成贲。五君以束帛相加，上则遂其高隐之志。唯以朴质为本，唯小利往，故五可贲于丘园，而上但宜守其白贲也。

《象》曰：白贲无咎，上得志也。

居卦之上，在事之外。不假文饰而有自然之文，可谓优游自得矣。以人事言，则六五以束帛聘，而上高尚自守以成其志，亦得志也。全卦以贲饰为义。华美外饰，世趋所必至也。然无所止，则奢而至于伪。故文明而有所止，乃可以为贲也。内卦文明渐盛，故由趾而须。至于濡如则极矣故，戒以贞。文明而知永贞，则返本之渐也。故四之皤如犹求相应以成贲也。五之丘园则返朴，上之白贲则无色矣。由文返质，所谓有所止也。六爻以三阴三阳刚柔交错而为贲，如锦绣藻绘，间杂成章。凡物有以相应而成贲者，则初四是也。有相比而成贲者，则二三是也。有相比而渐归淡朴以为贲者，则五上是也。盖文质相须者，天地自然之数贲之所以成卦。而质为本文为末，质为主文为辅。务使返朴还淳，则圣人所以系之辞，而维持世道之心也。至于初应四而四翰如，二比三而二与上兴，五比上而五贲丘园，三阴爻多利于往。此又阴盛之渐，所以贲之后为剥也。

䷖（剥）

剥卦，下坤上艮。山高于地而附着于地，有倾颓之象。又卦五阴自下渐长，消剥一阳，故为剥。剥卦次贲。按：《序卦》，"贲者，饰也。致饰然后亨则尽矣，故受之以剥。"文饰之极，反而剥落，剥所以次贲也。全《彖》取顺时而止之义，故君子不可有所往。六爻以上九为主，故于上爻幸一阳之存。而下五爻，凡有与于阳者吉，无与于阳者凶。五以承阳故无不利。三以应阳故无咎。初二远阳而剥未尽，故皆蔑贞凶。独六四以迫于阳而剥极，故直言凶也。此全卦六爻之大略也。

剥。不利有攸往。

剥，落也。五阴盛而一阳将消，九月之卦。阴盛阳衰，小人壮而君子病。又内坤顺而外艮止，有顺时而止之象。故占者不利于有所往也。

《彖》曰：剥，剥也，柔变刚也。

自姤而遁而否而观而剥，皆以柔而变其刚。至此则欲以五阴变上之一阳也。此以卦体释卦之名义也。

不利有攸往，小人长也。顺而止之，观象也。君子尚消息盈虚，天行也。

五阴剥阳，小人之长也。此以卦体言也。卦有顺而止之象，君子观之。阳消阴息，阴盈阳虚。天运之行如是，君子尚之。顺时而止，所以合乎天之行也。知天行之方剥，则不至不量力以取祸。知剥之必有复，亦不至怨天尤人而变其所守矣。

《象》曰：山附于地。剥。上以厚下安宅。

山附于地，下基不厚则上不安，高者有剥落之象。为君子者，以此制田里，教树畜，以厚下民，即以自安其居也。卦以下剥上取义。小人剥君子，所以成剥也。《象》以上厚下取义。人君厚下民，所以治剥也。不以阴阳消长为论，而以上下厚薄为言。于极危之卦，得极安之道。此圣人用卦之微权也。

初六。剥床以足。蔑贞凶。

蔑，灭也。床者，人之所安其体，上实下虚。剥一阳下五险，有床象。坤土艮山本至安，剥则危矣，故卦有剥床象。初在下有足象。剥自下起，侵蔑正道，其占凶也。方剥足而即言蔑贞，如履霜而知坚冰至也。

《象》曰：剥床以足，以灭下也。

侵灭正道，自下而上也。

六二。剥床以辨。蔑贞凶。

辨，床干也，床身与足上下分辨之处也。二阴侵上，占与初同。

《象》曰：剥床以辨，未有与也。

二阴徒与未大盛，危之中有幸之之意。

六三。剥之无咎。

众阴方剥阳而三独与上应，去党而从正者也，咎可无矣。剥之三同复之四。复四与初应而不许以吉，剥三与上应而许以无咎，何也？复，君子之事，不言其吉，明道不计功者也。剥，小人之事，许以无咎，欲人迁善改过也。剥以近阳者为善，应阳者次之，故五利而此无咎。

《象》曰：剥之无咎，失上下也。

上下，四阴也。居四阴之中而独与阳，所失者阴。其失也，乃所以为得也。

六四。剥床以肤。凶。

四在下卦之上，犹人卧处，有剥床及肌肤之象。故不复言蔑贞，而直凶也。

《象》曰：剥床以肤，切近灾也。

阴祸已迫其身也。

六五。贯鱼。以宫人宠。无不利。

鱼，阴物。宫人，阴之美，望宠于阳者也。五变巽，有鱼象。巽为绳，贯之之象。以者，后妃以之也。六五柔中居尊，率群阴以从阳，故有后妃之象。卦德内顺外止，犹后妃以宫人备数循序以进御于君，后德之美者也。故占无不利。盖剥至于五极矣。阴不可以再长，阳不可以终消也。故不取剥义。自初至四以阴剥阳，此则循序而以阴从阳。圣人示之戒。若曰：与其以次剥阳而至凶，孰若以次从阳之无不利乎？故《象》言不利有攸往，为君子谋也。此言无不利，为小人勉也。此圣人欲人悔过之心也。然六三应上九而宁失群阴之心，六五率群阴而上求一阳之宠。则天道之不可一日无阳，世道之不可一日无君子也。又按：遁剥皆阴长之卦。循阴微可制，故授权于阳。于九三曰"畜臣妾吉"，阳制阴之道也。剥阴盛难制矣，故示教于阴。于六五曰"以宫人宠"，阴从阳之道也。阴阳消长出于自然，爻中自有此象。而扶阳抑阴不可无人事之功，此圣人系辞之深心也。

《象》曰：以宫人宠，终无尤也。

众阴逼阳，疑有尤也。循序以从，尤终可无也。

上九。硕果不食。君子得舆。小人剥庐。

艮为果蓏。一阳独存于上，如硕大之果不为人所食，独留木末之象。果不食必烂，核堕地又复生仁。穷上反下，阳将复生也。坤为舆。五阴载上九之一阳，有君子得舆之象。上九变柔有小人象。一阳覆五阴有庐象。变偶则破败矣，有剥庐象。一阳未尽犹可复生。君子得此，则为小人所载。小人居之，则剥极于上，自失所覆，如剥其庐。盖君子能存阳德，能覆小人。小人阴属，势必欲害君子。然自古未有君子亡而小人能自容其身者。庐剥，则小人亦无所容矣。象如是，而占因君子小人而分也。

《象》曰：君子得舆，民所载也。小人剥庐，终不可用也。

民指众阴。剥极思治。阳刚君子，民所共载。小人至此欲剥尽诸阳，不知其终不可用也。全卦当阴盛阳衰之时，故君子不利于所往。然能以阴承阳者无所不利，而应阳者亦得无咎，唯远阳而剥阳者凶。虽圣人之戒辞，亦阴阳消长之定理也。

䷗（复）

复卦，下震上坤。一阳生于五阴之下，阴极而阳复。君子之道消而复长，有返于善之义。故为复。复卦次剥。按：《序卦》，"物不可以终尽，剥穷上反下，故受之以复。"阳剥极于上，复生于下，复所以次剥也。全《彖》以阳刚来反，理势必亨。又震动坤顺，所往皆利。天地以生物为心。天地之一阳初动，犹人善念之萌，圣人所最重。此全《彖》之大旨也。六爻以初爻为主，故凡有得于初阳者吉，无则否。二比初曰"下仁"，四应初曰"从道"。此皆得于阳者也。余三阴皆无得于阳者。独五以得中而无悔。三不中则频失频复而厉。上则去初最远，居卦之穷，迷而不复，宜其凶也。此六爻之大略也。

复。亨。出入无疾。朋来无咎。反复其道。七日来复。利有攸往。

复，阳复生于下也。剥尽则为纯坤，十月之卦。阳气渐生，至十一月，一阳之体始成，其卦为复。阳往而复反有亨象。内震外坤，阳动于下，顺而上行。反下为入，上行为出，皆以顺行，有出入无疾之象。先出后入，于语顺也。诸阳自此可亨，有朋类之来皆得无咎之象。又自五月姤卦一阴始生，至此七月而一阳来复，乃天运自然反复之道。此时刚德既长，君子可以有为，故于占利有攸往也。不言月而言日，犹时言"一之日，二之日"也。临卦于阴之长则曰"八月"，欲阴长之缓也。此于阳之长则曰"七日"，欲阳复之速也。又七为阳数，日为阳物，故于阳长之卦言之。八为阴数，月为阴物，故于阴长之卦言之。

《象》曰：复，亨，刚反。

刚德复反，有可亨也。

动而以顺行，是以出入无疾，朋来无咎。

剥以顺而止，复以顺而行。道消之极，道长之初，未有不顺而能免咎者。出入朋来，阳之动。无疾无咎，以顺行故也。

反复其道，七日来复，天行也。

阴阳消长，天运之自然也。

利有攸往，刚长也。

既生则渐长，故利于往。自内出为往。动而顺行以下，以卦德言。反复其道以下，以卦体言。

复，其见天地之心乎？

天地以生物为心。积阴之下，天地生物之心几息。一阳来复，而天地之心可见。在人，则恶极而善念萌动之时也。先儒以静为天地之心，《程传》以动为天地之心。然阴阳分动静善恶，不可太拘。盖天地之气，纯阴寂静之中未尝无阳。然必一阳之动，而后生物之心可见。在人，则所动之念有善有恶，必其善端之动，乃可谓见天地之心也。

《象》曰：雷在地中。复。先王以至日闭关，商旅不行。后不省方。

闭关，休息安静以养微阳也。在人心，则善端之萌甚微，亦必庄敬以养之，不然复亡之矣。卦辞言出入无疾，而《象》言闭关息事。盖动者天地生物之心，而静者圣人裁成之道也。

初九。不远复。无祗悔。元吉。

一阳复生于下，复之主也。祗，至也。居事之初，失之未远。复于善而不至于悔，大善而吉之道也。人有过失，或至于征色发声，困心衡虑。此则有不善未尝不知，知之未尝复行也。

《象》曰：不远之复，以修身也。

修身之道无他，知不善而速改而已。

六二。休复。吉。

柔顺中正，近于初九之仁人。能比而下之，取友以辅仁者。复之休美，吉之道也。

《象》曰：休复之吉，以下仁也。

克己复礼为仁。初，刚德之复仁者也。二能亲而下之，故吉

六三。频复。厉无咎。

不中不正，处动之极。复而不固，有频失而频复之象。频失则

厉，复则无咎。盖三爻在上下进退之间。巽以柔为主。巽九三刚而不中以比柔，故频巽而吝。复以刚为主。复三柔而不中以比柔而位刚，故频复，虽厉而无咎。

《象》曰：频复之厉，义无咎也。

得补过之义。

六四。中行独复。

四在上下四阴之中，有中行之象。不比群阴而与初应，有与众俱行，独能从善之象。此时阳气甚微，未足有为，故不言吉。然理所当然，吉凶非所论，所谓明其道不计其功者也。

《象》曰：中行独复，以从道也。

以其从阳刚，君子之善道也。修身以道，修养以仁。仁与道，皆所以修身也。

六五。敦复。无悔。

坤土有敦厚之象。四以应初而复。五虽与初无应，然以柔中居尊，因四之独复而能笃其行，厚其养，以复于善者，犹临之有敦临也。故可无悔。按：《来注》谓不远复者，善心之萌。敦复者，善行之固。无祗悔者，入德之事。无悔者，成德之事。是以五胜于初也。然初曰"元吉"，五仅曰"无悔"，不得以五胜初。窃意此乃困知勉行，所谓人一己百，人十己千，百倍其功者。能如是，悔亦可无也。

《象》曰：敦复无悔，中以自考也。

五居中，中即天地之心。考，成也。以中道自成也。二四待初而复，学知利行者也，故曰"下仁"曰"从道"。五与初非比非应而复，困知勉行者也，故曰"自考"。自即人一己百之意。盖五本远于阳，但以居中能顺，因四自返，加厚其功，故能自成也。

上六。迷复。凶有灾眚。用行师。终有大败。以其国君凶。至于十年不克征。

上六以阴柔居复终。位高而无下仁之美，刚远而失迁善之机，厚极而有难开之蔽，质柔而无改过之勇，无应而无从道之明，是终昏冥而不复者也。灾自外来，眚自己作。坤先迷，今居其极，有迷复象。坤为土为众，有行师象。在上近五，有以其国君象。地数十,有十年不克征之象。

《象》曰:迷复之凶,反君道也。

阳刚在上,君之道。此剥之上九,所以为民所载也。复上反之,故以其国君凶也。全《象》以气数言。复有必亨之理。故出入可以无疾,朋来亦得无咎。所以然者,以七日来数反复之道,天运之自然也。六爻以人事言。刚德为善端之复,质柔以从刚为贵,人事之当然也。故五之自考不如四之从道、四之从道不如二之下仁,二之下仁不如初之修身。三频复虽危,犹知复也。上述复反道,则灾眚所必至矣。圣人示人以复善改过,取友修身之功,莫切于此。

䷘（无妄）

无妄，下震上乾。无妄者，实理自然之谓。震，动也。动以天为无妄，动以人则妄矣。无妄次复。按：《序卦》，"复则不妄矣，故受之以无妄。"复者，反于道也。既复于道，合于正理而无妄矣。无妄所以次复也。全《彖》大亨而利于正，不正则所往不利。盖正则合于无妄，不正则妄矣。六爻下三爻震体，时当动而动者，故动则应天。初之"往吉"，二之"利往"，三曰"行人之得"，皆动而无妄者也。上三爻乾体，时当静而静者，故动则拂天。四之"可贞"，五之"勿乐"，上之"有眚"，皆以不动为无妄者也。乾体非静。但震动之时已过，则宜顺乎天，不必复有所动耳。此六爻之大略也。

无妄。元亨利贞。其匪正有眚。不利有攸往。

无妄，实理自然之谓。《史记》作"无所期望而得"。亦即自然之意，盖有所期望皆妄也。天之化育万物，生生不穷，各正其性命，本无妄也。下震上乾，动与天合。自可大亨，而必利于正固。若有不正即妄也，则有过眚而所往不利矣。吉凶悔吝生乎动，卦以震动为主，故圣人多戒辞。

《彖》曰：无妄，刚自外来而为主于内。动而健，刚中而应，大亨以正，天之命也。其匪正有眚，不利有攸往，无妄之往何之矣，天命不祐行矣哉！

刚自外来而为主于内，以卦综言也。大畜艮在外为主，今反为震为主于内，此卦之所以为无妄也。动健以下，一正一反。能如本卦之德动健，刚中而应，则以正合乎天命矣。若其不以正，则私意妄动，必不可行也。震动乾健，以卦德言。九五刚中而应六二，以卦体言。天之命，天理之当然也。无妄之往何之，承上"匪正"言。无妄而不正，往复何所之乎？不正则逆天之命，天必不祐，其犹可行乎哉！

《象》曰：天下雷行。物与无妄，先王以茂对时，育万物。

天下雷行，震动发生。万物各正其性命，物物与之以无妄也。先王法此，对其所育之时，养育人民。使昆虫草木无不得宜，亦物物与之以无妄也。对时，如孟春牺牲毋用牝，斧斤以时入山林之类。茂者，盛大之意。无时不对，无时不育也。即尽人性，尽物性，赞化育之谓也。天下雷行，物物与以无妄。物物各具一性，物物一自然之天也。圣人因物之性以育万物，使物物各得其天，圣人一自然之天也。

初九。无妄往吉。

初当位而动，为无妄之主。动之得正者也，何往非吉？按：他卦皆以应为吉。此则二应五，三应上，乃三有灾，五有疾，而上不免于眚，独初以无应而吉者。盖卦名无妄，贵于无心。有心于应而往，则妄矣。震阳初动，诚一未分。刚实无私，动与天合。不必有应，而得无心之吉也。

《象》曰：无妄之往，得志也。

诚能动物，往无不通也。

六二。不耕获。不菑畬。则利有攸往。

耕，农之始。获，其成也。田一岁曰菑。三岁曰畬。始耕终获，先种后畬，此自然之常。今皆曰"不"，统付之无心也。或作"不耕而自获，不菑而自畬"。或作"不以耕而计获，不以菑而计畬"。唯《本义》谓四者俱无。不耕不菑，无所为于前。不获不畬，无所冀于后也。盖无妄之时，有所为所得付于两忘，而自然如此者。互卦上巽下震，耕耨之象。震为禾稼，收获菑畬之象。六二柔顺中正，因时顺理，而无私意期望之心，故有不耕获，不菑畬之象。占者如是，则利于有所往矣。盖假象之辞，不可以辞害意也。

《象》曰：不耕获，未富也。

未富，如非富天下之意，言非计其利而为之也。

六三。无妄之灾。或系之牛。行人之得。邑人之灾。

三变离，牛象。互巽为绳，艮为鼻，系牛之象。震为大涂，中爻人位，行人之象。卦之无妄皆以正而亨。六三则不中不正矣，故有无妄致灾之象。行人牵牛以去，居者反遭诘捕之扰，所谓无妄之灾也。震主动，故去者犹可幸免，居者反以无妄致灾。占者得此，则以其行止分其吉凶也。

《象》曰：行人得牛，邑人灾也。

得者有无妄之福，邑人有无妄之灾。

九四。可贞。无咎。

九居四非贞也。然阳刚乾体，不事应与，可以自守其正。不可以有为，亦不至于有咎也。盖下卦震体，以动为无妄。四交乾，则动之时已过，以不动为无妄。可贞则不杂以妄矣。

《象》曰：可贞无咎，固有之也。

有犹守也。天命之正，人所固有。贞者守其所固有也。

九五。无妄之疾。勿药有喜。

五变，互三四为坎，有疾之象。互巽木艮石，药之象。乾刚中正，以居尊位。当无妄之时，容有非常意外之事。静以待之则自消，如有疾勿药而自愈也。

《象》曰：无妄之药，不可试也。

无妄而试药，反为妄矣，故不可。

上九。无妄。行有眚。无攸利。

上居乾之终，纯乎天矣，无妄之至也。然卦当穷极，以九居上，其位不正，行则无利。即《彖》所谓"匪正有眚，不利有攸往"也。

《象》曰：无妄之行，穷之灾也。

无妄宜可行。然时位穷极而行，则自为妄以取灾也。全《彖》无妄二字之义，兼《本义》实理自然，与《史记》"无所期望"二意。无妄而出于正则利，不正则有眚。天下有无妄之福，无妄之祸，而自处不可不出于正也。六爻内三爻以动为正。故初"往吉"，二"往利"，三之"行人"亦得牛，皆有无妄之福也。外三爻以不动为正。故四可"贞"，五"勿药"，上"行"则"有眚"。盖虽有无妄之祸，而能静守其正，则眚亦可无也。无妄之祸福听于天，唯正则不失可亨之道，圣人示人切矣。

䷙（大畜）

大畜，下乾上艮。天在山中，所畜者大，则有畜聚之义。乾健上进，为艮所止，则有畜止之义。以阴畜阳，所畜者小，则为小畜。以阳畜阳，畜之力大，则为大畜。大畜次无妄。按：《序卦》，"无妄然后可畜，故受之以大畜。"物有其实，乃可畜聚，大畜所以次无妄也。全《象》兼畜德畜贤畜健之意，总以见畜之大。六爻上三爻艮为畜者，下三爻乾受畜者。初受四之畜，故初"有厉"而四言"牿牛"也。二与五应，受五之畜，故二言"说輹"而五"豮豕"也。至三与上则合志上行，又畜极而通矣。此六爻之大略也。

大畜。利贞。不家食。吉。利涉大川。

大，阳也。以艮畜乾，畜之大者。内乾刚健，外艮笃实辉光。能日新其德，所畜者大矣。异端曲学，所畜多而不正者有矣，故利于贞。所畜既正，可以享天禄而有为于天下。在一身为畜德，在国为畜贤。故贤人有是德，则其占不畜于家而畜于朝。一身之吉，亦天下之吉也。互兑为口，在乾之上，食天禄之象。所畜既大，能应乎天，可以济险。又互体震木在兑泽之象，如舟之行。乾健应之，故又有利涉大川之象。盖畜极而通也。

《彖》曰：大畜，刚健笃实辉光，日新其德。

此以卦德释卦名义也。在他卦艮但言止。此言笃实辉光者，艮止故能笃实。此艮一阳之所以能畜也。笃实自有辉光，盖畜于中而见于外也。以乾体之刚健，无人欲之私。艮之笃实，无虚伪之饰。则暗然日章，自有辉光。畜之不已，其德必日新矣。《彖》"畜"字有三义：以蕴蓄言之，蓄德也；以畜养言之，畜贤也；以畜止言之，畜健也；此专言蕴蓄之义，下文乃以畜贤畜健言之。

刚上而尚贤，能止健，大正也。

以卦综言之，无妄下卦之震，上为大畜之艮。刚上也。以卦体言，六五居中，尊尚上九。所谓尚贤也。以卦德言，以艮之止，止乾之健。如禁强暴之类，所谓能止健也。不曰"健而止"，而曰

"能止健"者，以乾之健受艮之止，卦之所以称大畜也。大正，总承上以刚阳在上，尊尚贤德，能止至健，皆非大正不能。以释"利贞"之义也。

　　不家食吉，养贤也。

亦取尚贤之象。方阳刚在上，六五所尊之时。占者得之，宜食禄于朝，所以不家食也。

　　利涉大川，应乎天也。

亦以卦体言。涉险非乾健不能。六五下应乎乾，故能涉川。天者，时而已矣。有蕴蓄之才，又有乾健之力，自可乘时济险。

　　《象》曰：天在山中。大畜。君子以多识前言往行，以畜其德。

天在山中，《本义》谓不必实有是事。然天包地外，地下有天，是即山中之天也。山中有天，所畜至大。君子以此多识前古之言，已往之行，以畜其德之大者。小畜言"懿文德"，不过文章才艺之末而已。此则就道德性命言之。

　　初九。有厉利已。

已，止也。乾之三阳为艮所止，初九为六四所止。若恃其阳刚而锐于进往，必有危，故利于止也。他卦取阴阳相应为吉，此取其能畜。故外卦以畜止为义，内卦以自止为义。独三与上畜极而通，则不以止言也。以自止为义者以阴阳言，若君子之受畜于小人。以畜止为义者以上下言，若有位之禁止强暴。

　　《象》曰：有厉利已，不犯灾也。

自止则不犯灾。

　　九二。舆说輹。

輹，车傍横木。行则缚，止则脱，暂止旋起之义。辐脱则车破败，輹脱但不欲行而已。故小畜之"脱辐"在人，而大畜之"脱輹"在己。盖九二亦为六五所畜，以其刚中，故能自止而不进。乾有舆象。互兑为毁折，故有脱輹之象。

　　《象》曰：舆说輹，中无尤也。

以其刚而得中，不至于过。

九三。良马逐。利艰贞。日闲舆卫。利有攸往。

三以阳居健极，上以阳居畜极，畜极而通之时也。乾为良马，与上之阳合志，三互震为作足之马，故有良马逐之象。然恐其过刚锐进，故戒以利于艰贞。而日闲习其舆卫，则利有攸往也。舆者，任重之物。卫者，应变之具。乾有舆象。阴爻两列在前有卫象。以人事言。君子不终家食，以一身任天下之重者，舆也。以一身应天下之变者，卫也。必多识前言往行之理，畜刚健笃实之德，以待时而动也。

《象》曰：利有攸往，上合志也。

阳志上进，且畜已极，故上不下畜三而合志上进也。

六四。童牛之牿。元吉。

童牛，未角之称。牿，施横木于牛角以止触者。六四变离，牛象。应初，童牛象。互震木，施木牛角，为牿之象。六四畜初，防之于始。禁恶于未形，为力则易，故有防牛触于未角之象。其占为大善之吉也。

《象》曰：六四元吉，有喜也。

喜其不劳而无伤也。

六五。豮豕之牙。吉。

坎为豕。坎阳得乾之中画，故二亦有豕象。二之阳已长，而止之不若初之易矣。然五以柔中居尊，是以得其机而可制。如豕牙之猛利，制其牙则力劳。惟豮去其势，则刚踆自止。故亦吉，但不如四之元吉耳。又按：《来注》"天下无啮人之豕"。引《埤雅》云，"牙者，以杙系豕也。"此与"童牛之牿"同例。豮，走豕也。豮字与童字同，牙字与牿字同。互震木，有牙象。五变巽为绳，有系象。此说亦可存。

《象》曰：六五之吉，有庆也。

制恶有道，则不至于决裂，天下之福庆也。

上九。何天之衢。亨。

"何"字，《程传》谓衍文。《本义》谓何其通达之甚也，惊喜之词。今从《本义》。艮为径路，天之衢则大通矣。艮本畜乾，乃畜极而通。三阳上达，在卦之上，故有天衢之象。始抑而今乃大通，故若讶之喜之。其亨可知矣。

《象》曰：何天之衢，道大行也。

贤路大开，君子之道可大行矣。全卦兼畜德畜贤畜健，六爻则专取畜止。受畜者当知自畜之道，主畜者贵有豫畜之功。至于畜极而通，则又理数之自然，不可强者也。然畜之所以大，恃艮上之一阳。乃四五阴爻有畜止之事，至上反不言畜者。盖唯所畜者大，则所通者亦大。故小畜之上九，畜道之成，反有征凶之戒。而大畜之上九，畜道已散，反有大行之亨。又喜阳恶阴之微旨也。

䷚（颐）

颐卦，下震上艮。上下两阳，中含四阴。上止下动，颐之象也。口所以饮食，故卦名颐，而取义于养。颐次大畜。按：《序卦》，"物畜然后可养，故受之以颐。"物既畜聚，必有所以养之，颐所以次大畜也。全《彖》言养人自养皆归于正，而极言养道之大。六爻下震动，多言求人之养。求养者多不正，故多凶。上艮止，多言养人。养人者多得正，故多吉。此全卦六爻之大旨也。

颐。贞吉。观颐。自求口实。

颐，口旁也。卦取颐之象，而口之食物，所以养也，故取养之义。"颐中有物曰噬嗑"，恐害其所养，故不取养义。颐中虚未受外物，则当择其所养，唯正则吉也。"观颐"，《本义》谓观其所养之道，就养德言。"自求口实"，《本义》谓观其所以养身之术，就养身言。观其养德者，果出于圣贤而不入于他途。养身者，果合于理义而不害于饥渴。则得正而吉矣。今时解皆从之。然按：《正义》及《程传》皆以为观其养人及自养。今观《彖传》，语意近之。则所谓"观颐"者，观其所以养人，不可不得其道。所谓自求口实者，求其所以自养，不可徒徇其欲也。自养者小，养人者大。故《彖传》极其义于天地圣人，则养人之义不可无。又自养有道，则不以口腹累其心志。虽言养身，而养德之意已在其中。不必以观颐为养德也。

《象》曰：颐，贞吉，养正则吉也。观颐，观其所养也。自求口实，观其自养也。

观《彖传》"所养""自养"，作"养人""自养"为是。君子在上足以养人，在下足以自养。卦中上下二阳为卦之主爻。所养指上九，自养指初九也。

天地养万物。圣人养贤，以及万民。颐之时大矣哉！

此极言养道之大，皆得其正者也。天地之于万物，无庸区别。阴阳运行而万物各遂其生。一出于正而已。若不正，则二气缪戾，何以养万物乎？圣人之养人，不能家赐而人益之也。必择贤才，与共天禄。使之施泽于天下，是养贤以及万民。亦一出于正而已。若不正，则贤人不在上位，泽何由下究乎？此极言养之大，故专就所养言之也。

《象》曰：山下有雷。颐。君子以慎言语，节饮食。

帝出乎震，万物得养而生。成言乎艮，万物得养而成。所以取于养也。言语饮食皆颐之动。慎之节之，法艮之止也。慎言语所以养德，节饮食所以养身。此则专就自养言之。已得其养，然后可以及人也。《象传》言养之大者，故极其所养，至于万物天下。《象传》言养之切者，故先其自养，而始于言语饮食。要皆出于正者也。

初九。舍尔灵龟。观我朵颐。凶。

上宜养下，然阳又宜养阴。初阳在下，不能养人，故以自养言之。灵龟，不食之物。朵，动也。朵颐，食物之貌。离体中虚为龟，全卦有灵龟象。我指四也。上三爻主养人者，初与四正应，宜待养于四，不宜凶者。然阴则待养，阳宜养人。初九阳刚在下，不能养人，犹当善于自养。乃以震体而上应六四之阴，有舍灵龟，观于四而朵其颐，欲有所食之象。灵龟以气自养，不求养于外，养之得正者也。朵颐则贪欲而易其清挢，养不以正，宜其凶矣。

《象》曰：观我朵颐，亦不足贵也。

阳刚以能养人为可贵。今乃不能自养，至为欲所累，不足贵也。

六二。颠颐。拂经。于丘颐。征凶。

上之养下，理之常经也。然阴不能自养，必欲从阳求养。今二求养于初，则颠倒而违于常理矣。上九最高，有丘象。二求养于上，则非正应，往必取凶矣。六二在他卦为柔顺中正，在颐则为动于口体。上动于上，下动于初，皆自养之不以正者也。

《象》曰：六二征凶，行失类也。

"拂经"之义易明，不必言矣。于"丘颐"乃曰"征凶"者，以上非正应，失其类也。《本义》兼初爻言之，似不必。

六三。拂颐。贞凶。十年勿用。无攸利。

三与上为正应，待养于上，得颐之贞者也。然自处不中不正，居动之极，是媚上以贪求而无厌者。拂颐之贞矣，其占必凶。互得坤，有十年之象。不中正而妄动，无所往而利者也。盖全《象》以正而吉，三不中正故凶。

《象》曰：十年勿用，道大悖也。

不中正而妄动，大悖颐养之道也。

六四。颠颐。吉。虎视眈眈。其欲逐逐。无咎。

上三爻皆以养人言之，而阴宜待养于阳，四与初又正应，故《程传》《本义》皆谓此爻求养于下以养人者。时解从之，作大臣用贤以养民之义。然以虎视为四，则爻中未见养人及施下之象。于《象传》上施之言不合。今从《苏传》，作以四养初为顺。盖上宜养下，阳宜养阴。以上下之位言之，二求养于初固颠颐。以阴阳之义言之，初求养于四亦颠颐也。但四居初之上，所处得正，又为正应。自初而言之，则初之见养于四为凶。自四而言之，则四之能养初九为吉。初九之刚，其视若虎之眈眈，不可驯也。六国顺其所欲而致之，逐逐焉而来。不失以上养下之正，咎可无矣。综卦本不宜取象。但自四视初，则震反为艮，故初有虎视之象。

《象》曰：颠颐之吉，上施光也。

按：《苏传》谓六四于初为上。六四之所施，可谓光矣。今按：施固在四，不妨兼上爻言之。盖上爻，物所由以养。六四与上同体。四所以逐逐能继者，亦赖与上同体，得以恩施及下也。以人事言。五，君也。上，相也。四则奉令行政之大臣。膏泽下于民者也。

六五。拂经。居贞吉。不可涉大川。

以上养下，常经也。六五以阴居尊，不能养人，反赖上九以为之养，拂于经矣。然居尊而能顺阳刚之德以为养，又艮体之中，故有静安于正而得吉之象。阴柔不可以大有所为，故又有不利涉大川之象。六二拂经而凶，此拂经而犹吉者。二动体，贪求于人以自养，则失正而凶。五止体，虽不能养人，而能用人以养人则正矣，故吉。时解作君用贤养民，近之。

《象》曰：居贞之吉，顺以从上也。

能从上九之贤，以养天下故也。

上九。由颐。厉吉。利涉大川。

六五顺上九以养人，是物由上九以养也，故曰"由颐"。然位高任重，易失之专，故必危厉而吉。五不利涉大川而上利者，五柔而上刚也。此居大臣之位而泽及天下，可以济变者也。

《象》曰：由颐厉吉，大有庆也。

言天下被其泽也。全卦言自养养人，皆贵于得正。六爻以上下之势言之。则在上宜养人，在下则不能。故上三爻多言养人，而下三爻多言自养。以阴阳之分言之。则阳能为养，而阴待养于阳。故初上有养人之才，而中四爻皆有藉于初上。上九居上卦之上，又有阳刚之德，六五藉之以养天下者，故最吉。初九其位虽不能养人，其阳刚犹可以自养。乃动于四而自养，并失其正者也，故凶。四五虽不能养人，而能资人之养，又推以养人者也。故虽未能如上之涉川，而皆有吉道。二三既待养于人，又急于求贤，则自养之大达于正者也，故其凶又有甚于初矣。要之，自养得正，然后可以养人。君子必由慎言语节饮食以为自养之功。极之至如天地之养万物，圣人之养贤，以及万民，以尽所养之道，庶有得于颐卦之旨矣。

䷛（大过）

大过，下巽上兑。泽以润木，乃至灭木，有大过之象。阳大阴小。中四阳极盛，初上二阴不能胜。大者过也，故名大过。大过次颐。按：《序卦》，"颐者，养也。不养则不可动，故受之以大过。"凡物养成，而后所动者大。非常之事，大过于人，由于所养者大，大过所以次颐也。又六十四卦次序多由相综。惟乾与坤错，坎与离错。此则泽风与山雷相错，《下经》则以风泽与雷山相错也。全《彖》以四阳虽过，而二五得中。内顺外说，其道可行。故所往皆亨。六爻则以刚柔相济者为善，而过刚过柔者皆凶。二四爻刚而位柔，故二利而四吉。初爻柔而位刚，故"无咎"。三五重刚而三又不中者也，故三凶而五丑。至上则以柔居柔，过于柔者也，故凶。大抵刚柔相济，则有大过人之才，行大过人之事。否则，过于刚过于柔，皆失之于过者也。此全卦六爻之大旨也。

　大过。栋桡。利有攸往。亨。

　大，阳也。四阳居中过盛，故为大过，上下二阴不能胜。又卦之大象坎。坎为栋又为矫揉，故有栋桡之象。然二五得中，内巽外说，有可行之道，故所往皆亨也。既有栋桡之象，而又利于往而可亨者。有阳刚之才，则虽当甚危之时，无不可为之事。此所以大过乎人也。

　《彖》曰：大过，大者过也。

谓阳过也。此以卦体释卦名义也。

　栋桡，本末弱也。

本谓初。末谓上。弱谓阴柔也。此又以卦体释卦辞也。

　刚过而中，巽而说行，利有攸往。乃亨。

以卦体言之，刚虽过而二五得中。以卦德言之，巽顺而和悦以行。如此则不激于意气，不拂于物情。调剂合宜，委曲尽善。所往皆利，乃可亨也。"乃"者，难之之辞。

　大过之时大矣哉！

以大过人之材，立非常之大事，创不世之大功，成绝俗之大德，唯其时为之。无其时，不可过。有其时无其才，不能过也。

《象》曰：泽灭木。大过。君子以独立不惧，遁世无闷。

泽以润木。而今灭没之，大过之象也。君子之行，不求同俗而求同理。天下非之而不顾，独立不惧也。不求人知而求天知。举世不知而不悔，遁世无闷也。此皆大过人之行也。

初六。藉用白茅。无咎。

卦以栋桡为象，初则本之弱者。然但以栋桡为言，则天下事付之不可为矣，故又因爻取象。巽为木，有茅象。初在下，以柔承刚，有藉用白茅之象。初六以阴居阳，虽弱犹愈于上。又大过之初，居事之始。苟能过于谨慎，犹可自全。如木中刚本柔，苟错于地，或致缺折。藉以白茅，庶几无伤。以其能畏惧，故得无咎也。

《象》曰：藉用白茅，柔在下也。

下柔承刚，当过于慎也。

九二。枯阳生稊。老夫得其女妻。无不利。

稊，根之荣于下者。女妻，年之少者。九二阳之过，有枯杨象。二三四互纯乾，有老夫象。初阴在下，有女妻象。既处于阴，又与初比，得阴之滋。有稊根复秀，女妻得遂生育之象。其占无不利也。此刚资于柔以成务者也。

《象》曰：老夫女妻，过以相与也。

二刚之过，得初阴以相与，以成天下之事也。

九三。栋桡。凶。

三四居卦之中，三又变坎，皆有栋象。全卦弱在初上，乃于三言栋桡者。盖以刚居刚，又与上应。上以柔居柔，既不能胜。三过刚必折，是故桡者在三。此大臣之过于刚，而不胜其任者也。

《象》曰：栋桡之凶，不可以有辅也。

刚强之过，不能取于人，人亦不能辅之。

九四。栋隆。吉。有他。吝。

九四在三之上，以刚居柔。上与初应，以柔居刚。刚柔相济，以成天下之务者也。故其栋有隆起之象，而占则吉也。有他吝，反言以决之。谓当大过之时，必刚柔相济，如四乃可。不然而或失之刚，或失之柔，皆吝道也。

《象》曰：栋隆之吉，不桡乎下也。

四以刚居柔，初亦以柔遇刚，则其下不致桡折矣。《本义》以应初为有他，以不系于初为不桡。然细观全卦，以阳之过而有栋桡之象。盖凡物以过刚而遇过柔，必有桡折也。三四皆栋象，而三独言桡，以三之过于刚也。初上本末皆弱，而上独最凶，以上之过于柔也。三以应上得凶，则四以应初得吉可知矣，故不必以应初为嫌也。

九五。枯杨生华。老妇得其士夫。无咎无誉。

九五亦阳之过，有枯杨象。阴爻在上，又五变为震，震为旉，有华生于枯杨之象。五阳爻，变为震，又少于上，有士夫象。比于上六，有为老妇所得之象。盖阳爻为夫，阴爻为妇。又以爻之上下分老少，取象不可易也。阴虽过极，得阳不为无益，故亦无咎。盖阴欲阳，非阳之咎也。然二之老夫女妻，以刚为主而柔辅之。五之老妇士夫，则以柔为主，而刚反辅之矣，何誉之有？

《象》曰：枯杨生华，何可久也。老妇士夫，亦可丑也。

枯杨生华，旋即枯矣。老妇虽得士夫，安能成生育之功乎？

上六。过涉灭顶。凶无咎。

兑为泽，涉水之象。一变为乾，为坎，又居最上，有过涉于水，灭没其顶之象。其凶甚矣，而得无咎者。四阳方过盛，上以阴爻居阴位。阴不敌阳，自其分也。如栋之桡，必自其最弱之处桡折。理势固然，无足怪者。以人事言之。则当大过之时，才弱不能自济。然理穷势极，杀身成仁，于义为无咎也。

《象》曰：过涉之凶，不可咎也。

事虽无济，理势当然，不可咎之也。全卦以阳过乎阴，取栋桡之象。大过不能无桡。卦中二五，阳皆在中，故犹可亨。六爻皆欲其刚柔相济，以适乎中。然后当大过之时，不至于有过。大抵刚中有柔，柔中有刚者吉；偏刚，偏柔者凶。阳刚在上为主而阴柔辅之者宜，阴柔在上为主而阳刚辅者否。初上本末皆弱。然上以柔居柔，又居最上，故凶。初以柔居刚，又所处下，故无咎。三四皆象于栋。然四以刚居柔，又居上而下取初之辅，故吉。三以刚居刚，又自下而附上之柔，故凶。五以刚居刚，又自下而上比于上，故丑。二以刚居柔，在上而取初之比，故利。人当大过之时，必以刚为主，以柔为辅。非刚无以任天下之重，非柔无以成天下之功。身在下位，则当柔而能刚，敬以承上，庶几白茅之义。身在上位，则当刚而能柔，求贤自辅，得栋隆之吉，老夫之利矣。若以刚居刚，反上附于阴，不凶必丑。若柔弱已极，而居最上，唯有取凶而已。

䷜ （坎）

坎卦，一阳陷于二阴之中。阳实阴虚，上下无据，为坎陷之义，故卦名坎。坎次大过。按：《序卦》，"物不可以终过，故受之以坎。"坎者，陷也。理无过而不已，过极必陷，坎所以次大过也。坎为险陷。全《象》取一阳在中，以为内实有常。刚中可以有功，时世有险而此心无险，故虽险而亨。此全卦之大旨也。六爻皆不言吉。二五虽刚中，而皆在险中。五得位而二不得位，故五既平而二仅小得也。四阴爻亦皆从阳爻起义。三四在阳爻之中，犹愈于初上在阳爻之外。三以失位乘阳而无功，四以得位承阳犹得无咎。若初上则在两阳爻之外。初居险之下，而上居险之极，故凶为最甚。此六爻之大略也。

习坎。有孚。维心亨。行有尚。

习，重习也。坎，险陷也，水象。阳陷阴中，外虚内实，险陷之象。此卦上下皆坎，是为重险，故言习。乾坤六爻同一爻，可不言习。坎卦序在六子之先，此言习，而他皆以重习起义可知矣。坎卦中实而水内明，有有孚心亨之象。世可险而心不可险，身可陷而心不可陷。诚信在中，则安于义命而不侥幸苟免。此心有主，不为利害所动而心亨矣。心亨则洞察时势，取必于理，而行自必有功，此所以为处坎之道也。

《象》曰：习坎，重险也。

危难洊至，险而又险也。此释卦之名义。

水流而不盈，行险而不失其信。

水流足此通彼，无有盈溢。虽奔突险阻，专赴于壑，而不失不盈之信。盖水性趋下，不盈即趋下也。此以卦象释有孚之义也。

维心亨，乃以刚中也。行有尚，往有功也。

三五以刚在中，实心无累，何往不通。如是而行，必有功也。盖坎以能行为功。若止而不行，则常在险中矣。

天险不可升也。地险山川丘陵也。王公设险以守其国。险之时用大矣哉！

不可升，无形之险。山川丘陵，有形之险。王公因有形之险为无形之险，是谓人险。坎卦四阴二阳。二阳，中实之象。体水之德，为有孚心亨，处险之道也。四阴，险陷之象。因坎之形，而设险守国，用险之方也。往有功以上，皆言处险之道。此则言用险之方。

《象》曰：水洊至。习坎。君子以常德行，习教事。

水流不已，以成大川。人学不已，以成大贤。君子于己之德行，务于常久。于教人之事，务于熟习。

初六。习坎。入于坎窞。凶。

坎中小穴旁入者曰窞。以阴柔居重险之下，其陷益深，故其象占如此。

《象》曰：习坎入坎，失道凶也。

深入于险，失出险之道也。有孚心亨，所谓道也。

九二。坎有险。求小得。

处重险之中，未能自出，故为有险之象。然刚而得中，故有求而小得之象。

《象》曰：求小得，未出中也。

虽有刚中之才，未能出坎中之险。

六三。来之坎坎。险且枕。入于坎窞。勿用。

阴柔不中正，而履重险之间，来往皆险，前险而后又枕于险之象。其陷益深，不可用也。初入于坎窞则曰"凶"，此曰"勿用"。初不可出，此犹可出也。

《象》曰：来之坎坎，终无功也。

未有出险之道。

六四。樽酒簋贰。用缶。纳约自牖。终无咎。

贰，副贰之意，益之也。牖室之所由以明者。坎有酒食之象。四变互巽木，樽簋之象。互离中虚，有瓦缶及牖象。按《本义》，以樽盛酒，以簋盛食，复以瓦缶为副樽。按《来注》，一樽之酒，二簋之食，乐用瓦缶。觉《来注》为顺，且与《象传》合。总言当险难之时，不事多仪而尚诚实也。自牖，言不由正道，因其所明者而进结之。盖当艰险之时，不能直致，自间道以上达也。六四居大臣之位，处险之中。本其至诚，因君之所明者委曲献纳。则虽历艰险而终得无咎也。

《象》曰：樽酒簋贰，刚柔际也。

《本义》谓无"贰"字。人情同乐则相猜，共患则相倚。四与五比，君臣相接。在险难之中，不事烦文。以诚相向可以上达，将出于险矣。

九五。坎不盈。祇既平。无咎。

九五在坎之中，阴之下，有不盈之象。祇，至也。以阳刚中正居尊位，上止一阴，势将出险，有既平之象。不盈犹有险也，既平则无险矣。二居重险之中，故有险。五出重险之外，故既平。将出于险，可无咎矣。

《象》曰：坎不盈，中未大也。

刚中居尊，宜济天下之险。乃犹在坎中，有中德而未光大也。大有六五以柔居中乃曰大中，此以刚居中反曰未大者。大有柔能统刚，坎则刚犹陷于柔也。

上六。系用徽纆。寘于丛棘。三岁不得。凶。

三股曰"徽"。两股曰"纆"。皆索名。丛棘，狱墙所设。坎为刑狱。上变巽为绳。上六以阴柔居险极，故有此象。《周礼·司圜》："收教罢民。能改者三年而舍，其不能改而出圜土者杀。"三岁不得，罪大不能改者也。占者得之，则不能出险可知。

《象》曰：上六失道，凶三岁也。

三岁，久之极。所以至此者，失处险之道也。全卦二五中实，故有有孚心亨之象。然处险之道即在是矣，故六爻惟二五得有孚心亨之道。二在险下，但可小得。五在险上，则既平也。初以最下而凶。上以险极而甚。三以处前后险之间而勿用。惟四际五，仅得无咎。然樽酒纳约，亦得有孚心亨之义故也。

䷝（离）

离卦，一阴丽于上下之阳，有附丽之义。中虚有光明之义。离，丽也，明也。于象为火，体虚丽物而明者也。又为日，亦丽天而明者也故卦名离。离卦次坎。按：《序卦》，"坎者，陷也。陷必有所丽，故受之以离。离者，丽也。"陷于险难之中，必有所附丽。理之自然，离所以次坎也。又按：《上经》终于坎离，《下经》终于既济未济。六十四卦以乾坤为首，而坎离居其中。盖坎离二卦，天地之心也，造化之本也。天一生水而二生火。坎藏天之阳中，受明为月。离丽地之阴中，含明为日。坎为水而司寒，离为火而司暑。坎为月而司夜，离为日而司书。故先天之图乾南坤北，后天则离南而坎北。坎离为乾坤之继体，此《上经》终坎离，《下经》终既济未济之意。而道家亦以人身为小天地。以心肾分属坎离，而其功用取于水火之既济。盖亦从《易》说而旁通之者也。全卦以柔顺得正为吉，六爻以二险爻为主。二中正而五非正，故不如二。其四阳爻则从阴爻起义。初上在阴爻之外，胜于三四在阴爻之中。三日昃而四焚如，以在二五两阴之内也。初能敬而上出征，以在二五两阴之外也。盖坎离二卦奇耦反对，故爻象之吉凶亦相反也。

离。利贞。亨。畜牝牛。吉。

离之为丽，犹乱之为治，以阴丽于阳也。物之所丽，贵乎得正，故正则有可亨之道也。又离得坤之中画，牝牛皆取阴象。坤以全体配乾而行，故为牝马之行。离以二五附乾而居，故当为牝牛之畜。盖所丽得正则亨，又当柔顺自处则吉也。坎离二卦爻画反对，故其义其占皆相反。盖坎之明在内，当以刚健行之于外。离之明在外，当以柔顺养之于中。坎水润下，愈下则陷，故以行为尚。离火炎上，愈上则焚，故以畜为吉也。

《彖》曰：离，丽也。日月丽乎天。百谷草木丽乎土。重明以丽乎正，乃化成天下。

日月丽天，以气丽气而成明。百谷草木丽土，以形丽形而成文。君臣上下皆有明德，而处于中正，则可以成天下文明之化。此皆以释卦之名义也。

柔丽乎中正，故亨，是以畜牝牛吉也。

二中正，五中而不正。中正，统言之。此以卦体释卦辞也。

《象》曰：明两作，离。大人以继明照于四方。

明两作，两明相继而起也。继明，犹以圣继圣也。前言重明，以上下言之。取象于君臣。此言两作，以先后言之。取象于帝王之父子。若以人事言之。则日新又新，缉熙不已，继明之义也。洞达事理，光被四表，照于四方之义也。

初九。履错然。敬之无咎。

刚明在下，其性炎上。刚则躁，明则察。二者集于胸中，所履交错之象。能敬则心有主，不至于错，可以无咎矣。火在下而未上炎，犹有可制。虽戒占者之辞，亦其象然也。

《象》曰：履错之敬，以辟咎也。

刚明而不妄动，咎可辟矣。

六二。黄离。元吉。

黄，中色。坤为黄。离中爻乃坤土，有黄象。柔丽乎中而得其正。以此事君，将顺而能匡救。以此治民，浑厚而能精明。上可正君，下可成化。纯臣之道，大善而吉之占也。

《象》曰：黄离元吉，得中道也。

言中而正在其中矣。

九三。日昃之离。不鼓缶而歌。则大耋之嗟。凶。

重，离之间，前明将尽，有日昃之象。离中虚缶象。互五为兑口，歌与嗟之象。死生犹昼夜之常理。鼓缶而歌，安常以自乐可也。不然而徒以大耋为嗟，则穷蹙以死而已，故凶。盖数之所至，当安于命也。

《象》曰：日昃之离，何可久也。

求人以继其事，退处以休其身可也。

九四。突如其来如。焚如。死如。弃如。

前明尽而后明忽迫，有突如其来如之象。其炎正盛，焚如之象。履非其位，逼近至尊，势不能终，死如之象。无应无承，众无所容，弃如之象。

《象》曰：突如其来如，无所容也。

无所容总释上文，举"突如"句可该。

六五。出涕沱若。戚嗟若。吉。

以柔履刚，不得其正，而迫于上下之阳。互卦兑泽之流，兑口之开，故有出涕沱若，戚嗟若之象。然居尊位而知忧惧，故占得吉也。

《象》曰：六五之吉，离王公也。

居王公之位而知忧惧，故吉也。三前明将尽，则不宜为大耋之嗟。五柔中居尊，则宜以戚嗟自戒。

上九。王用出征。有嘉折首。获匪其丑。无咎。

离为甲胄戈兵，故有出征之象。上九为五所丽，有王用之象。有嘉，言有嘉美之功。折首，但诛其首恶也。获匪其丑，言不及其徒众也。阳刚在上，有出征有嘉之象。离为上稿，折首之象。刚明在上，所照及达，有折首不及其丑之象。如此则威震而刑不滥，何咎之有？

《象》曰：王用出征，以正邦也。

寇贼乱邦，上能以刚明除天下之恶，所以正邦也。全卦以居中得正，有可亨之道。而以柔顺自处，自能获吉。六爻惟二兼中正柔顺之德，故为最吉。五中而不正，而居尊位以照临四方，故虽忧惧而亦有吉道。又火性炎上，在下则有势易制，在上则其明及达，所以皆无咎。若三处前明之尽，四居后明之逼，则凶不待言矣。

周易浅述卷四

䷞（咸）

咸卦，下艮上兑。取相感之义。兑，少女。艮，少男也。男女相感之深，莫如少者。又艮体笃实，兑体和说。男以笃实下交，女心说而上应，感之至也。故名为咸。《下经》首咸。按：《序卦》，"有天地然后有万物，有万物然后有男女，有男女然后有夫妇，有夫妇然后有父子，有父子然后有君臣，有君臣然后有上下，有上下然后礼义有所错。"天地，万物之本。夫妇，人伦之始。所以《上经》首乾坤，《下经》首咸，继以恒也。又按：《系辞》，"天地定位，山泽通气。"位欲其对待而分，故天地分为二卦。气欲其流行而合，故山泽合为一卦也。全卦取男女夫妇之义，唯正则吉。六爻皆以人身取象。下卦象下体，自拇而腓而股。上卦象上体，自心而背而口。拇腓股随体而动，应感者也。脢不能思，无感者也。口以言为说，不足以感人者也。皆不能尽感之道。唯心为感之主。乃无心者无所感，有心者憧憧往来亦不能以为感。则感道之难言也。此全《彖》六爻之大略也。

咸。亨。利贞。取女吉。

咸，感也。不曰感而曰咸。咸，皆也。无心之感，无所不感也。所谓寂然不动，感而遂通天下之故者。若有心于感，则非《易》之道矣。故卦名咸。艮以少男先下于兑，感之专也。兑以少女而悦少男，应之至也。男先下女，得男女之正。感则必通，故占为亨。然必贞而取女则吉。若不以正，则失其亨而所为皆凶矣。又按：八卦各有正位。艮在三，兑在六。艮属阳三，则以阳居阳。兑属阴六，则以阴居阴。男女皆得其正，故曰"贞吉"。

《彖》曰：咸，感也。

本卦二体初阴四阳，二阴五阳，三阳六阴。皆阳感阴应，阴感阳应。六画皆相与，卦之名义由此。

柔上而刚下，二气感应以相与。止而说，男下女。是以亨，利贞，取女吉也。

以卦体言之，兑柔在上，艮刚在下。六画阴阳相应。以卦德言之，艮止则情专，兑说则应切。以卦象言之，少男先下于少女。柔上刚下，感应相与，所以亨也。夫妇之道，止而不说则离，说而不止则乱。止而说，所以利贞也。婚姻之道，无女先于男，必女守正而男先下之，所以取女吉也。

天地感而万物化生，圣人感人心而天下和平。观其所感，而天地万物之情可见矣。

天地无心而成化，一自然之运也。圣人有心而无为，一至诚之理也。诚能动物。人心之和平，一至诚所感，非邀结之为也。分言之。天地自天地，圣人自圣人。合言之。则天地之翕辟，即圣人之呼吸。天地之惨舒，即人之哀乐。故有感必通，天地万物之情所同也。寂然不动者性，感而遂通者情。即有感必通之道。引伸之而情可见矣。

《象》曰：山上有泽。咸。君子以虚受人。

泽性润下，土性受润。泽之润有以感乎山，山之虚有以受乎泽，咸之象也。山上有泽，气以虚而通。人心以虚而受，虚受则能感矣。若心之不虚，私意先入为主。虽投之不受，感通之机窒矣。

初六。咸其拇。

拇，足大指也。卦取男女之感。六爻皆以人心取象。初在下，有拇之象。拇非能感人者，特以人身形体上下，象所感有浅深耳。拇随足而动，欲进未能。初感于最下，所感尚浅。以其未至妄动，故不言吉凶。

《象》曰：咸其拇，志在下也。

初与四正应。虽所感尚浅，未遽动，而志知其在九四矣。

六二。咸其腓。凶。居吉。

腓，足肚也。欲行则先自动，踆妄不能固守者也。二在下体之中，故有腓象。二与五为正应，然君位非可妄动求感。二变巽为入，则不待五之感而先动，躁妄故失之凶。然有中正之德，故能居其所，则吉也。又按：艮之六二曰"艮其腓"，《象》与咸同而不言"凶"。今咸曰"凶"者，以动故也。能居，则如艮之本体，可以吉矣。

《象》曰：虽凶居吉，顺不害也。

吉言居者，非戒之使不得感也。阴性本静，艮体本止。顺其本然，不累于欲，感可不害矣。

九三。咸其股。执其随。往吝。

三居下体之上，互巽有股象。执者，专主之意。股，主于随足而动，不能自专者也。下二爻皆欲动。三以阳刚不能自守，欲应于上六。上悦体之极。三往而从之，但主于随。以人事言，犹君子说小人之富贵者。往必吝矣。

《象》曰：咸其股，亦不处也。志在随人，所执下也。

亦者，对下二爻而言。二爻阴，躁其动固也。三以阳刚居止之极，乃不自安处而但随人。所守污下，不足言矣。

九四。贞吉悔亡。憧憧往来。朋从尔思。

九四居股之上，脢之下。三阳之中，心之象，咸之主也。心之感物，必正而固，乃得其理。九四以阳居阴，非其正也。而曰"贞吉悔亡"，戒之也。憧憧往来，谓一心计我之所以感，又计彼之所以应。有明道计功之意。初与四为正应，有朋象。思者，心之用也。心不可见，故言心之用。九四心之象，咸之主。若能正而固，则虚中无我，无所不感，无所不应而自然，获吉，悔可亡矣。若此心一有计功谋利之私，则未免憧憧然于往来，不过其朋类从之。又安能廓然大公，物来顺应而无所不通哉！

《象》曰：贞吉悔亡，未感害也。憧憧往来，未光大也。

未感害，当从《程传》，未为私感所害也。憧憧往来，以私心相感则感之道狭矣，故曰"未光大也"。

九五。咸其脢。无悔。

脢，背肉。在心之上，而相背昧，无所知，不能感物者也。五在上卦之中，心之上，故以取象。然以其无私系也，故亦可以无悔。此卦诸爻皆动而无静，五则静而无动，皆非心之正也。仅以无私系而得无悔，非取之也。

《象》曰：咸其脢，志末也。

孤孑绝物，所志已末。

上六。咸其辅颊舌。

兑为口舌。上六居卦之最上，故有辅颊舌之象。舌动则辅应而颊从之，三者相须，皆所用以言者。以阴居说之终，处咸之极，无其实而徒以口舌岁人者也。人情喜谀说妄，口舌容有感人之时。然其事已不足道矣，故凶悔吝，皆可不言也。

《象》曰：咸其辅颊舌，滕口说也。

滕、腾通。驰骋其辞辩，以取说于人也。全卦以相感为义。感之道莫大于男女，故《彖》以取女言之，而要于正则吉。感之用莫神于心，故六爻以四之心为主，而要于正则悔亡。心有动有静。静而无动则脢也，不能感者也。动而不静，腓也股也辅颊舌也，感之不以正者也。盖上卦虽主于说，下卦则取于止。必也未感之先，心本于虚。方感之时，一出于正。所谓寂然不动，感而遂通者，庶得咸之义矣。又按：《苏传》，咸者以神交。夫神者将遗其心，况于身乎？身忘而后神存。心不遗则身不忘，身不忘则神忘。故神与身非两存也，必有一忘。足不忘屦，则屦之累也甚于桎梏。要不忘带，则带之为虐也甚于缧绁。人之所以终日"蹑屦束带"而不知厌者，以其忘之也。道之可以名言者，皆非其至。而咸之可以分别者，皆其粗也。是故在卦者，咸之全也。在爻者，咸之粗也。爻配一体，自拇而上至于口。当其处者有其德，德有优劣而吉凶生焉。合而用之，则拇履腓行心虑口言，六职并举而我不知。此其为卦也。离而观之，则拇能履而不能提，口能言而不能听。此其为爻也。方其为卦也，见为咸而不知其所以咸。犹其为人也，见其人而不见其体也。六体各见，非全人也。见其所以咸，非全德也。是故六爻未有不相应者，而皆病焉。不凶则吝，其善者免于悔而已。此说可又参。

䷟（恒）

恒卦，巽下震上。取有常能久之意。《彖传》取义有四：刚上柔下，一也；雷动风应，二也；由顺而动，事乃可久，三也；刚柔相应，乃理之常，四也。故卦名恒。恒次于咸。按：《序卦》，"夫妇之道不可以不久也，故受之以恒。恒，久也。"咸，夫妇之道。夫妇之道，终身不变者也。故咸之后继以恒也。咸少男在少女之下，以男下女，男女交感之义也。恒长男在长女之上，男尊女卑，夫妇居室之常也。论交感之情则少为亲切，论尊卑之序则长为谨严，故兑艮为咸而震巽为恒也。全《象》以有常则亨，又贵于得正。以往兼不易不已二义，能尽乎恒之道者也。六爻虽上下相应，而皆于恒之义未尽。初在下之下，四在上之下。皆未及乎恒者，故泥常而不知变。三在下之上，上在上之上。皆已过乎恒者，故好变而不知常。惟二五得上下体之中，似知恒之义者。而五位刚爻柔，以柔中为恒。故不能制义，而但为妇人之吉。二位柔爻刚，以刚中为恒。而居位不当，亦不能尽守常之义，故但可悔亡而已。盖恒之道难言，必如《象》所云而后可也。

恒。亨。无咎。利贞。利有攸往。

恒，常久也。常有不易之义，久有不已之义。字从心从一日，立心如一日也。人能常久其道，则可以亨通而无咎。然必利于得正，乃得常久之道而利于有所往也。利贞，有不易之意。利有攸往，有不已之意。

《彖》曰：恒，久也。刚上而柔下，雷风相与，巽而动，刚柔皆应恒。

以卦体言之，艮刚上而巽柔下。名分之常。以卦象言之，雷震则风从。气化之常。以卦德言之，巽顺理而雷动有为。操行之常。又以卦体言之，六爻刚柔皆应。情理之常。此皆以释卦之名义也。

恒亨，无咎，利贞，久于其道也。天地之道，恒久而不已也。

《本义》重贞字。按：文意宜重道字。道即贞也。言"恒亨，无咎"，而必曰"利贞"者。恒之义虽取于久，必久于其道也。天地之所以恒久不已者，道也。若久而非道，则不得谓之贞矣，安得亨而无咎乎？

利有攸往，终则有始也。

久于其道，终也。利有攸往，始也。盖一定不易之中，即有随时变易之理。天地昼之终即夜之始，寒之终即暑之始。循环无端，所以可常可久。故居恒而利于往也。此二节释彖辞。

日月得天而能久照。四时变化而能久成。圣人久于其道而天下化成。观其所恒，而天地万物之情可见矣。

此极言恒久之道，见恒之利于贞也。日月阴阳之精。以得天之道，往来盈亏而能久照。四时阴阳之气。亦得天之道而变化之，故寒暑相禅以成岁功。圣人亦常久于道，皆出于正，故天下化之以成风俗。故恒有所以恒者，道也。即贞也。日月之久照，四时之久成，圣人之化成，皆以此也。故曰"天地万物之情可见矣"。

《象》曰：雷风。恒。君子以立不易方。

方，理之不可易者。巽性入而在内，雷性动而在外，雷风至变而不失其常。君子体之。常变经权皆不可易之理，非胶于一定之谓也。

初六。浚恒。贞凶。无攸利。

初与四为正应，理之常也。然在下，未可深有所求。四震体，阳性动而不下，又为二三所隔，应初之意异乎常矣。初之柔暗不能度势，巽性善入故深。以常理求之，为浚恒之象。如是则虽贞亦凶，而无所利矣，况爻象本不正乎？

《象》曰：浚恒之凶，始求深也。

交际之道，自有浅深。交始而遽以深望之，岂常理哉！

九二。悔亡。

以阳居阴，本当有悔。以久于中道，故悔可亡。

《象》曰：九二悔亡，能久中也。

过不及皆不能久。可久之道唯中而已。诸爻以不中故不能久。

盖正者或未必中，中者可以兼正也。

九三。不恒其德。或承之羞。贞吝。

位虽得正，然过刚不中，志从于上而不能久。盖巽为不果，又为躁卦，故有"不恒其德，或承之羞"之象。承，进也。或者，不知谁何。人皆得而进之以羞也，如是则虽正亦吝矣。

《象》曰：不恒其德，无所容也。

过刚，又介二刚之间，进退无所容也。

九四。田无禽。

坤为众。四变坤有田象。应初巽为无禽象。师六五变坎中实，所应又刚，故为有禽。此变坤阴虚，所应又柔，故有无禽之象。以阳居阴，已非其位。所处不中，震体好动。曲学异端返之身心而无益，措之天下而无功者也。

《象》曰：久非其位，安得禽也。

以阳居阴，非所久而久也。九二亦非位而悔可亡，此则不然者。又中与不中之辨也。

六五。恒其德。贞。妇人吉。夫子凶。

以柔中而应刚中，阴柔之正，有恒其德贞之象。五变兑为少女，妇人之象。以柔为恒，妇人之道，非夫子所宜。故妇人得此爻则吉，在夫子则凶也。

《象》曰：妇人贞吉，从一而终也。夫子制义，从妇凶也。

妇人从一夫而终，无专制之义。夫子刚断，以义制事。乃柔顺而从妇道，则凶矣。

上六。振恒。凶。

以一卦之极言之，居恒之极，不能常矣。以上卦之极言之，处震之终，过于动矣。以上六之一爻言之，质阴柔不能固守居上，又非所安矣。故有振动其恒之象，而其占则凶也。

《象》曰：振恒在上，大无功也。

居上必有恒德，乃可有功。躁动如此，安能有所成乎？曰"大无功"，上无益于国家，下不利于生民也。恒卦象甚善，而六爻鲜有全吉。盖以爻配位，阴阳得失各有不同。大抵或守常而失之拘，或厌常而失之躁。皆不能中正以尽乎恒之义。初四皆守常而拘者也，而初之凶甚于四。三上皆厌常而躁者也，而上之凶甚于三。二五皆中而不正，故五有不能制义之凶，即二亦仅悔亡而已。尽恒之义，必如《象》之所云乎？

䷠（遯）

遯卦，艮下乾上。二阴浸长，阳当退避。又乾阳外往而艮能止，有违遯之义。故为遯。不言退而言遯者，退但有退后之义，无避去之义故也。遯卦次恒。按：《序卦》，"恒者，久也。物不可以久居其所，故受之以遯。"久则有退去之理，遯所以次恒也。全《彖》以君子能遯，则身退而道亨。小人则不可以阴之浸长，而遽迫于阳。此全《彖》之大旨也。六爻独二不言遯。盖全卦以二阴迫阳，二乃卦之所以为遯者，故遯之意至坚。而不言遯，恐其迫阳也。遯贵速而远。三近二，故有系。四应初，故有小人之戒。五得中，为嘉遯。上最远，为肥遯。独初与同体而在众阳之后，则又以不遯免灾。故当遯之时，不可不见几远去也。

遯。亨。小利贞。

遯卦阴浸长而阳避，六月之卦也。亨指四阳而言。知时而遯，故身虽退而道亨。小利贞，《程传》谓不可大贞而尚利小贞。《本义》以小为小人言。小人当利于守正，不可以浸长而迫于阳也。今按：此句宜指二阴而言，《本义》为是。盖《易》虽为君子谋，未尝不望小人之为君子。小而能贞，则亦君子矣。当遯之时，君子固以遯而亨，小人亦以正为利。讽君子而儆人，亦扶阳抑阴之意。

《彖》曰：遯，亨，遯而亨也。刚当位而应，与时行也。

五以阳刚中正与二之阴柔中正相应。二阴能顺五，可以不遯矣。然二阴浸长，时不可以不遯。有知时而遯之能，所以致亨。

小利贞，浸而长也。

二阴浸长，而利于贞。不以势之将盛而凌君子，小人之福也。

遯之时义大矣哉！

阴方长而处之甚难，时在天而义在我。不审时，不知遯。不断以义不能遯。去就大节所关，非与时偕行者不能也。《易》中"大矣哉"有二。有赞其所系之大者，豫革之类是也。有叹其所处之难者，大过遁之类是也。

《象》曰：天下有山。遁。君子以远小人，不恶而严。

天不必示远于山也。乃山势虽高，而天去之自远。君子不必示恶声厉色于小人也。乃小人虽近，君子远之自严。不恶者，待彼之礼。严者，守己之节。远小人，艮止之象。不恶而严，乾刚之象也。

初六。遁尾。厉。勿用有攸往。

遁而在后，尾之象。其势已危，欲往不及。然在下无位，所居不正。无德无位之凡民，遁亦无益。晦处静俟，庶可免耳。

《象》曰：遁尾之厉，不往何灾也。

不往，即晦藏之意。初所居非贞，不往即其贞也。

六二。执之用黄牛之革。莫之胜说。

二阴迫阳，卦之所由以遁者。而艮为手，有执之之象。二居中阴画，黄牛象。《本义》谓二以中顺自守志在必遁，人莫能解，故有此象。然卦以阳遁阴，故阳爻皆言遁，二阴不必言遁。盖二，阴也。勿迫乎阳，必坚其交五之志而不可解。此说虽与《本义》悖，而与《象》"小利贞"句相应。

《象》曰：执用黄牛，固志也。

旧说谓志之固，非外物所能移也。此爻卦之所以为遁而不言遁，盖未行而志之决，实由于此也。今作固其交五之志。盖君子皆遁，小人岂能自存？小人得志能固留君子，小人之贞也。

九三。系遁。有疾厉。畜臣妾。吉。

二阴迫阳，阳宜遁矣。然三与阴近，又艮体为止，故有遁而有所系之象。艮为阍寺，有臣妾象。君子不可有所系于小人。若臣妾之属，则抚之以恩以得其心亦可。然曰"畜之"，则亦不使侵逼于阳矣。

《象》曰：系遁之厉，有疾惫也。畜臣妾吉，不可大事也。

当遁而系，势必困惫矣。臣妾畜之则吉，非可使之干预大事也。一作臣妾最易系恋，畜养之则可。若出处去就之大事，则不可有所系也。此二意宜兼。

九四。好遁。君子吉。小人否。

下应初六，有情好之象。而乾体刚健，能绝之以遁之象。惟以义制欲，刚克之君子能之，小人不能。故占者君子得之则吉，小人则否也。

《象》曰：君子好遁，小人否也。

小人有系恋之私，必不能自克也。

九五。嘉遁。贞吉。

阳刚中正，下应六二，亦柔顺而中正。然不以相应而有所系，遁之嘉美者也。占者能正则吉矣。五虽君位，而遁非人君之事，故不以君言。此君子未见疏于小人，而能与时偕行。超然远引，可不遁而遁者也。随六三言"系"而五曰字于"嘉"，遁亦于三言"系"于五言"嘉"。盖非正应而相昵曰"系"，以中正而相应则曰"嘉"也。

《象》曰：嘉遁贞吉，以正志也。

九五"嘉遁"，无系无执无好。不事于外，正在我之志而已。二以阴应阳，其志当固。五以阳应阴，其志当正。

上九。肥遁。无不利。

肥者，宽裕自得之意。阳道常饶，或损者，阴剥之也。以阳刚居卦之外，去柔最远。高而能应刚而无决，无有疾恶，故称肥焉。而占无不利也。

《象》曰：肥遁无不利，无所疑也。

刚健决去，无所复疑。有系者恶，无疑则肥矣。全卦虽主于遁。然下三爻艮体主止，故为不往为执为系。上三爻乾体主行，故为好遁为嘉为肥。盖四阳以遁为亨，二阴以不迫阳为贞。三虽阳而艮体，不免于系。故欲尽《彖》遁亨之义，唯乾之三爻乃可言之。

䷡（大壮）

大壮，乾下震上。四阳盛长，大者壮盛，故为大壮。乾刚震动，以刚而动，大壮之义。又雷之威震于天上，大壮之象。故为大壮。大壮次遁。按：《序卦》，"遁者，退也。物不可以终遁，故受之以大壮。"遁为远去，壮为壮盛。消而复长，远去之后仍复壮盛。遁则必壮，大壮所以次遁也。全《彖》以阳壮之时亨不待言，唯利于得正。天地之情，亦不过正大而已。六爻当阳壮之时，多以处阴位为美。九四乃壮之所以为壮者，以不极其刚许其决藩。二亦履柔能守者也，故贞吉。初三皆以刚居刚，躁进过暴，所以征凶而羸角也。若上之二阴，则五以柔中受阳之壮，故可以无悔。若上以柔居柔，则以不能壮者而用壮，所以有不能退不能遂之戒也。此全卦六爻之大略也。

大壮。利贞。

大谓阳也。四阳盛长，大者壮盛，二月之卦也。阳壮则亨不待言，但利于正而已。六爻初三正而二四不正，而四为成卦之主。喜其震动得时，又恐以刚动而失其正也，故戒之。又大壮与遁相综之卦。阴之进不正，则小人得以凌君子，故遁言小者利于贞。阳之进不正，则君子不能胜小人，故大壮言大者利于贞也。

《彖》曰：大壮，大者壮也。刚以动，故壮。

以卦体言，四阳盛长。大者壮也。以卦德言，乾刚震动。所以壮也。卦体则势壮，卦德则理壮。此皆以释卦之名义也。

大壮利贞，大者正也。正大而天地之情可见矣。

所以大者，以其正也。阳正阴邪，阳大阴小。若不正则非大矣。天地无不覆载，无不生成，其情不过正大。大者正，大字指阳。下"正大"二字就理言。雷在地中，天地生物之机未露，有以见天地之心。雷在天上，天地生物之心已达，有以见天地之情。

《象》曰：雷在天上。大壮。君子以非礼弗履。

人之克己，能如雷在天上，则威严果决，非礼在所必去矣。曰

"勿履"，犹禁止之辞。弗，则自不为矣。雷在天上，声势之壮。非礼弗履，义理之壮。

初九。壮于趾。征凶有孚。

初阳在下，当壮时而急于进，有壮于趾之象。征凶有孚，言进必取凶也。此以刚居刚，刚之过者也。

《象》曰：壮于趾，其孚穷也。

言必困穷。

九二。贞吉。

以阳居阴，非正也。然所处得中，不恃其刚。使因中求正，非礼弗履，则吉矣。《王注》谓居中得位，以阳居阴，履谦不亢，是以贞吉。亦通。

《象》曰：九二贞吉，以中也。

中则不恃壮妄进也。

九三。小人用壮。君子用罔。贞厉。羝羊触藩羸其角。

罔，宜如"不思则罔"之罔，冒昧而进也。过刚不中，当壮之时。在小人用之以为壮，君子用之为罔而已。血气之刚，无礼之勇，虽以九居三，正亦危矣。三四五为兑有羊象。三欲应上而隔于四。震为竹木，有藩象。阳刚欲进，有角象。为四所困，有羸象。此恃壮轻进而取困者也。

《象》曰：小人用壮，君子罔也。

小人之壮，非真壮也。在小人以为壮，在君子则不过冒昧妄行而已。其困不待言矣。

九四。贞吉悔亡。藩决不羸。壮于大舆之輹。

九四前二阴，震为大涂。附兑为附决，有藩决之象。輹，车之中干也。輹壮则车强。四变坤，下乘三阳，有大舆壮輹之象。以阳居阴，疑于不正。所处非中，似乎有悔。然当壮之时，为壮之主。以刚居柔，行不违谦。不极其刚，不失其壮。故凡事得正则吉，悔可亡也。所以然者，前临二阴如藩之决，无阻隔之势。后乘三阳，如輹之壮，有大行之具也。"贞吉悔亡"与《咸·九四》同。但在咸为不得其正，故有憧憧往来之戒。在壮又为不极其刚，所以有藩决不羸之喜也。又大畜九二在三阳之中，为六五正应所畜，故有脱輹之象。壮则九四在三阳之上，六五阴势方衰，故有壮輹之象也。

《象》曰：藩决不羸，尚往也。

九二但能自守而已，四则可以往矣。

六五。丧羊于易。无悔。

全卦似兑，多取象于羊。羊性抵触，外柔内刚。五又互兑，有羊象。易，宜作"疆场"之场。卦以阳盛名大壮。而六五无阳，以柔居尊，不能抵触，或失其壮，有丧羊于易之象。然阳势方盛，阴柔不敌理之宜也，故亦得无悔。

《象》曰：丧羊于易，位不当也。

以阴居阳，又在尊位。过于畏缩，宜有所丧。

上六。羝羊触藩不能退。不能遂。无攸利。艰则吉。

全卦有羊象。壮终动极，有触藩不能退之象。质柔非壮，有不能遂之象。犹幸不刚，不敢妄进，有艰难自守之象。一变为大有，有终得吉之象。盖以柔居刚，不能刚而强为刚，则无利。若能量己详审，犹可得吉也。

《象》曰：不能退不能遂，不详也。艰则吉，咎不长也。

质本非刚，见刚之壮亦从之，不详审故也。艰难自守，久则变矣，故虽有咎不长也。临三变泰，大壮上变大有，故咎皆不长也。全卦当阳壮之时，必以正得吉，不正则虽壮不可恃也。六爻又皆以不恃壮者为吉，人未有违谦越礼能全其壮者也。故方壮之始，宜如二之贞吉，不宜如初之壮趾。方壮之盛，宜如四之决藩，不宜如三之羸角。居壮之位，无壮之才，固不免于有丧。处壮之极，有不敢恃壮之心，庶几其终得吉。君子但当以正大为心，不宜以用罔取困也。

䷢（晋）

晋卦，下坤上离。日出地上，进而益明。以综卦言之，明夷之离在下。今则进而上行，故为晋。不言进而言晋者，进但有前进之义，无明之义。晋则进而光明故也。晋次大壮。按：《序卦》，"物不可以终壮，故受之以晋。晋者，进也。"既壮无正，理必进，以至于极。晋所以次大壮也。全《彖》取方盛明之时，以坤顺之臣，上接离明之君。而君复以柔进居尊，是以有功臣受宠之象。六爻以五为主，专取柔进之义。五自下而升，已进者也，故往吉无不利。下三爻皆欲进者，九四以刚间之，故有鼫鼠之象。三与五近，下接二柔，志在上行，众莫能间，故悔亡。二去五渐远，忧不得进，故愁。初最远于五，应四反为所抑，故摧。上居卦之穷，无可进矣，故有吉而不免于吝。此全卦六爻之大略也。

晋。康侯用锡马蕃庶。昼日三接。

晋，进也。康侯，能致一世于康宁之侯也。锡马蕃庶，言受赐之多。昼日三接，言亲礼之至也。坤有土有民，有康侯象。坤为牝马为众，有锡马蕃庶象。离为日为中虚，坤为众为文，有昼日三接之象。全卦明出地上，为盛明之时。坤顺附于离明，则君臣道合。六五柔中虚己之君。当明盛之时，臣以功进，君以恩接，故礼遇之隆如此。占者得之，有是德者，宜受是宠也。

《象》曰：晋，进也。

释卦名义。

明出地上，顺而丽乎大明，柔进而上行，是以康侯用锡马蕃庶，昼日三接也。

以卦象言之，以离乘坤，明出地上。此赏罚清明之时也。以卦德言之，坤顺丽乎离明。顺德之臣附于大明之君也。以卦综言之，明夷下卦之离，进而为上卦之离。柔中虚己之君也。康侯遇是时，有是德，遇是君，是以有用锡马蕃庶昼日三接之象也。

《象》曰：明出地上。晋。君子以自昭明德。

日本明也。然入地则晦，出地则明矣。人之德性本明也。物欲蔽之则昏，自强不息则昭矣。至健莫如天，君子以之自强。至明莫如日，君子以之自昭。《程传》专就去蔽致知言之，然兼力行言亦可。盖此即《大学》所谓"明明德"也。

初六。晋如摧如。贞吉。罔孚。裕。无咎。

居初应四，欲进者也。但所居既不中正，所应又不中正。四互二三为艮为止，有在下始进而见摧抑之象。与四正应，贞吉之象。互坎为狐疑，罔孚之象。坤土宽广，初在下，有宽裕无咎之象。盖当卑下之位，使以人之未信而戚戚不能自安，则有咎矣。故摧如在彼，吾不可以不贞。罔孚在彼，而吾不可以不裕。盖初以阴居阳非正，故戒以唯贞则吉，才柔志刚非裕，故戒以唯裕则无咎。此君子之受抑而守正，以俟时者也。

《象》曰：晋如摧如，独行正也。裕无咎，未受命也。

独行正，言虽摧不可失其正也。宽裕以处，何以无咎？以未受君命，无官守言责故也。若已受命而不见信，则一日不可居矣。安得宽裕以旷其官乎？初居最下应四不应五，有未受命之象。

六二。晋如愁如。贞吉。受兹介福。于其王母。

二与五非正应，三四五互为坎为加忧，故有欲进而愁之象。然二居中得正，故许以贞吉。又五以阴居尊，有王母之象。上下同德，亦有受福之象。二不以应之有无为吉凶，而以在我不失其正为吉。故始虽若愁如，而终乃受福也。初与二，进身之始，皆言贞吉。初未有贞，言贞，勉之也。二本贞，因其贞而欲其固守之也。圣人欲人始进之必以正也如此。

《象》曰：受兹介福，以中正也。

二本中正，与初不同，故得言受福也。

六三。众允。悔亡。

三不中正宜有悔。然居坤体之上，与下二阴皆欲上进，是以为众所允而悔亡也。坤为众，有众象。顺之极，有允象。居下之上，众阴之长，康侯之谓也。从此上进，则丽乎大明矣。故无摧愁之象，而不中正之悔可无也。

《象》曰：众允之志，上行也。

上附于大明之君也。

九四。晋如鼫鼠。贞厉。

九四互二三为艮，有鼠象。不中不正而居高位，三阴上进而己间之，贪位而忌能者。鼫鼠，田间食粟豆者，贪而畏人者也。其象如此，虽正亦危，况不正乎？

《象》曰：鼫鼠贞厉，位不当也。

不中不正，以间柔进之三阴，皆不当也。

六五。悔亡。失得勿恤。往吉无不利。

以阴居阳宜有悔矣。然以大明在上，下皆顺从，故悔可亡也。当进之时，易生得失之心。大明之中而才柔，易有得失之累。故戒以"勿恤"。言但当用其明于所当明，去其一切计功谋利之心。持此以往，自吉而无不利也。三阴为四所间，有失象。终与五合，有得象。离火无定体，或得或失之象。互坎加忧，恤之象。五变不成坎，勿恤之象。变乾健行，往吉之象。五柔疑于进，故勉以往吉。失得勿恤者，立心宜然。吉无不利，又理势之必然也。

《象》曰：失得勿恤，往有庆也。

心惟无私，乃自有庆。有纯王之心，乃有纯王之化也。

上九。晋其角。维用伐邑。厉吉无咎。贞吝。

角，刚而居上者也。上九刚进之极，有晋其角之象。应三坤为土，有邑象。离为戈兵，有伐之之象。刚躁之极，他无可用，惟以伐其私邑。过刚虽不无危厉，然以阳制阴，有必胜之势，故吉而无咎。但离明在上，所照不远。仅治小邑，则虽正亦吝矣。他卦皆取扶阳抑阴，此独不足于刚。四有鼫鼠之厉，上有贞吝之戒。所以然者，卦取柔进上行，离明以柔为主故也。

《象》曰：维用伐邑，道未光也。

离体光明，今不能光被天下，而仅治一邑故也。全《象》当明盛之时，有功德之臣，以柔顺受宠于离明之君。晋道之盛者也。君子难进易退，故六爻宜柔而不宜刚。"遁尾厉"，恶其后也。"晋其角厉"，恶其先也。晋角之躁，鼫鼠之贪，皆以刚而失者也。四阴爻则在上者宜有得失勿恤之心，人自进附于我。在下者宜有宽裕贞正之守，我乃可进而受宠于君。故未受命则以裕而无咎，已受命者则以贞而受福。而居下之上者，亦必由信友而获上。凡以柔进上行，道宜如此也。又按：需卦九五一阳在位，三阳在下卦反为需。晋则以阴居五，三阴在下卦乃为晋。则君子宜以刚德自强，而进退之际，宜柔顺不宜刚躁，又可见矣。

䷣（明夷）

明夷，下离上坤。日入地中，明伤而暗。以人事言之，则昏君在上，明者见伤之时也。故为明夷。明夷次晋。按：《序卦》，"晋者，进也。进必有所伤，故受之以明夷。"进之不已，必有所伤，理自然也。明夷所以次晋也。全《彖》言处明夷之道，在艰难而不失其正。文王箕子，后世之法也。然以二体言之，则离明为坤暗所伤。以六爻言之，则上一爻为暗君，下五爻皆为所伤。初去上最远，垂翼而已。二伤股则害已深，而居中去上犹远，故犹可拯也。三与上应，则以明而能去其暗者矣。四已入暗而浅，犹有可去之道。五则迫逐受伤，惟有自晦而已。此处明夷，随其远近浅深不同如此。

明夷。利艰贞。

以全卦言，日入地中，明而见伤。以六爻言，下五皆为上六所伤。占者得此，在艰难委曲以守其正，亦以自晦其明也。不必专指六五一爻。

《彖》曰：明入地中，明夷。

离日在坤地之下，此以卦象释卦名也。

内文明而外柔顺，以蒙大难，文王以之。

离明坤顺，卦德如是。文王内有文明之德，不失其己。而外柔顺以事纣，得免于祸。故虽见囚于纣而终得释也。

利艰贞，晦其明也。内难而能正其志，箕子以之。

以六五一爻之义释卦辞。内难，谓为纣近亲，六五近于上六者也。文王箕子皆晦其明者。而箕子佯狂受辱，故艰贞于箕子尤切。

《象》曰：明入地中，明夷。君子以莅众，用晦而明。

自昭明德，以治己也。用晦而明，以治人也。不以察察为明，而宽容之中物情自照，用晦而明也。

初九。明夷于飞垂其翼。君子于行。三日不食。有攸往。主人有言。

离为雉，有飞鸟之象。在下见伤犹浅，有飞而垂翼之象。行，往，皆去也。主人，所之之地主我者也。君子见几而作，行而三日不得食。然宁不食，不可以不行，行重于食故也。所往之地主我者，或讶其去之早然宁主人有言，不可以不往。君子之独见所知也。《大全》以为伯夷公之事，近之。

《象》曰：君子于行，义不食也。

去就以义，不食其禄亦义也。

六二。明夷。夷于左股。用拯马壮吉。

君臣一体，故明夷以人身取象。上为首而四腹心，二股肱也。二变为乾，有马象。伤股，害于行矣。而左股，则伤未切。得马之壮者，则救之速，可以去矣。盖二较近于初，而犹有三四五之隔，故伤未甚而犹可救也。所谓吉者，得免而已，非可有为也。如文王赖散宜生有美女奇物之献，以脱羑里之囚也。

《象》曰：六二之吉，顺以则也。

居中得正，二之则也。

九三。明夷于南狩。得其大首。不可疾贞。

离居南为戈兵，有南狩象。上失位而居最高，有大首象。九三以刚居刚，明之极而屈于至暗之下，正与上六为应，故有向明除害，得其首恶之象。以明伐昏似正矣，然此事间不容发。天命已绝，则为独夫。一日之间天命未绝，犹为天子。不可以为正，而急疾行之也。离性暴，故戒之。此汤武之事也。

《象》曰：南狩之志，乃大得也。

志在救民去害，非利天下也。必有汤武之志乃可也。

六四。入于左腹。获明夷之心。于出门庭。

坤为腹。左者，隐僻之所，又右前而左后。六四隔六五，是五入其右，四入其左矣。四在坤体之下，四变互巽为入，有入于左腹之象。阴偶为门，互震为足为动，四柔而得正，居暗尚浅，有获明夷之心出门庭之象。《程传》谓邪臣以隐僻结君心，而后行之于外也。按：卦以明见伤。邪臣得意，非明夷之义。《本义》谓得意而远去。然大臣去国非得意之事。《大全》以微子之行遁言之。微子，纣至亲。故知纣幽僻之事，至悉知其心意，决不可辅，故去之也。

《象》曰：入于左腹，获心意也。

凡人心腹中事难知。今入于左腹，已深知其心意也。

　六五。箕子之明夷。利贞。

明夷以象暗主，高而失位者也。故于上九象君，而五不言君。然居坤之中，近至暗之主。同体而亲，宗臣之象。以柔居中，阴居阳位，自晦其明者，故为箕子之象。以六居五，疑于不贞，故戒占者如箕子之贞乃可耳。《彖》言艰贞，此独言贞者，盖如箕子，则艰不待言矣。

　《象》曰：箕子之贞，明不可息也。

明可晦不可息者。若失其贞则明息矣。

　上六。不明晦。初登于天。后入于地。

以阴居坤之极，有不明而晦之象。下五爻以明而受夷者，上则晦而夷人者也。上居高位而夷人，有登于天之象。终则自伤而坠厥命，有入于地之象。

　《象》曰：初登于天，照四国也。后入于地，失则也。

照四国，以位言之，言居其位宜有其明也。而后乃入于地，失其明，不足为四方之则也。六二受人之夷者，以顺则而自全其明。上六夷人者，以失则而自坠厥命。《大全》以此爻为纣之事也。合全卦而论之，凡乱世君臣皆有此象。后人因商周之事有可拟合者，故因《象传》文王箕子之言，五爻箕子之占，因逐爻拟其人其事以明之。而圣人作《易》立教，初非以纪商周之事也。

䷤（家人）

家人，下离上巽。风自火出，有由家及外之象。又卦中二五有男正位乎外，女正位乎内之象。以六爻推之有上父初子，五三夫四二妇，五兄三弟之象，故为家人。家人次明夷。按：《序卦》，"伤于外者必反于家，故受之以家人。"被伤于外必反于内，家人所以次明夷也。《彖》专言女而《彖传》推之一家，内正而外无不正也。六爻内三爻多言女子之事，外三爻多言男子之事。其间内外刚柔皆有定位，所以为家道之善也。

家人。利女贞。

家人，一家之人也。九五居外，六二居内，男女正位之象。长女居上，中女居下，尊卑有序之象。四阳二阴，阳强阴弱，夫唱妇随之象。二柔皆居柔位，执柔不敢抗之象，内明外巽，处家之象。自初至五皆贞，尊卑安于其分之象。而卦曰利女贞，女先正乎内也。八卦正位，离在二，巽在四。此卦长女位四，中女位二，女之贞也。正天下莫难于一家，一家莫难于一妇。一妇正则内正，而外无不正矣。

《彖》曰：家人，女正位乎内，男正位乎外。男女正，天地之大义也。

卦专言女，此兼言男。盖男女内外俱正，乃为治家之道，故即卦中九五六二二爻而推言之也。

家人有严君焉，父母之谓也。

严君，尊严之君长也。前既言男女之正，此又推本于父母之严。盖父母者，一家之君长也。君长严则臣下肃，父母严则家道齐。必父母之严于其子，如君之严于臣，则伦理一定，上下截然整齐矣。或疑父严母慈而此皆称严者。盖母之不严则庇子弟之过，乱内外之别，家之不齐率由于此。故亦称严，正恐其过于慈也。此节《本义》谓亦指二五。然五刚二柔于严义未甚合。按：《大全》，丘氏谓此卦内三爻女子之事，外三爻男子之事。初为人女，二为人妻，三为人母。四为人子，五为人夫，上为人父。三上皆刚，有合于严君之义。且前节言夫妇，此言父母，末又以六爻旁通，取象一家。意尤曲尽。

父父子子，兄兄弟弟，夫夫妇妇，而家道正。正家而天下定矣。

上父初子，上下相去甚远而其分严。五兄三弟，上下相去甚近而其情亲。五夫四妇，三夫二妇，虽相比而亦未尝无上下之分也。卦但言女贞，夫子即爻象旁通言外之意，而治家之道乃尽也。

《象》曰：风自火出。家人。君子以言有物而行有恒。

火炽则风生。君子观风火之象，知凡事由家而出，而家之本又在乎身也。修身莫大于言行。言必有物，实而不虚。行必有恒，常而不变。则身修而家治矣。

初九。闲有家。悔亡。

离体中虚有家象。变艮为门为止，有防闲之之象。凡事谨始。初之时当闲，而九之刚明能闲之。盖离则有先见之明，阳刚则有威如之吉。如男不入，女不出，皆所以闲之也。推此类，凡事闲之于初，悔可无矣。然能谨闲可免悔，不闲且如何哉！

《象》曰：闲有家，志未变也。

志未变而豫防之，则易。若已变而治之，则伤恩失义亦无及矣。

六二。无攸遂。在中馈。贞吉。

六二上应九五，有无遂事而顺从其夫之象。在下卦之中，互坎为酒食，有居中唯酒食是议之象。柔顺中正，女之正位乎内者也，故曰"贞吉"。

《象》曰：六二之吉，顺以巽也。

柔顺中正而上应九五也。

九三。家人嗃嗃。悔厉吉。妇子嘻嘻。终吝。

九三重刚不中，故有嗃嗃严厉之象。比乎二四两柔之间，又有妇子嘻嘻之象。治家之道，过刚不中，不无悔厉。然以义胜情，犹可获吉。若纵情败度，则家道以坏矣，岂不终可吝乎？悔自凶趋吉，吝自吉趋凶。

《象》曰：家人嗃嗃，未失也。妇子嘻嘻，失家节也。

过严未失治家之道，失节则必乱矣。

六四。富家。大吉。

阳主义，阴主利。六四以阴居阴，得位之正。介乎九三九五之间。以柔得刚，以虚受实。又巽为利市三倍。故有能富盛其家之象，大吉之占也。《大全》以主家之妇言之。时解以言大臣理财，于家人之义未协。然为人臣者占得之，则以为理财之占亦可也。

《象》曰：富家大吉，顺在位也。

以柔顺而居阴之正位，能保其富者也。

九五。王假有家。勿恤吉。

假，至也。九五刚健中正，应六二之柔顺中正，能修身以至于其家者。勿用忧恤，吉可知矣。初“闲有家”，家道之始。此“有家”，家道之成。中互坎为忧。此出坎外，故有勿恤之象。

《象》曰：王假有家，交相爱也。

五爱二之内助，二爱五之刑家，所谓假也。

上九。有孚。威如。终吉。

阳爻实，有有孚之象。以刚居上，有威如之象。有孚则至诚恻怛，可联一家之心而不至于离。威如则整齐严肃，可振一家之事而不至于渎。故长久得吉也。三以刚居刚，故有悔厉。上以刚居柔，又卦之终以威为正家之本，故终吉。

《象》曰：威如之吉，反身之谓也。

反身自治则人畏服，非作意以威之也。如“言有物，行有恒”是也。全卦以正家必先乎内，又上下卦为长女中女之象，故专言女贞。《象传》六爻，则推为一家之象。《象传》以上为父，初为子，五三夫，四二妇，五兄，三弟，而一家之长幼备矣。先儒又谓内三爻女子之事，外三爻男子之事。男女有定位，而爻之刚柔亦不可易。女子未嫁，律身宜严，故九居初以自闲也。妇道宜顺，故六居二，无遂事也。母道恐慈之过，故宁为九三之嗃嗃。此女正位乎内也。子道宜顺，故六居四为富家。夫道贵义，故九居五则刑家。上则为人父之事，严君一家之主，威如所以吉也。此男正位乎外也。盖正家之道莫详于此，而占者又随事以求其义，未可泥也。

䷥（睽）

睽卦，下兑上离。火炎上而泽润下，二体相违，睽之义也。又二女同居，志不同行，亦睽之义也。睽次家人。按：《序卦》，"家道穷必乖，故受之以睽。睽者，乖也。"睽综家人。家人离阴在二，巽阴在四。皆得其正。睽则兑阴居三，离居五。皆居阳位，不得其正。家道之穷必乖，睽所以次家人也。全卦以卦德，内说外明。卦综，柔进居刚。卦体，六五下应九二。故虽不宜大事，而小事犹吉。六爻皆有始睽终合之象。初丧马，至四遇元夫而初四合。二遇巷，至五往何咎而二五合。三舆曳牛掣，至上遇雨而三上合。内卦皆睽而有所待，外卦皆反而有所应。天下未有终睽而不合者也。

睽。小事吉。

睽，乖异也。上火下泽，性相远异。中女少女，志不同归。故为睽。长女中女同居则为家人，而中女少女同居则为睽者。家人离阴在二，巽阴在四，得女之正。睽则兑阴在三，离阴在五，非女之正也。离上兑下为睽，仅可小事。兑上离下为革，则曰"元亨利贞"者。革以九居五，六居二。刚柔得位，故为汤武之大事。睽以六居五而九居二刚柔失位，是以为小事也。又凡卦阳刚为主，则可以大事。睽柔进乎五者也，小过柔过乎刚，故不可大事。睽柔进居刚，故小事吉也。

《彖》曰：睽，火动而上，泽动而下。二女同居，其志不同行。

火炎上而泽润下，无相得之性。二女少则同处，长则各有夫家，有难合之情。此以卦象释卦名义也。

说而丽乎明，柔进而上行，得中而应乎刚，是以小事吉。

以卦德言之，兑说丽乎离明。则心气和平，明烛事机矣。以卦综言之，家人下卦之离，进为睽之上卦。六居五尊位，有势矣。以卦体言之，则以六五虚中之主，下应九二刚中之臣。得辅矣。然三者皆柔之为也，故仅小事吉而已。柔进上行，得中而应乎刚，在鼎则为元亨，在睽仅为小事，则爻同而事异故也。

天地睽而其事同也。男女睽而其志通也。万物睽而其事类也。睽之时用大矣哉！

天高地下，睽也。然阳降阴升而成化育之事，则同矣。男女异质，睽也。然男倡女随，志则通矣。生物万殊，睽也。然此感彼应，事则类矣。睽，小也。睽而终同，则其用大矣。故极赞之。

《象》曰：上火下泽。睽。君子以同而异。

二卦合体而性不同。君子以此，于大同之中知所当异。和而不流，群而不党是也。《彖传》于睽言合，君子济睽之功也。《象》于同言异，君子不苟同之性也。然惟有不苟同之君子，乃能合天下之睽。

初九。悔亡。丧马勿逐自复。见恶人。无咎。

初无正应，宜有悔也。然居睽之时，阳刚得正，悔亦可亡。下卦为兑为毁折，有所丧失之象。四互三五为坎为亟心之马，有丧马勿逐自复之象。坎又为盗，恶人之象。见恶人亦可无咎。所谓见者，不得已而遇之之词。如孔子之于阳货也。若往求见，则为逐矣。此爻言当睽之时，正应不可必得，不可强人之合。惟去者不追，听其自还。来者不拒，虽恶人亦见。斯善于处睽者也。

《象》曰：见恶人，以辟咎也。

此咎作"殃咎"之咎。

九二。遇主于巷。无咎。

二变互三四为艮为径路，巷之象。二五正应，遇之之象。二五本正应也。以当睽之时，多所乖隔。二以刚中之才，具和悦之性，委曲相求，以得遇主而成济睽之功。故无咎。

《象》曰：遇主于巷，未失道也。

正应，非有邪也。

六三。见舆曳。其牛掣。其人天且劓。无初有终。

三互坎，有舆象。二以刚在后，舆为曳之象。离有牛象。四以刚居前，其牛掣之象。天，去发之刑。劓，去鼻之刑。皆伤于上者。天而又劓，重伤也。离为目，有见之之象。三与上皆言见，非实有是事，而见为如此耳。三与上本正应，而二在后，有见舆曳之象。四隔于前，有见牛掣之象。上九猜狠方深，见为被伤天且劓之象。二阳厄之如此，是无初也。终得正应，有终矣。三以不正之阴，承乘应皆不正之阳，故其象如此。

《象》曰：见舆曳，位不当也。无初有终，遇刚也。

以六居三，在二阳之间，不当也。遇刚，正应也。三虽善遇，非上之刚明，亦不得遇也。

九四。睽孤。遇元夫。交孚。厉无咎。

九四无应，上下皆阴柔小人，有睽孤之象。初九同德，有遇元夫交孚之象。元善之长，恶之反初刚而得正，故为“元夫”。然当睽之时，惟恐交孚之不至，必以危厉处之，乃无咎也。初视四为恶人，四视初为元夫者，初得正而四不正也。不正而终有遇者，喜其阳刚之同德也。

《象》曰：交孚无咎，志行也。

得人以济睽也。

六五。悔亡。厥宗噬肤。往何咎。

睽时以阴居阳，有悔也，然居中得应，悔可亡矣。厥宗，指九二于五，犹宗臣也。二兑口有噬肤象。噬肤，《本义》谓其易合。《程传》谓五虽阴柔之才，二辅以阳刚之道而深入之。如姬公之于周成，入之者深也。今兼用之五柔易合，二人之者，深明良道，合往以济睽，何咎之有？

《象》曰：厥宗噬肤，往有庆也。

《传》推言之，言睽可济天下之庆，岂但免咎己乎？

上九。睽孤。见豕负涂。载鬼一车。先张之弧。后说之弧。匪寇婚媾。往遇雨则吉。

上九六三正应，非孤而曰孤者。睽极多疑，孤生于所见也。三互四五为坎有豕象，又为水有涂象。三以阴居二阳之上，又坎为隐伏，有载鬼一车象。三见四，有牛掣象。上见三，为豕之负涂，且疑其污我矣。三见二，有舆曳象。上见三，则为载鬼一车，且疑其祟我矣。弓矢本取象于睽。又坎为弓，又为狐疑。先张之弧，疑之也。后脱①之弧，疑渐去矣。上变震为归妹，有婚媾象。匪寇婚媾，知三非寇而实亲也。坎又为雨，阴阳和则雨。遇雨则吉，遇六三也。言疑尽释，睽终复合也。

《象》曰：遇雨之吉，群疑亡也。

群疑，指上所见。全卦当睽之时，是以不可大有所为。而睽有终合之理，故小事犹可获吉。六爻皆始睽终合。二五，三上以 正应而终合。初四非应，以同德而亦终合。天下事未有终于违者，所以贵有济睽之功也。

---

① "脱"应为"说"。

䷦（蹇）

蹇卦，下艮上坎。险在前而止不能进也。故为蹇。蹇卦次睽。按：《序卦》，"睽者，乖也。乖必有难，故受之以蹇。蹇者，难也。"睽乖之时，必有蹇难，蹇所以次睽也。全《象》取后天八卦艮坎在东北方，离坤在西南方。艮坎为蹇，则对方为出蹇矣。又九五以刚健中正之君在上，而六二以柔顺中正之臣在下，又有利见大人之象。此全《象》之大旨也。六爻以五为济蹇之君。二为同患之臣。余四爻虽处蹇，而无济蹇之责。唯三以刚实具济蹇之才。独以与五非近非应，而反就二以同往，故言喜。四以比三，故言连。上以应三，故言来硕。盖蹇中非有阳刚之才不能济。故五之所待者，三之来也。三反从二以来，则朋来矣。独初六才柔位卑，故以来誉勉之。此六爻之大略也。

蹇。利西南。不利东北。利见大人。贞吉。

蹇，足不能进，行之难也。前有水之陷，后有山之阻。又为见险而止之义。故曰蹇。又睽卦尽反则为蹇。睽取目有所见，重离在前也。蹇取足不能进，重坎在前也。利西南不利东北，按：《本义》谓西南平易，东北险阻。《程传》谓西南坤方。坤，地也。体顺而易。东北艮方。艮山也。体止而险。今按：卦象中无坤而言坤者，其说有二。以后天八卦言之。艮坎东北与西南离坤相对。艮坎合为蹇，不利东北。离坤合为晋，是为利西南矣。蹇卦无西南，就东北对方言之。犹。坤卦言西南得朋，而兼言东北丧朋也。又以卦之六爻言之。蹇难之时，非有阳刚之才不可有为。卦中唯五与三为阳。五以阳刚为济蹇之君。三非正应，然反而就二连四应上以辅乎五。五三变为纯坤，则出东北之险阻，入西南之平易，蹇乃济矣。故有利西南不利东北之象。六二柔顺中正之臣，三反就之，遂与四上皆来互辅于五，以共济蹇，有利见大人之象。六爻唯初不正，故宜见险待时。二以上皆正，可以济蹇，故曰"贞吉"。占者得之。则见险者贵于能止，而不必终于止处。险者贵于能进，而又不可失其正也。

《彖》曰：蹇，难也，险在前也。见险而能止，知矣哉！

以卦德释卦名义而赞之。蹇固足不能进之义。然知其不能进而不轻进，即知也。山水为蒙，水山为蹇。知者，蒙之反。

蹇，利西南，往得中也。不利东北，其道穷也。利见大人，往有功也。当位贞吉，以正邦也。蹇之时用大矣哉！

以卦综言之，蹇卦综解。解下卦之坎，往为蹇上卦之坎，九五得其中也。后天震在东，艮在东北。解上卦之震，下为蹇下卦之艮。正在蹇之方，其道穷也。以卦体言之，二五正应，三反四连而上来硕，皆可济险，往有功也。自二至上，位皆得正。初虽不当，而阴柔在下亦正也。上下皆正，则邦可正，蹇可济矣。坎睽蹇皆非顺境，夫子以为此时，亦有可用者，故极赞其大。

《象》曰：山上有水。蹇。君子以反身修德。

水之蹇也，止而不流。君子之蹇也，反而自修。反身即思不出其位之义，艮象也。修德即常德行之义，坎象也。《象传》言“反身修德”，五爻曰“大蹇朋来”。盖得人心以反诸身为本，即孟子所谓“其身正而天下归之”也。

初六。往蹇。来誉。

往，上进也。来，止而不进。蹇，行之难也。故诸爻皆以往来为言。他爻“来”字，指下一爻而言。初无可来，以不进为来。六非济蹇之才，初非济蹇之位。往则犯难，来则有见险能止之誉也。

《象》曰：往蹇来誉，宜待也。

来时而往，非终止也。

六二。王臣蹇蹇，匪躬之故。

六二与五为正应。辅五以济蹇者，有王臣之象。他爻外卦一坎而已。二互三四又得坎体，有蹇而又蹇之象。入难之深，致身王事。非为私也，故曰“匪躬之故”。他爻皆喜来恶往，二五独不然。五乃济蹇之君，二之柔顺中正，济蹇之臣也。当蹇之任，鞠躬尽力而已。成败利钝，皆非所计。故不言吉凶也。

《象》曰：王臣蹇蹇，终无尤也。

事虽不济，亦无可尤也。二匪躬而不言济蹇者，阴柔短于才故也。君子取其义而恕其才，故无尤。

九三。往蹇来反。

三与五非正应，非当蹇之任者，故往则蹇。来，下就二也。此爻变为水地比，有亲比于人之象。二有蹇之任，三有刚阳之才，下就二以图共济，则反而得所安矣。

《象》曰：往蹇来反，内喜之也。

内指二阴，喜从阳。三有济蹇之才，虽未当其任，而匪躬之臣，有得人之喜矣。

六四。往蹇来连。

六四已入险中，而阴柔不足以济。往则益蹇，唯连于九三，则合力可以共济矣。

《象》曰：往蹇来连，当位实也。

阴虚阳实，九三阳居阳位。言所以连于三者，以三之实，所居当位，可以共济蹇也。

九五。大蹇朋来。

五君位而在险中，天下安危所系。而有阳刚中正之德以居之，故曰“大蹇”。五变坤为众，朋来之象。来者皆就二以辅五也。二与五为正应，既有匪躬之志。三于二能来反，复具济蹇之才。四比三而上承五，协力以济蹇。占者有其德，则有是助矣。

《象》曰：大蹇朋来，以中节也。

居位得中，可以节制联属之，故能成正邦之功也。

上六。往蹇来硕。吉。利见大人。

硕，大也，阳为大。《本义》《大全》皆作就九五以成大功。今按：六爻之义宜就三爻言之。盖当蹇之时，非阳刚不足以济。上以阴居蹇极，往则益蹇。唯来就九三之阳，可成大功。又蹇极将变为渐，则进矣。故许其吉。利见大人指九五言。就九三阳刚之才，利见九五之君，以济其蹇也。

《象》曰：往蹇来硕，志在内也。利见大人，以从贵也。

《大全》以在内指九五，时解从之。然于从贵之言似复。今以在内，指内卦之九三言之。上柔无济蹇之才，志在得内卦阳刚之才以共济，而从九五之君也。全《象》以卦象，有利西南不利东北之占。以卦体二五相应，有利见大人之占。大抵当蹇之时，欲其知止以善处蹇之道，又欲其阳刚以大济蹇之功。需众爻以济蹇者五，故曰"朋来"。在蹇而辅蹇者二也，故曰"匪躬"。君臣当蹇之任者，故不得言往来。余四爻皆不任济蹇之责，故皆喜来而恶往。然蹇之时，惟阳刚与五同德，乃能共济。三有济蹇之才者，反而就二，则可以共济矣。四以比三而来，上以应三而来，皆济蹇之朋，能辅五者也。惟初阴柔在下，则惟有待时而往耳。然则蹇之时，在下者贵于知止，而在上者贵于济蹇，庶几得其正乎？

䷧ （解）

解卦，下坎上震。动于险外，出乎险也，故为患难解散之象。又震雷坎雨，阴阳交感，和畅解散。故为解。解卦次蹇。蹇者，难也。物不可以终难，故受之以解。难极必解散，所以次蹇也。全《象》以解散之后，利于平易安静，不宜久为烦扰。然小人者乱之根也。故六爻之义主于去小人。六三一阴为小人，非据以致天下之兵者，诸爻皆欲去之。二之获狐，获三也。四之解拇，解三也。上之射隼，射三也。五之有孚，亦退三也。唯初六才柔位卑，不任解难而在解时，无咎而已。此全《象》六爻之大指也。

解。利西南。无所往。其来复。吉。有攸往。夙吉。

解，难之散也。在险能动，出乎险之外，故为解。难既解，则宜于平易安静，不可久为烦扰。其卦上震下坎，后天亦居东北之位。与坤亦对。蹇与解相综，蹇在险中，故言利西南，兼言不利东北。解已出险外，则但言利西南，而不利东北可不必言矣。无所往其来复者，复东北也。难已解，故复亦吉也。有所往，往西南也。夙，早也。若可往西南，又以早为吉也。蹇上卦之坎，来解为下卦，而二仍居中，有来复吉之象。蹇下卦艮，综解为上卦之震，反艮止为震动，有所往而夙之象。震东方，日之初出，故曰"夙吉"。

《象》曰：解，险以动。动而免乎险，解。

以卦德释卦名义也。蹇遇险而止，才之不足也。解遇险而动，才之有余也。屯动乎险中，难之未平。解动乎险外，则难之已散也。

解，利西南，往得众也。其来复，吉，乃得中也。有攸往，夙吉，往有功也。

以卦综释卦辞。坤为众，西南入于坤体，故为得众。得中有功，《本义》《大全》皆谓指九二，时解从之。然六爻独重九二，未得其解。愚意谓指两阳爻也。无所往则来复，取坎之得中。有所往则贵夙，取震之能动。蹇上卦之坎，来解下卦，仍在下卦之中。来复得中，所以吉也。蹇下卦之艮，综为解之震。震动有为，所以有功也。圣人于患难方平之际，不欲人以多事自疲，亦不欲人以无事自怠。故得中则不养祸，亦不扰民矣。有功则恶不滋，难永息矣。

天地解而雷雨作，雷雨作而百果草木皆甲拆。解之时大矣哉！

云雷为屯，故雷雨作为解。穷冬之时，阴阳固结不通。及阴阳交泰，则百果草木或甲或拆。天地所以成化功也。此极言而赞其大也。

《象》曰：雷雨作。解。君子以赦过宥罪。

雷者天之威，雨者天之泽。威中有泽，刑狱之有赦宥也。有过者，赦而不问可也。罪恶而赦之，非义也。矜其无知，宥而从轻而已。此所以推广天地之仁也。雷雨交作，天地以之解万物之屯。赦过宥罪，君子以之解万民之难。故《杂卦》曰"解缓也"。

初六。无咎。

震阳动于险上，初与为应。卦之所藉以解散者，何咎之有？又方解之初，宜安静而休息之，故爻辞简以示意。

《象》曰：刚柔之际，义无咎也。

初柔四刚。际，遇也。难之方解，不宜过刚过柔，以刚柔相际为得宜也。

九二。田获三狐。得黄矢。贞吉。

狐者，邪媚之兽。《本义》谓卦凡四阴，除六五君位，余三阴，狐之象也。今按：三阴爻上得正而初在下有应，爻辞皆不深贬。唯三不中不正，又无正应，又居下卦之上，犹小人以邪媚居高位者。当解之时，小人而在高位，在所必去。唯二以阳刚能去之。又坎为狐。六三居三之位，故有田获三狐之象。黄，中色。矢，直物。九二居中，有刚直之德，有得黄矢之象。九居二若非正，而中，自无不正矣，故曰"贞吉"。此大臣得君，能去邪佞以行其中直之道者也。

《象》曰：九二贞吉，得中道也。

居中自能守正也。

六三。负且乘。致寇至。贞吝。

以六居三，在下卦之上。坎为舆。有负荷之小人而乘车之象。二视三为狐。上视三为隼。四视三为拇。群起而攻，有致寇至之象。六三非贞而言贞者，高位乃君所与，亦贞也。虽以正得之，亦可羞也。唯避而去之可也。卦以解名，解难莫要于解小人。故诸爻皆欲解三，而三亦唯有自解而去，则寇亦解矣。

《象》曰：负且乘，亦可丑也。自我致戎，又谁咎也。

负无可丑。负且乘，则可丑。戎由自致，不言凶而凶可知。

九四。解而拇。朋至斯孚。

按：《本义》以拇为初，朋为二。按：《王注》以拇为三，朋为初。皆未当。今以朋指二，拇指三。盖震为足，三在足下，有拇象。二与四同阳刚之德，四居大臣之位，宜与二同心以解难者。三以小人间之，解去三之拇，则二得以上比于四，同类之朋可相信矣。此大臣之去邪党，以亲善类者也。

《象》曰：解而拇，位未当也。

以九居四而与三比，故曰"未当"。设若居三居初，则得正而与二比。居五，则得当而与二同德矣。观《象传》，益见解拇宜指三。

六五。君子维有解。吉。有孚于小人。

按：《本义》卦凡四阴而六五当君位，与三阴同类者。必解而去之，则吉也。孚，验也。君子有解，以小人之退为验也。按：《王注》居尊履中而应乎刚，可以有解而获吉矣。以君子之道解难释险，小人虽暗犹知服之而无怨矣。今时解皆从《本义》，谓人君以去小人为验也。然详《王注》语意，释有孚尤明顺。六五当君位而得中，亦得称君子。然五阴柔，非能解者。以应阳刚之二，能获三狐。比阳刚之四，能解其拇。是能逐恶之贤臣，而五能信任之，故曰"有解"也。五维能任二四以解难，凡卦中诸阴皆信服而退听。此贤君能用贤臣以除患，使小人畏服者也。

《象》曰：君子有解，小人退也。

从《本义》作"退去"之退，从《注疏》作"退听"之退。可兼。

上六。公用射隼于高墉之上。获之无不利。

上六居卦之最上，又震体，故有公象。三居下卦之上，互二四为离为飞鸟，有隼在高墉之象。上与三非应，则敌也，有射隼于高墉之上之象。九二刚中，视三柔而不中，象狐之邪媚。上柔正，视三居刚不正，又象隼之惊害。《系辞》以三为小人，以上为藏器待时之君子。六爻唯上独正故也。《易》于震动多有戒辞，今曰"无不利"。盖自坎来，经历多难。所谓待时而动者，动必不妄也。

《象》曰：公用射隼，以解悖也。

三窃位而不应，悖逆者也。故解之宜速也。此卦《象传》及二爻四爻五爻上爻，所见皆与《本义》不同。非敢求异，姑存疑义耳。

䷨（损）

损卦，下兑上艮。取损下益上之义，其说有四。山体高泽体深，下深而上益高。一也。泽在山下，其气上通，润及草木。二也。下为兑说，三爻皆上应，说以奉上。三也。损下乾刚而益柔，益上坤柔而成刚。四也。损上益下谓之益，损下益上谓之损。譬损墙上之土以培基，则安益也。取墙基之土以增其高，必危损矣。散君惠以结民心，益也。剥民以奉其上，损矣。故卦名损。损次解。按：《序卦》，"解者，缓也。缓必有所失，故受之以损。"纵缓必失，失则有损，损所以次解也。全《彖》以损所当损则得，而要之于时。六爻则下三爻皆知损者，上三爻皆损中受益者。盖损者圣人不得已而用之，唯合于时则得。若不宜损而损，则所损又不待言矣。此全卦之大旨也。

损。有孚。元吉。无咎。可贞。利有攸往。

损为减省之义。以人事言之，损下益上，损内益外，剥民奉君，皆是也。损非人情所欲。故必损所当损，使人皆有孚信之心。则有乐从之吉，无贪鄙之咎。可垂诸万世而贞，可通行天下而利有攸往也。占辞繁而不杀。盖以损之事，本未能大善而吉，未必可固守，未必可有往。唯损所当损而至于有孚，则兼得之。故损，不可不慎也。

曷之用？二簋可用享。

曷，何也。问答之辞。言当损之时，何所用乎？虽以二簋之薄，可用以享而无害于礼矣。

《彖》曰：损，损下益上，其道上行。

以卦体释卦名义。损益二卦，皆损有余以补不足也。损乾之九四曰"损上"，损乾之九三曰"损下"。盖阳实阴虚，损下体本乾皆实，在所当损。上体本坤皆虚，在所当益。此所以损下益上而合于道之当然也。

损而有孚，元吉可贞，利有攸往。曷之用，二簋可用享。二篇应有时，损刚益柔有时。损益盈虚，与时偕行。

当其可之谓时。二篇之用，时当损故也。以卦爻推之。凡损刚益柔皆有时，非刚皆所宜损也。以天下之理推之。凡损其盈，益其虚，益极复盈而损，损极复虚而益。皆随时以行，虽圣人不能违乎时也。

《象》曰：山下有泽。损。君子以惩忿窒欲。

忿易发难制，故曰"惩"。惩者，惩于今而戒于后也。欲之起甚微，故曰"窒"。窒者，遏绝之使不行，思礼义以胜之也。君子观山之象以惩忿。盖忿之来气涌如山，况多忿如少男乎？故惩忿当如摧山。观泽之象以窒欲。盖欲之溺浸淫如泽，况多欲如少女乎？故窒欲当如防泽。忿之不惩，必至于迁怒。欲之不窒，必至于贰过。君子修身所当损者，莫切于此。

初九。已事遄往。无咎。酌损之。

初九当损下益上之时，而以刚居刚。处于有余，上应六四。故宜辍其所为之事，速往以益四则为无咎。然当损之初，又不宜自损之过。故当酌其浅深之时宜，庶不自伤其本量也。

《象》曰：已事遄往，尚合志也。

尚、上通。上与四合，宜速往也。

九二。利贞。征凶。弗损益之。

二刚中，无有不正。然不能自守而妄进，则不正矣。故戒以征凶也。弗损益之，盖损己益人者，益止于所损。以弗损为益，其益己无方。初曰"酌损"，二则"弗损"者。初以刚居刚，势处有余，在所宜损。二以刚居柔，已得其中，又为说体，若过损以益上，是屈己以取媚，非贞者矣。故弗损者，不变其所守也。然以阳刚与六五相应，刚柔相济，五已受其益，是弗损而有以益之也。

《象》曰：九二利贞，中以为志也。

居二处说，疑于非正。中以为志，不以损为益则正矣。

六三。三人行则损一人。一人行则得其友。

此爻独言损之义。天地间阴阳对待，唯两而已，三则余其一而当损。盖两相与则专，三则杂而乱。下卦本乾，损上爻以益坤，三人行而损一人也。一阳上而一阴下，一人行而得其友也。上与三以刚柔相易而谓之损者，但言其减一耳。夫子《系辞》以男女媾精言之，即指三上二爻。《程传》又谓初、二二阳，四、五二阴同德相比，三与上应，皆两相与。则又因夫子之言而推之六爻，以广"得友"之义也。

《象》曰：一人行，三则疑也。

一人行而得一人为友，三则疑其所与，理当损去其余也。然细绎此爻取象，不过谓有余在所当损，损而得当，则为得友耳。夫子《系辞》以男女言之，盖阴阳对待，不容或过。犹男女有偶，不容或参。故道有所宜损者耳。非谓取友者，有取于二而不容有三也。若以辞害意，则不可通矣。

六四。损其疾。使遄有喜。无咎。

四变互坎为心病，疾之象。卦取损下益上。四在上卦，宜不言损矣。然居损之时，在上之下，与刚相应，是能自损其阴柔之疾，以受阳刚之益者也。惟速则善而无咎矣。四与初皆言遄。盖初方舍其事而速于益四，四亦必急去其疾以受初之益。若彼方汲汲，此乃悠悠，非受益者矣。初曰"遄往"，四曰"使遄"。初之遄四，有以使之也。此能变化气质以受益者也。占者能如是，则无咎矣。

《象》曰：损其疾，亦可喜也。

疾本无可喜。能因人而损之，亦可喜也。

六五。或益之。十朋之龟弗克违。元吉。

自二至上，中虚其体，似离而大，有十朋之龟之象。按《食货志》："两贝为朋。元龟长尺二寸。大贝十朋。朋直二百一十六，十朋直二千一百六十，大宝也。"二应于五。而二既守正，以弗损为益。五虚中居尊，以受天下之益。若不知其益之所自来者，故曰"或益之"。而有其德则其宝亦有不得辞者，故曰"弗克违，元吉"。

《象》曰：六五元吉，自上祐也。

德能动天，天祐之也。

上九。弗损益之。无咎。贞吉。利有攸往。得臣无家。

按：《本义》谓上九受益之极，欲自损以益人。然惠而不费，不待损己，然后可以益人也。惠而不费，则惠广矣。故又曰"得臣无家"。今时解皆从之。然上虽损卦之终，不得遽言损上益下之事。且上正受下之益者，又不得反言益人。按：《王注》处损之终，上无所奉。损终反益，刚德不损。处损之极，尚夫刚德。为物所归，故曰"得臣"。天下为一，故"无家"也。此解虽不言益下，而于受益之义亦未明。愚意此"弗损益之"与二爻不同。二爻言不损己以益人，此则不损人以自益也。盖上爻乃损下卦之阳，益此爻之阴而成上九。今既称九，则无可益。下应六三，三亦不容复损矣。盖在全卦为损之极，在此爻为受益之极。故以不损于三为益也。损下之极，不复过损，于义无咎。然以九居上，疑于不正，故戒以唯贞则吉。盖取民有制，非若蠲租市惠之为，如是则利有所往矣。上以三为臣，三与上应，有得臣之象。然不过求于三，非以三为私有者，有得臣无家之象。若陈氏之以家量贷民以固人心，则意在得臣，实以为其家矣。得臣而非以为家，亦受益之中而自寓贬损之意者。如此则于损卦之义较合，姑以此备阙疑。

《象》曰：弗损益之，大得志也。

不损于下，为众所归。其益乃大，得其志矣。全《象》当损之时，必信服于人心，乃得其当。故下三爻主损，皆知损者。初以爻位俱刚而可损，然在初则宜酌。二爻刚位柔则不必损下以益上矣。三正当损者也。上三爻皆受益者。四自损以受人之益者也。五不求益而下乐损以益之者也。上已受益而不欲过损于下矣。损非美事，而得其道则皆吉，此象辞所以详言之也。

周易浅述卷五

䷩ （益）

益卦，震下巽上。以卦象言之风烈则雷迅，雷激则风怒两相助益，所以为益。以其义言，损下谓之损，则益下谓之益。以阳爻益坤之下爻，所以谓之益也。益卦次损。按：《序卦》，"损而不已必益，故受之以益。"盖损卦天下富实之象。下实上虚，宜有所损以奉君。益卦朝廷富实之象。上实下虚，宜有所损以惠民。然损下谓损，损上谓益者。盖民贫则上无所寄，民富则上无可忧。故损下君子反以为自损，损上反以为自益也。损益循环，理之自然，益之所以次损也。全《彖》言益则无所不利。《彖传》即君之及民，又推之学问造化，以赞其义之大。六爻下三爻皆受益者。初受四之益，必有以受之，故利大作。二受五之益而爻位皆阴，故宜永贞。三不中正不得当益。而当益下之时，故以凶事为益也。上三爻处益而当损者。四以顺下之动为益。五以至诚感人为益。上处益之极，不能损己，反以求人，则或击之矣。此全卦六爻之大指也。

益。利有攸往。利涉大川。

益，增益也。当益之时，无所不利，以行则利往，以济则利涉也。二五皆居中得正，故"利往"。震巽皆木，舟行之象，故"利涉"。人君能以益下为心，则处常处变无所不利矣。

《彖》曰：益，损上益下，民说无疆。自上下下，其道大光。

此以卦体释卦名义也。损乾之下爻，益坤之下爻，有人君损所有，以惠其民之象。民说之自无穷矣。阳爻居下，阴爻居上，有人君居九重之上，降己以下其下之象。则非私恩小惠之为，其道光明显著矣。民说道光，何益如之？

利有攸往，中正有庆。利涉大川，木道乃行。

此又以卦体卦象释卦辞也。以卦体言之，五以中正应二，二亦以中正应五。君臣同德，天下受其福庆，所以利有攸往也。以卦象言之，木为舟，有济险之才。震巽皆木。君臣同德，上下一心。不独可以处常，且可济变。木道之行也。

益，动而巽，日进无疆。天施地生，其益无方。凡益之道，与时偕行。

又以二卦之德，推之学问言之。则内卦震动，奋发有为。外卦巽顺，潜心逊志。其进也无疆矣。以二卦之体推之造化言之。震刚卦之一阳在下，天阳之下施也。巽柔卦之一体居四，地阴之上生也。万物并育，其益无方矣。凡此之益皆道也。道皆时也。损与益皆合乎时而已。此皆以极赞益之大也。

《象》曰：风雷。益。君子以见善则迁，有过则改。

迁善当如风之速，改过当如雷之猛。又雷与风有交相助益之势。速于迁善则过当益寡，决于改过则善当益纯。学问之益，莫大乎此。

初九。利用为大作。元吉无咎。

阴小阳大。初刚在下，与四正应。六四近君信任乎初，正受上之益者。又震体主动，故有利用大作之象。盖初以在下受上之益，非大有作为无以报效，故利用大作。然所作不尽善，未免于有咎矣。越分图事必出万全，得尽善之吉，乃可无咎也。他卦元吉以效言，此以功言。

《象》曰：元吉无咎，下不厚事也。

初在下位，本不当任重大之事。不尽善，不足以免咎。

六二。或益之。十朋之龟弗克违。永贞吉。王用享于帝吉。

二以柔顺中正上应乎五，又当益下之时。此爻即损五之综，故象占亦同。在损曰"元吉"，此曰"永贞吉"。则位有刚柔之分，分有君臣之异也。二已得正，恐阴柔不能固守，则非为下受益之道，故戒以永贞。二非君位，自王者占之，则为享帝之吉占。亦以下而受上之益也。若自人臣占之，则事君如事天之义也。

《象》曰：或益之，自外来也。

外不专指五。五固正应。而二之柔顺中正，人孰不愿益之？"或"者，众无定主之辞。

六三。益之用凶事。无咎。有孚中行。告公用圭。

三爻多凶。六三阴柔，不中不正，不当得益者。然当益下之时，与上为应。而上立心勿恒，故有益之以凶事之象。警戒震动，使之困心衡虑，以增益其所不能也，如此可以无咎。六爻中虚，有孚之象。三四皆居全卦之中，中行之象。上卦主益下者。上勿恒而五君位，非可告者。唯四近君，在三之上，有公象。震为玉圭，所以通信。三知上之所以警戒震动我者，益我也。信之笃而行之必合乎中，以通信于上，故有有孚中行，告公用圭之象。如此，则三有受益之道矣。

《象》曰：益用凶事，固有之也。

困心衡虑则有之固也。

六四。中行。告公从。利用为依迁国。

三四在全卦之中，故皆言中行。四互二三为坤，有国象。中行告公，三告四也。从者，四从三也。巽为入，有从之之象。四本损之三，迁为益之四。依者，三依四，四依五也。故有为依迁国之象。言四以益三为心，合于中行，故三告之而见从也。三之告四，欲得所依以受益也。而古者迁国以益下，亦必有所依而后能立。如邢依齐，许依楚之类。今四上迁依于五。以柔依刚，以弱依强。四得所依矣，三亦得所依矣。迁国使民有所依，此自损以益下之大者也。

《象》曰：告公从，以益志也。

志在益下，故告于公而见从也。

九五。有孚惠心。勿问元吉。有孚惠我德。

九五以刚中与二相应，天下皆受其益者也。故言上苟有信，以实心惠于下，不问而元吉可知矣。盖我以实心惠下，则下亦实心感我之惠以为德也。自施者言心，惠出于心，非口惠也。自受者言德，德实及民，民皆感德，非邀结也。九五益之主，自损以益下者。至于惠我德，则不特益下，而上已大益矣。

《象》曰：有孚惠心，勿问之矣。惠我德，大得志也。

大德不德，不必问也。自损益民，君志大得，则上之益亦大矣。

上九。莫益之。或击之。立心勿恒。凶。

按：《本义》以阳居益之极，求益不已。故莫益而或击之。立心勿恒戒之。按：《大全》朱子云此处可疑，且阙之。今细按：卦以损上益下故名曰"益"，则下三爻皆言"受益"，上三爻宜言"损上"。四迁国，正自损以益下者。五虽阳爻而居中得正，故为能自损以受益者。独上不中不正，以阳居益之极。虽与三应，而不自损以益下。则不独不能受益，且有反击之凶矣。卦以益名而反致击者，盖为上者始终以损上益下为心，则立心有恒，终当受益。若始能自损，终反求益，则立心勿恒。不但无益，自当致凶矣。此与损之上爻皆有极而必变之意。损卦损下益上为损。然上爻不损下，则损极而益之渐也。益卦以损上益下为益。至上爻反有求于下，则益极而损之渐也。损益循环，犹否泰之相因也。

《象》曰：莫益之，偏辞也。或击之，自外来也。

《本义》莫益之者，犹从其求益之偏辞而言也。若究而言之，则又有击之者矣。按：此于"偏辞"句亦未明。窃意上不损己以益下，上之偏也。自外来，即《系辞》所谓"莫之与则伤之者至"之意。此卦三爻四爻上爻，虽说有可通，而不无牵强。《来注》《苏传》亦多异同，未见的确。姑合诸家酌其近理者如此。

䷪（夬）

夬卦，上兑下乾。以二体言之。水聚于泽，积上至高，势必溃决。以爻论之。五阳在下，长而将极，一阴消而将尽，五阳决去一阴。故名夬也。夬卦次益。按：《序卦》，"益而不已必决，故受之以夬。夬者，决也。"理无常益，益极必决，夬所以次益也。全《彖》大意以虽处阴消阳长之时，亦不容以易心处之。必相与同心戒惧，而后利有所往。六爻皆从上爻取义。阳之决阴，远则不能相及，唯比与应当之。五比上，三应上，故皆言夬夬。决而又决，不系于阴也。四介三五两刚之间，欲决上而进退不果。二则远而不相及，自备而已。初在下最远，则不能胜矣。大抵君子之去小人，不可以易心处之。此全《彖》六爻之大旨也。

夬。扬于王庭。孚号有厉。告自邑。不利即戎。利有攸往。

夬五阳一阴，三月之卦也。阳盛而阴将衰，决而去之，有君子决去小人之象。五阳去一阴，其势甚易。恐人之安肆而忘戒惧也，故再三为警戒之词。扬于王廷，《本义》作名正其罪。今按：《彖传》柔乘五刚，此句宜指上六言之，言小人在君侧得志也。孚号以下，指五阳爻。孚号，至诚孚号其众，使合力也。有厉，有危道，不可肆也。告自邑，先治其私也。不利即戎，不可专尚威武也。能如是则可以有所往，亦不以瞻顾而遂却也。兑为口，有扬王庭象。阳实，孚象。乾为言。孚号告自邑之象。五阳恐刚或过，有有厉不利即戎之象。阳盛阴衰，有利有攸往之象。圣人于君子道长之时，戒惧叮咛如此。盖不以得为而自肆，又不以过蒽而小却也。

《彖》曰：夬，决也，刚决柔也。健而说，决而和。

释卦名义而赞其德也。以五阳决一阴，乾健而济以兑说。则不至于怯，亦不过于猛矣。其决之也得无过不及之中，非决而和乎？健而说，以德言。决而和，以事言。

扬于王庭，柔乘五刚也。孚号有厉，其危乃光也。告自邑不利即戎，所尚乃穷也。利有攸往，刚长乃终也。

柔乘五刚，以卦体言之。以一小人乘九五之君，跋扈横恣之象也。其危乃光，危厉其心。必去小人，乃光显也。所尚乃穷，言尚威武必至困穷。所以既告自邑而又不利即戎也。刚长乃终，谓一变纯乾，乃无复小人也。《易》于刚乘柔不书，于柔乘刚则书。剥言"不利有攸往"，不欲其为纯坤。夬言"利有攸往"，则欲其为纯乾。皆扶阳抑阴之意。然以五阳去一阴，其势似易，而圣人所以周防戒备之词无所不至。盖小人有一之未去，皆足为君子之忧。人欲有一分之未尽，皆足为天理之累。此圣人所为三致意也。

《象》曰：泽上于天。夬。君子以施禄及下，居德则忌。

泽上于天，其势不居。君子观此施禄，使泽及于下也。居德，即屯膏之意。居其德而泽不下逮，人君所最忌也。

初九。壮于前趾。往不胜为咎。

阳壮之时居下无势，有壮前趾之象。勇决前进，不胜其任。虽非背理，而反为小人所伤，则咎矣。此与壮初爻同。当壮之时，在下戒其用壮。当决之时，在下戒其过决。

《象》曰：不胜而往咎也。

知其不胜而往，自取咎也。

九二。惕号。莫夜有戎。勿恤。

二，地位。二变为离。离日在地，莫夜之象。离为戈兵，有戎之象。坎为加忧。离，坎为如忧。，勿恤之象。九二当决之时，以刚居柔。刚能自悔不至于过，忧惕号呼以自戒备。则虽莫夜兵戎骤至，亦可无忧患矣。

《象》曰：有戎勿恤，得中道也。

下卦之中，刚而能柔故也。

九三。壮于颇。有凶。君子夬夬。独行遇雨。若濡。有愠。无咎。

九三居下卦之上，重刚不中，又乾为首，故有刚壮见于面目之象。以刚居刚，有夬而又夬之象。上与阴应，有独行遇雨之象。君子之去小人，悻悻见于面目，则小人忌之，有凶道矣。然若果能果决，不系于应与之私。则虽合于上六，如独行遇雨至于若濡，而为众阳之君子所愠。然终必能决去小人，无所咎也。《本义》以温峤之于王敦言之，亦近。

《象》曰：君子夬夬，终无咎也。

所以无咎者，以有夬夬之心故也。迹可濡，心不可变。决之以心，不必见于面目也。

九四。臀无肤。其行次且。牵羊悔亡。闻言不信。

四亦为坎。坎为沟渎，有臀象。兑为毁折，无肤之象。九四居上之下，以阳居阴，不中不正。居则不安，行则不进，有臀无肤其行次且之象。兑有羊象。牵羊者，当其前则不进，纵之使前而随其后，则可以行。四欲决阴，必藉五为之前而随其后，有牵羊之象。兑为口。四变阴则为坎为耳，有闻言之象。牵羊随其后则悔亡，而九刚无下人之志。闻牵羊之言当信，而四柔必无克己之功。有闻言不信之象。盖君子之去小人，势未可遏，姑缓之。必上格君心兼藉同志，故一决而去之。若才柔志刚，专己自用，鲜有不败者。王沂公之于丁谓牵羊悔亡者也，寇莱公则闻言不信矣。

《象》曰：其行次且，位不当也。闻言不信，聪不明也。

位不当，不中不正也。

九五。苋陆夬夬。中行无咎。

苋，马齿。陆，商陆。皆感阴气之多者。暴之难干而脆易折，指上六小人之象。夬夬中行，按：《本义》，"决而决之而又不为过暴"。《大全》，丘氏谓勉之以夬夬而又戒其中行则无咎者。五当可决之位，势易于三。三唯其夬夬即可以无咎。五之夬夬或失之过暴，则犹为有咎也。今按：《象传》中未光之言，非虑其过暴也，特虑其不决耳。盖马齿之为物，茎脆而根甚固。一拔即折似易除，而根蔓延不已，非尽力决而又决不可。故以此取象小人。人主昵于近习，忽为易制。不忍治之太过，而卒以败事者多矣。九三与上应而在下位，故虽夬夬不免于濡而得无咎者，谅其心也。五居君位，有可夬之权。特恐昵比之过，视为易制。不忍处之太甚，以过中为疑。故戒之曰"勿谓苋陆之易折也，小草根蔓难除。必夬之又夬之，非过于暴也。如是乃合乎中行，仅可以免咎耳"。如此于《象传》始合。

《象》曰：中行无咎，中未光也。

以其有昵比之心，未得为光大也。

上六。无号。终有凶。

兑为口。变纯阳为乾，无所号呼之象。上比五以自肆，而五则夬夬矣。应三以为拔，三则亦夬夬也。小人穷极必败，无所控诉也。占者有君子之德，则其敌当之不然必凶矣。

《象》曰：无号之凶，终不可长也。

一柔在上，终不可久，必为五阳所决也。全卦于君子去小人之道，言之最为委曲详尽。参之前史，君子小人消长之际，乃知圣人因理数之自然，立言以垂训万世者，至深切也。

䷫（姤）

姤卦，巽下乾上。风行在下，万物无不经触。乃遇之象。又卦爻五阳而一阴始生于下，阴与阳遇也。故为姤。姤卦次夬。按：《序卦》，"夬，决也。决必有遇，故受之以姤。姤，遇也。"本合则无所遇。夬决既离，乃复有遇。又夬卦一阴将消于上则复生于下，姤所以次夬也。全《彖》以一阴遇五阳，壮盛不正之女，故戒以勿取。《象传》喜阳之得行正，以见阴生之未可忽也。六爻皆以初阴取义。遇非正道，故惟近者得之而正应反凶。二最近初，遇之最先者，故有鱼。四虽与初正应，而初为二得，非己有矣，故无鱼凶。三介二四两刚之间，欲遇不得，犹夬四之欲去不能也。五去初远，无相得之理矣，听天命之自至而已。上则最远而穷矣。盖阴生必至敌阳，故《象》戒以勿取。而阳得阴犹可制，故爻又欲其制阴。此全卦六爻，无非扶阳抑阴之意也。

姤。女壮。勿用取女。

姤，遇也。一阴生于五阳之下，五月之卦也。夬决之尽，则为纯乾。一阴忽生于下，如不期而遇者，故为姤。一阴而遇五阳，女德之不贞而壮之甚者。取以自配，必害乎阳，故戒以勿取也。

《彖》曰：姤，遇也，柔遇刚也。

五阳往而阴方来，故曰"柔遇刚"。

勿用取女，不可与长也。

女德不贞，不能从一而长久也。

天地相遇，品物咸章也。

以卦体言之，五阳在上而一阴生于下。以阴遇阳，天地相遇也。以卦画论，其时则为五月，万物茂育蕃衍，品物咸章也。

刚遇中正，天下大行也。

《本义》专指九五。谓以刚明之君，遇建中表正之位。德因位显，治化大行于天下也。今宜兼二五言。九二之刚德，遇九五中正之君。明良会合，道可行于天下也。彖辞虑阴之始生，《象传》又以遇之善者言之。天之遇地，臣之遇君。时当相遇，所关者不小。

姤之时义大矣哉！

《程传》专承天地君臣之相遇言之。《本义》谓几微之际，圣人所谨。盖以柔遇刚，遇之不善者也。天地相遇，刚遇中正，遇之善者也。阴阳，造化之本，不能相无。就姤而言，岂必无善者？然当品物咸章，治化大行之时，实为阴长阳消之几所自伏。当其时者，不可不思其义，预为扶阳抑阴之计也。

《象》曰：天下有风。姤。后以施命诰四方。

风者，天之号令。所以鼓舞万物。命者，君之号令。所以鼓舞万民。施命诰四方，取风行天下之象也。君门深于九重，岂能与民相遇？惟施命诰四方，则君民相遇，犹风之遇物也。观为地上之风旁行而通，姤为太虚之风自上而下。故观言省方，而此则言施命也。

初六。系于金柅。贞吉。有攸往。见凶。羸豕孚蹢躅。

柅以止车。金柅，言其坚也。乾为金。初阴在下，宜静正自守，有系于金柅之象。其贞也如是则吉矣。然初阴已动，有攸往之象。故又言当遇之时，若以阴往遇阳，则立见其凶矣。设言一吉一凶，使之自择也。豕，阴物。初势虽微，然在下而动，有羸豕蹢躅之象。言阴虽微，而躁动渐进侵阳。犹豕虽羸，其蹢躅跳踯有必然而可信者。不可不预为之备也。此爻只宜就阴不宜轻动遇阳言之，而戒小人敬君子之意皆在其中。不必专言小人之害君子。

《象》曰：系于金柅，柔道牵也。

初四相应，将牵连而上，故柅以止之也。

九二。包有鱼。无咎。不利宾。

鱼，阴物。巽为白茅。二与初近，初在其内，为包有鱼之象。得之则阴受制于阳矣，故无咎。乾尊，有宾象。二包初而有之，则二为主而四为宾。四虽正应。反不得而月初矣，故有不利之象。盖卦以遇合为义。遇合之女未尝择配，二近，则先有之矣。

《象》曰：包有鱼，义不及宾也。

一阴不能兼二阳。揆之于义，不能及之矣。譬众渔之取鱼，先至者得之，后至者虽善渔，不及也。

九三。臀无肤。其行次且。厉无大咎。

巽为股。三居巽之上，有臀象。过刚不中，与上无应。居则不安，有臀无肤之象。下不过初，为二所隔。行则不进，有其行次且之象。进退如此，虽有危厉，然无所遇亦不为阴邪所伤，故无大咎也。夬四欲上决上而不能，此则欲下遇阴而不得，故取象皆同。

《象》曰：其行次且，行未牵也。

初阴上进又与四应。若有引进之者，故宜系之。三孤子无应，下又隔二。无牵引之者，是以行次且也。

九四。包无鱼。起凶。

四与初正应，当遇者也。及已遇于二，不及于四，有包无鱼之象。人心已离，凶自此起矣。盖同本非正，故正应无遇之象。此即二之所谓不利宾也。

《象》曰：无鱼之凶，远民也。

阴为民。民之去己，犹己远之也。阴阳之取象不一，或取于男女，或取于君子小人，或取于君民。姤取男女之遇，本非其正，故四不得初而二得之。然阴之初长，近者易制，远者难及，故二取象于得鱼。以言君子小人近而得制，故可无咎。但阳宜得阴以为正应，故四取象于君之失民，必至召凶。取象虽异，而大意皆扶阳抑阴。占者亦随事变通以占之，不可执一也。

九五。以杞包瓜。含章。有陨自天。

杞，高大坚实之木。九五阳刚中正，主卦于上，有杞象。瓜，柔蔓之物。初阴在下，有瓜象。五与初远不相遇，势不能相制，有以高大之杞欲包在地之瓜之象。姤，阴长之卦。而九五居阳明之位，有含晦其章美之象。瓜性善溃，终有必坏之时。阴阳消长，姤又有终复之势。静以待天心之复，有有陨自天之象。阳刚之君在上，小人方盛，势未能制，姑静晦以待元恶之自毙。若晋明帝之于王敦，其事类之。

《象》曰：九五含章，中正也。有陨自天，志不舍命也。

居中得正，故能含其章美。不失之暗昧，亦不失于浅露也。志不舍命。盖阴长而阳消，天之命也。有以胜之人之志也。君子不以命废志。九五之志坚，则必有自天而陨者。言人之至者，天不能胜也。

上九。姤其角。吝无咎。

上九刚而在上，无位无应。不得所遇，为姤其角之象。吝道也。然不为阴邪所侵，亦无咎矣。盖阴之初萌，能如二包而制之可也。四不能包，反受其凶。三以刚在下卦之上，故虽厉而无大咎。上以刚居上卦之上，虽吝而无咎。盖遇本非正，故不遇无可咎也。

《象》曰：姤其角，上穷吝也。

刚上穷极，自无所遇也。大抵当姤之时，小人固不可使之进，而君子又不可无以蓄小人。《象》但言阴长之宜防，而《象传》复言阳刚之可行。君子当此，正宜慎之于微也。初爻戒小人之不可往。二四五皆言包制之道。唯三以重刚不中，上以刚居卦极，故厉而吝。然皆无咎，亦以与阴不相遇。皆不与阴之进化。

䷬（萃）

萃卦，下坤上兑。泽在地上，水之聚也。水润泽其地，万物群聚而生，萃之象也。又上说下顺，九五刚中，二以柔中应之，萃之由也。故为萃。萃卦次姤。按：《序卦》，“姤者，遇也。物相遇而后聚，故受之以萃。萃者，聚也。”物相会遇则成群萃，萃所以次姤也。全《彖》当萃聚之时，理势必亨。但当得正，则可大有所为。此全《彖》之大旨也。六爻四阴萃于二阳。五得位而权分于四，故有“元永贞”之戒。四以阳有可萃之权，而不居其位，故必大吉而后无咎。初宜应四而隔于二阴，故众笑而可往。二五正应而二中正，故有引吉之占。三比四不得应上，非正故不免于小吝。上无位，求萃不得，唯有赍咨涕洟而已。此六爻之大略也。

萃。亨。王假有庙。利见大人。亨。利贞。用大牲吉。利有攸往。

泽上于地，万物萃聚之象。“亨”字衍文。庙，所以聚祖考之精神。人必先聚己之精神，乃可入庙而承祖考。当萃之时，故宜为卜祭之吉占也。既萃则宜见大人，可以得亨而贵于正，不正则亦不能亨矣。萃当物力丰盛之时，故祭享宜丰，用大牲则吉。萃当人心翕聚之会，故凡事可为而有所往则利也。全卦六爻二三五互艮为门阙。内坤纯阴有宗庙之象。九五居尊而二应之，有利见大人之象。二五皆居中得正，有利贞之象。大象坎为豕，外卦兑为羊，内卦坤为牛，大牲之象。损之时二簋可享，则萃之时宜用大牲矣。涣之时“利涉大川”，则萃之时宜“利有攸往”矣。

《彖》曰：萃，聚也。顺以说，刚中而应，故聚也。

以卦德卦体释卦名。坤顺兑说。五刚中在上，而二以柔中应之，君臣聚会之时也。

王假有庙，致孝享也。利见大人亨，聚以正也。用大牲吉，利有攸往，顺天命也。

致孝享，言萃一己之精神以萃祖考之精神，所以尽孝享之心也。尽志以致孝，尽物以致享。二五正应，君臣遇合以道，所谓聚以正也。当萃之时，物力丰赡，事势可为。时丰而丰，道隆而隆。皆天之正理，故曰"顺天命"也。

观其所聚，而天地万物之情可见矣。

阳倡阴和，乾始坤生。天地之化育皆聚也。形交气感，声应气求。万物之生成皆聚也。于咸见情之通，于恒见情之久，于萃见情之同。然情之所以同，其理本一故也。人能聚其精神，则天地万物与我一，造化在我心矣。

《象》曰：泽上于地。萃。君子以除戎器，戒不虞。

泽在天上，有恩泽之意。在地上，有润泽之意。润泽故生万物而萃也。水聚而不防则溃，众聚而不防则乱。除者，去旧取新，除其涡毙坏，以为不虞之备也。曰"戒不虞"，则非以耀武矣。若秦之销锋铸锯，则非除戎器之谓。黩武穷兵，又非戒不虞之谓也。

初六。有孚不终。乃乱乃萃。若号。一握为笑。勿恤。往无咎。

初与四应，而质柔不能固守，有孚不终之象。二阴间之，同类妄聚，乃乱乃萃之象。应四又连兑体，若有所呼号之象。二阴群聚而非之。互体为艮为手，兑为说，有一握为笑之象。一握犹一群。曰"握"，小之也。大象坎为加忧，恤之象。初变不成坎，勿恤之象。初能勿恤二阴之笑，往从正应则无咎矣。比初无应而有孚盈缶，终有他吉。萃初有应而有孚不终，至于乃乱乃萃者。比一阳得位，诸爻比之者其情专。萃二阳，四不得位，二阴得以间之，其志乱也。

《象》曰：乃乱乃萃，其志乱也。

为同类群阴所乱也。

六二。引吉无咎。孚乃利用禴。

互艮为手，牵引之象。中正相应，孚之象。艮为门阙。二变互离。禴为夏祭，利用禴之象。二与五为正应，君臣道合矣。然在二阴之间，必牵引其同类之初六六三以萃于五，则得以人事君之义。乃吉而无咎矣。又以二之柔顺中正，应五之刚健中正。至诚交孚，不事烦文。犹四时之祭夏用禴，以声为主，祭之薄矣。然用之亦利。当萃乃大牲可用之时。然诚意既孚，则虽薄亦可祭矣。盖人臣荐贤为国，非以植党，则诚意可以上达也。

《象》曰：引吉无咎，中未变也。

阴柔不能固守，则所萃不正。二有中正之德，不变所守也。

六三。萃如嗟如。无攸利。往无咎。小吝。

六三阴柔，六中不正。欲萃于四而非应，有萃如嗟如之象。如是则无所利。往从于上，我顺彼说，可以无咎矣。然上阴无位，所应非正，故又小吝。与初之往无咎者不同也。

《象》曰：往无咎，上巽也。

上应虽非正，以其说体，能巽顺以从之也。

九四。大吉无咎。

上比九五，下比众阴，得其萃矣。然以阳居阴不正，非君位而得众心，有僭逼之嫌。故必大吉然后可无逼君之咎也。此与随四同义。随四以承五致天下之随，必有孚而后无咎。此以承五致天下之萃，必大吉而后无咎。所以戒人臣者至矣。

《象》曰：大吉无咎，位不当也。

不居君位也。

九五。萃有位。无咎。匪孚。元永贞。悔亡。

九五阳刚中正，以居尊位。当萃之时有位，则与四之不当者不同。足以致天下之萃而无咎矣。然有四分其权，故或有匪孚者。必修其元善永长正固之德，则无思不服而悔可亡也。

《象》曰：萃有位，志未光也。

有位而犹匪孚，志未光大。故反己修德为要也。

上六。赍咨涕洟。无咎。

赍咨，叹息也。自目曰"涕"。自鼻曰"洟"。兑口之叹，有赍咨象。兑泽之流，有涕洟象。处萃之终，阴柔无位。求萃不得，必如是然后可无咎也。

《象》曰：赍咨涕洟，未安上也。

五为萃主而上乘之，心自不安也。按：萃卦六爻，或有应或无应，或当位或不当位，而皆曰"无咎"。盖天地万物之情既聚，吉多凶少，此萃所以亨也。然萃卦与比卦相似。比以五为主而吉，萃亦以五为主而有匪孚者。比卦一阳，其情专。萃多九四一阳，其势分也。然萃六爻皆无咎，而比之六三伤上六凶者。比则向背已定，其情私。萃则进退未定，其情犹公也。然比卦一阳为主，故于全《象》言"元永贞"。萃卦二阳，独于九五言"元永贞"。则凡人君者当萃比之时，非有元永贞之德，无以善其始终也。

䷭（升）

升卦，下巽上坤。木生地中，长而益高，升之象也。又卦综萃，下卦之坤升为上卦，亦升之义也。升卦次萃。按：《序卦》，"萃者，聚也。聚而上者谓之升，故受之以升。"物之积聚益高而上，升所以次萃也。全《象》内巽外顺，九二刚中而六五虚中以应，君子进用之象。故可以见大人而利于前进。六爻六五为升之主。下四爻皆有可进之象。唯上当升之极，而犹升不已则冥升而已。此全卦六爻之大略也。

升。元亨。用见大人。勿恤。南征吉。

升进而上也。木自地生。卦综萃。坤升于上，内巽外顺。九二刚中有应。皆有大亨之象。以刚中之臣遇柔中虚己之君，有宜见大人，不事忧恤之象。后天巽坤之中为离，有南征得吉之象。

《彖》曰：柔以时升。

按：《本义》谓以卦变释卦名，谓解之三上居四也。阴阳二气迭为升降。刚在上以为常，柔在上则以为时。亦扶阳抑阴之意也。《来注》以卦综言，萃下卦之坤升而上也。然窃按：卦变柔进居上者多，即卦综坤居上者亦多。独此以升言，当以卦象言之。五行惟木最柔。然及时之既至，则自地下升于地上。又巽为风。风有气无质，亦最柔者也。然时之既至，亦自地而上升。《大象》专言木，此兼木与风言之，故曰"柔以时升"。

巽而顺，刚中而应，是以大亨。

以卦德言之。内巽则沉潜观理，外顺则从容待时。以卦体言之。二有刚中之德，应五虚己之君。宜其"大亨"也。

用见大人，勿恤，有庆也。南征吉，志行也。

萃以五为大人，升以二为大人。聚者，下之所乐。故但见言利见大人。进者，上之所忌。故言用见大人。勿恤，庆在得君而志在行道也。

《象》曰：地中生木。升。君子以顺德，积小以高大。

《本义》以顺作慎。谓事事谨慎乃能积小以至高大也。然按坤巽二卦皆有顺义。木之生自小至大，人莫见其迹，顺其自然也。学问积小以至高大，亦顺其自然，不间以私意而已。

初六。允升大吉。

以柔居下，无应于上，本不能升。而二三当上升。初巽于二阳，二阳允之。故大吉也。晋三众允，为二阴所信也。以阴信阴，不过悔亡而已。以阳信阴，故得大吉也。

《象》曰：允升大吉，上合志也。

《程传》以上专指九二。然二阳皆欲上进者。初为巽主，与二阳同体，故从《本义》兼指二三。

九二。孚乃利用禴。无咎。

萃六二以中虚为孚，此以中实为孚。二变互坎为隐伏，鬼神祭祀之象。以刚中之臣，应柔中之主。至诚相感，可以不事文饰。犹禴祭之简质，可达于神也。如是，则可以无咎矣。

《象》曰：九二之孚，有喜也。

君臣相信，有得时行道之喜也。中互兑喜悦之象。二未言升，有喜则可升矣。

九三。升虚邑。

阳实阴虚。坤为国邑。九三以阳刚当升之时，进临于坤，故有升虚邑之象。

《象》曰：升虚邑，无所疑也。

三得正应，可以无疑也。

六四。王用亨于岐山。吉无咎。

人积诚以达于神，有升而上通之义。故二四皆以祭享言之。五阴居尊，山象。四承之，亨于岐山之象。四未居尊位，文王在岐周时之象。又二大臣四近臣。升有逼上之嫌，故皆不言升，而以诚意上达为升。如是，则吉而无咎也。

《象》曰：王用亨于岐山，顺事也。

按：《本义》谓以顺而升，登祭于山之象。窃按：顺宜就文王言之。文王三分有二以服事殷，顺之至也。守人臣之位，而以积诚上达为升，所谓顺也。

六五。贞吉升阶。

以阴居阳，疑于不正。故言必正固则吉，如升阶之易矣。坤为土，有阶象。六五以阴居尊，必有正固之德以居天子之位，则正朝廷以正万民，如升阶之易也。

《象》曰：贞吉升阶，大得志也。

居尊致治，其志大得。又自下而上，至君位而极矣。故曰"大得志"。

上六。冥升。利于不息之贞。

以阴居升之极，务进不已，昏冥于升者也。若能反其升位之心以升其德，则纯亦不已，积而愈高。故曰"利于不息之贞"也。使不贞，则其不息何所利哉！

《象》曰：冥升在上，消不富也。

阴虚不富。升极必降，长极必消。昏冥不已，不能有其富矣。全卦以卦综言之，则坤升巽上。以二象言之，则木自地升。以六爻言之，则六五为践阼之君。升至此而极，为升之主。而下四爻皆上升者。二应五之大臣，四承五之近臣。皆嫌于言升，积诚上达亦升也。初在下，小臣也。得上援而升。三立功任事之臣也，升而得国。上无可升而务升不已。能为不息之贞，则卫武公之耄期进德也。若徒于位求升，君则周天元，臣则莽卓之臣而已，其昏冥何如哉！

䷮（困）

困卦，下坎上兑。以二象言之，水在泽下。枯涸无水，困乏之象。以二体言之，兑阴在上，坎阳在下。以卦画言之，上六在二阳之上，九二限二阴之中。皆以阴掩阳。故为困。困卦次升。按：《序卦》，"升而不已必困，故受之以困。"干进不已，必取困穷，困所以次升也。全《彖》以处险而说。二五刚中，有处困而亨之道。然惟大人能之。但不可尚口以取困穷。此全《彖》之大旨也。六爻以三柔掩三刚。大抵柔掩刚者凶，而刚之被掩者吉。下卦初三凶而二吉，上卦四五吉而上悔。盖在困不失其亨惟君子，故刚爻多吉也。上虽有悔而不至于初三之凶，则又困极而通之渐也。此六爻之大略也。

困。亨。贞。大人吉。无咎。有言不信。

困，穷不能自振也。坎刚为兑柔所掩，九二为初三所掩，四五为上六所掩，所以为困。坎险兑说。处险而说有亨之象。困而能亨，得其正矣。二五刚中，有大人象。身困道亨，非大人不能，其占吉而无咎也。兑为口，有言象。坎为耳痛，有言不信之象。当困之时，哓哓有言，人必不信，徒取困穷也。他卦言亨言贞，亨由于贞。此则亨所以为贞。盖处困能亨，惟贞正之大人能之，所以吉而无咎。有言不信，则戒之之辞也。

《彖》曰：困，刚掩也。

不曰"柔掩刚"而曰"刚掩"，卦为君子设。言刚之受掩，若刚自为之。亦抑阴之意也。此以卦体释卦名也。

险以说，困而不失其所亨，其唯君子乎？贞大人吉，以刚中也。有言不信，尚口乃穷也。

困而不失其所亨，亨不于其身于其心，不于其时于其道也。刚中，指二五。凡人处困，大则失节，小则忧陨，以中不刚耳。刚中则知明守固，居易俟命，所以贞大人吉也。兑口在上，有尚口之象。刚德在中，无藉于口。尚口欲以出困，反以致穷。盖因时向人哓哓，即不能亨，即非贞矣。

《象》曰：泽无水。困。君子以致命遂志。

水下漏则泽枯，故曰"无水"。致命，委致其身也。委命于天，以遂我之志。论是非不论利害，论可否不论死生，所谓困而亨也。"致命"有坎险之象，"遂志"有兑说之象。

初六。臀困于株木。入于幽谷。三岁不觌。

全卦刚为柔所困，六爻柔之困益甚。盖在困时，无刚德则不能亨故也。人之体，行则趾为上，坐则臀为下。初六不能行而坐困者，故有臀象。株木，不可坐者。全卦水泽中互巽木，水草之区，故初三上皆以草木取象。兑正秋。坎正北。初六在坎之下，大冬之时。蔓草凋脱，仅存株木，有困于株木之象。又坎险之最下，有入于幽谷之象。四本正应，而四亦在困中，不能振人。初距四三爻，不能遽遇于四，有三岁不觌之象。

《象》曰：入于幽谷，幽不明也。

阳明阴暗。阴居最下，不明之极，自隐于深困也。能明则亨矣。

九二。困于酒食。朱绂方来。利用亨祀。征凶。无咎。

坎为酒食。阳隐阴中，上无应与，有困于酒食，厌饫过宜之象。然与五同德。五虽亦在困中，缓乃终合。又二互三四为离，有朱绂方来之象。坎中实，诚意在中，利用享祀之象。无应而在险中，行非其特，有征凶之象。然朱绂之来，正宜竭诚图报。虽时值艰难，征则有凶，而鞠躬尽瘁，于义无咎也。

《象》曰：困于酒食，中有庆也。

虽困于酒食，而有刚中之德。终能当大任，以造福于天下也。

六三。困于石。据于蒺藜。入于其宫。不见其妻。凶。

六三不中不正，上无应与。将比于四而四扼之，四以兑体坚不可动，有困于石之象。乘乎九二之阳而刚锐不可倚，又坎为蒺藜，有据于蒺藜之象。六三居阳而上六居阴，故三以上为妻。互巽为入，互离而此爻变为有目不见。三求配于上，入其宫则是。而上六非正应，有入其宫不见其妻之象。上非所困而困，下非所据而据，身危而家不可保矣。

《象》曰：据于蒺藜，乘刚也。入于其宫，不见其妻，不祥也。

三变为大过，有棺椁象。不祥，死期将至也。

九四。来徐徐。困于金车。吝。有终。

按：《本义》初六九四正应。九四处位不当，不能济物。而初六方困于下，又为九二所隔。故其象如此。然邪不胜正，故其占为可吝而必有终也。今按：卦以刚掩于柔为名，则九四不宜困于九二之刚。宜合坎体言之。初与四为正应。初受困而待拯于四，四以刚居柔力不能济，故有来徐徐之象。兑为金。坎为轮。兑之二阳皆为上柔所掩，四复乘坎之险，有困于金车之象。如是诚可吝矣。然上承五阳有与，故有终也。

《象》曰：来徐徐，志在下也。虽不当位，有与也。

按：《程传》以初之正应为"与"。窃按：刚掩之卦无取于阴之与，宜作上承五阳为有与。有与则亨而有终矣。

九五。劓刖。困于赤绂。乃徐有说。利用祭祀。

按：《本义》以上为阴掩，下则乘刚为劓刖。上下既伤，则赤绂无所用为困。窃按：刚掩之卦不宜以乘刚为掩。五居三阳之上，君位。宜合全卦论之。上掩于上六，有劓象。下困于坎初，有刖象。二三四互为离南方赤色。绂，下体之衣。为君而在困中，上下被掩，则虽衣纯朱之赤绂，亦无所用矣，有困于赤绂之象。然而刚中说体，诚意可格于鬼神，故有徐有说，利用祭祀之象。

《象》曰：劓刖，志未得也。乃徐有说，以中直也。利用祭祀，受福也。

志未得，在困中主威不振也。中直，有刚中之德。是非有别，不惑群枉也。受福者至诚格天，则可祈天而永命矣。此困之亨也。

上六。困于葛藟。于臲卼。曰动悔。有悔。征吉。

泽，水草之区。水枯而草木丛集，故困。三阴爻皆取于草木。

坎北方。初，冬将尽。仅存株木。三，秋冬之交。草叶脱而刺存，故象蒺藜。兑上，初秋。蔓草未杀也，故有困于葛藟之象。葛藟，在束缚之中。臲卼，不安之状。曰动悔，言处困之极，动则有悔也。有悔征吉之悔，与上不同。上言事必致悔，此言心能自悔也。言能自悔其所为，则不终于困，往而可以得吉，所谓困极而通也。九二征凶，在险中也。上六征吉，困之极出险之外也。必曰有悔，圣人欲人之悔过也。

《象》曰：困于葛藟，未当也。动悔有悔，吉行也。

所行未当，所以受困，动而有悔也。然困悔而能有悔，则行为吉。行可以出困矣。全卦以刚掩为困。唯其刚，故在困而亨为贞，为大人。然刚中则亨，尚口则不信，处困之道尽是矣。六爻初困于株木，三困于石，而二之困酒食则有庆。初三凶而二吉也。四有终，五有说，而上则未当。四五吉而上凶也。盖阳刚为能亨贞之大人，故阳爻虽困皆吉。阴爻唯上有有悔征吉，则圣人望人悔过之心。困而知悔，亦可学为君子矣。

䷯（井）

井卦，下巽上坎。巽入于水，汲而上之，井之象。又以卦画论之。初柔象泉源，三二刚象泉，四柔井之中，五刚泉之上出，上柔井口，有全井之象。故名井。井卦次困。按：《序卦》，"困乎上者必反下，故受之以井。"上升至于困，必反于下。物之最下者莫如井。井所以次困也。全《彖》以井有常体，犹事有常法，时异而法不异。又当敬以守之，不可垂成而败也。六爻以三阳为泉，三阴为井。二曰"射"，始达之泉。三曰"渫"，已洁之泉。五"洌"，则可食之泉矣。初"泥"，方掘之井。四"甃"，已修之井。上"收"，则出汲之井矣。又以六爻之序言之，初泥而二谷，井之地，在下未见于用者也。三渫而四甃，在人位，则人事尽可以待用矣。五洌而上收，则得乎天，功用及物，井道大成矣。此全卦六爻之大旨也。

井。改邑不改井。无丧无得。往来井井。汔至亦未繘井。羸其瓶。凶。

巽木入于坎水之下，上出其水，故谓之井。邑有改而井不改，其体有定也。井卦综困。在困为兑，在井为巽。巽为市邑。今改为巽而坎卦不改，改邑不改井也。改邑而不改井，是以无得无丧。而往者来者皆井其井，其用有常也。汔，几也。繘，绠也。巽为绳，繘象。中爻离，瓶象。羸，弱也，坠落之意。井之为用如比，而有事于井者，又当敬以处之。使汲井几至，未尽绠而败其瓶则凶矣。时解以言治道，言因草贵得其宜。然一切学问人事，皆可通也。

《象》曰：巽乎水而上水，井。井养而不穷也。

以卦象释卦各义。木桶下汲而水乃上，巽乎水而上水也。井取之无禁，用之不竭，养而不穷也。

井，改邑不改井，乃以刚中也。汔至亦未繘井，未有功也。羸其瓶，是以凶也。

以卦综言之兑改为巽而坎之刚中不改。在困居二之中，在井居五之中也。井以得水为功。未得水而羸瓶，井养之道废矣，故凶。

《象》曰：木上有水。井。君子以劳民劝相。

木上有水，程子作取水木器。《本义》疑瓶从瓦，作草木之津润上行。窃按：古人樽罍亦以木为之，字乃从缶。则瓶亦有木器，从《程传》为顺。劳民者，以君养民。劝相者，使民相养。皆井养之义。

初六。井泥不食。旧井无禽。

井以阳刚为泉，上出为功。初六阴柔在下，泥象不可食矣。旧井，未渫者。井废则旧，旁无汲水之余沥，禽安得而食之？坎有禽象。今在上卦，禽高飞莫顾，无禽之象。

《象》曰：井泥不食，下也。旧井无禽，时舍也。

所处污下，为时所弃。

九二。井谷射鲋。瓮敝漏。

谷，井傍穴。鲋或作鲫，或云泥鳅，皆水中小鱼，喜食泥者。巽为鱼，鲋象。三四五互离瓮象。九二上无正应，下比初六，有井谷射鲋之象。功不上行，又巽体下断，有瓮敝漏之象。此有德无援，不能济物者也。

《象》曰：井谷射鲋，无与也。

上苟有与则汲而出，成井养之功矣。

九三。井渫不食。为我心恻。可用汲。王明。并受其福。

渫，渫去泥也。渫则清而可食矣。不食者，人不食也。九三以阳居阳，上虽正应，柔而无位。修已全洁，未为时用。二三四与互为口。三变成震不成兑口，有井渫不食之象。坎为加忧，心恻之象。言如是则虽行道无与之人，亦为之恻然矣。然三之洁清，实有可用汲之泉。特无王明耳。使王之明汲之，则井食之功可成，岂独三之遇哉！泽明可大行，天下并受其福矣。五为王位，三四五互为难，王明之象。五非其应故有待于王之明也。

《象》曰：井渫不食，行恻也。求王明，受福也。

行恻，行道之人皆为心恻。求王明，非枉道干进。孔孟之辙环是也。不求正应而求王明，《易》之所以时也。

六四。井甃。无咎。

以六居四，阴柔非泉。然所居得正。虽未有及物之功，而能自修治者。故有井甃之象，亦可以无咎矣。

《象》曰：井甃无咎，修井也。

初六不正在下，故为泥。六四正而在上，故为甃。甃所以御泥达泉，闲邪存诚之功。故曰"修井"。三之渫，修于内以致洁。四之甃，修于外以御污。内外交修，济物及人之本也。又四大臣近君，修井以储九五之寒泉。能尽臣下之职，可因君以成井养之功矣。

九五。井冽。寒泉食。

三居甃下，未汲之泉也。五居甃上，已汲之泉也。阳刚中正，功及于物，有井冽寒泉食之象。冽，洁也。渫，洁之也。渫已可食，至此乃食。盖渫与冽性也，食不食命也。未有渫而不冽者。至此则井养之德已具，井养之功可行矣。

《象》曰：寒泉之食，中正也。

居中得正，故六爻唯五曰"泉"。虽未收上出之功，井之德已尽善矣。

上六。井收勿幕。有孚元吉。

"收"，成也，即《小象》之"大成"也。幕，蔽覆也，盖井之具也。有孚者，其出有源而用不穷也。上六虽非阳刚，而井之功用在上。坎口不掩，故有井收勿幕之象。济人泽物，元吉可知。

《象》曰：元吉在上，大成也。

他卦至终则变，井至上功乃大成也。按：水之大者不一，而圣人画卦有取于井者。凡水皆水之下流，故他卦言水，皆以险言之。独井泉在冬而温，乃天一之真性也。是以古者建国，必先卜井泉之便而居之。井之为用大矣。时解专就治道养民言之。然养德养民治己治世，皆可观象于井。随其所处，以占其吉凶也。

䷰（革）

革卦，下离上兑。火燃则水涸，水决则火灭。又二女同居，志不相得。有变革之义，故为革。革卦次井。按：《序卦》，"井道不可不革，故受之以革。"井之为物久则污，易之则洁。不可不革，革所以次井也。全《彖》以改革之事，不信于初而信于后，其占可以大亨，而必利于正固，见革之不轻也。六爻下三爻有不轻于革之意。上三爻则革之善者。而上革道已成，又不可过有所更。此全卦六爻之大略也。

革。已日乃孚。元亨利贞。悔亡。

革卦泽上火下，火燃水乾，水决火灭。又中少二女，合为一卦。少上中下，志不相得。故卦为革。日为离象。日入泽，有已日象。民可与乐成，难于虑始。故不信于方革之时，而信于已革之日。内有文明之德，外有和说之气，占可大亨。然而改革之事，非可妄举。必得其正，则所革皆当而悔可亡。若不贞，则不孚而有悔矣。

《彖》曰：革，水火相息。二女同居，其志不相得，曰革。

以卦象释卦名义，与睽相似。相违背为睽，相灭息为革。二女不同行，离而去之而已。不相得则相克矣，故为革。

已日乃孚，革而信之。文明以说，大亨以正。革而当，其悔乃亡。

明则烛事理，能见于已革之先。说则顺人情，能孚于已革之后。大亨者，除弊兴利，一事之大亨；伐暴救民，举世之大亨。正者，顺天理合人心也。又亨又正，则革之当。革当而悔乃亡，见革之不可轻也。

天地革而四时成。汤武革命，顺乎天而应乎人。革之时大矣哉！

天地帝王之革，皆视其时。先时后时，皆不可也。

《象》曰：泽中有火。革。君子以治历明时。

四时之变，革之大者。历之因时修改，革之义也。

初九。鞏用黄牛之革。

黄，中色。牛，顺物。离得坤之中，皆有牛象。虽当革时而居初位卑，无可革之权。无应，无共革之人。未可有为，当坚固以守，不可轻有所革。如用牛皮以束物者。故其鞏固，有用黄牛之革之象。当以中顺自固也。初变为艮止，故有此象。

《象》曰：鞏用黄牛，不可以有为也。

时位不可。

六二。已日乃革之。征吉。无咎。

六二柔顺中正，文明之主。有应于上，可以革矣。犹必已日乃革，则征吉而无咎。《象》言已日，已革之日也。爻言已日，日已至然后革也。盖德与位皆可革，犹俟其时也。

《象》曰：已日革之，行有嘉也。

行，将然之辞。革必俟时，将有嘉美。

九三。征凶贞厉。革言三就。有孚。

应兑互乾为口为言，离居三，革言三就之象。中实，有孚之象。九三过刚不中，离之极。自恃刚明，躁于革者。故戒以征则凶，虽贞亦厉也。然时当可革，爻位居三。审量所革再三，已有成说。亦可见信于人，而在所当革矣。

《象》曰：革言三就，又何之矣。

至于再，至于三，无所待矣。

九四。悔亡。有孚。改命吉。

以阳居阴，有悔之象。然卦已过中。水火之际，乃革之时。刚柔不偏，又革之用。故有悔亡之象。然必有孚则改命而吉矣。下三爻犹不轻革，至此则已革而改为新矣。三议革而后孚，四有孚而始改，革之序也。

《象》曰：改命之吉，信志也。

谓上下信九四之志也。

九五。大人虎变。未占有孚。

变，希革，毛毨。毛落更生，润泽鲜好也。乾以纯阳为龙，以刚健亦为虎。五互乾有虎象。九五阳刚中正，当革之时而居尊位。汤武之顺天应人者也，故有大人虎变之象。有孚在未占之先，则致此者有素矣。

《象》曰：大人虎变，其文炳也。

炳者，如火日之光明也。改正朔，易服色，制礼作乐皆是也。即《彖》所谓文明以说也。

上六。君子豹变。小人革面。征凶。居贞吉。

虎文疏而著，故曰炳。豹文密而理，故曰蔚。九五皆阳，大人虎变之象。上六皆阴，君子豹变之象。兑说见于上，有革面象。君子小人，以位则有上下，以德则有邪正。上六处革之极，革道已成。君子变革其外而有文，小人变革其外而顺君，复何所求哉！若他有所往，则梗化之民凶矣。况上六之才亦不可有为，惟有居贞静守则吉耳。盖革非得已之事。初未可革，当中顺以自守。上既已革，当静正以自居。盖九五汤武之事，上六则伊吕之事也。

《象》曰：君子豹变，其文蔚也。小人革面，顺以从君也。

蔚者，隐然有文之谓。上六柔故也。全卦言变革之事，皆不得已而为之。初用黄牛，不敢轻于未革之先也。上言居贞，不敢扰于已革之后也。二之征吉，必俟已日。三已三就，犹戒征凶。当革之时，必孚以信乎人心，当以合乎天理。乃可言四之改命，为五之虎变也。革岂易言哉！

䷱ （鼎）

鼎卦，下巽上离。取其象，亦取其义。取象有二。以全体言之。下植为足，中实为腹，封峙于上为耳，横亘于上为铉。以二体言之。中虚在上，下有足以承之。皆鼎象也。取义则以木从火，烹饪之义。故为鼎。鼎卦次革。按：《序卦》，"革物者莫若鼎，故受之以鼎。"水火不可同处，能使相合为用而不相害。易坚为柔，变生为熟，能革物也。鼎所以次革也。全《彖》以内巽顺而外文明，柔进居尊，得中应刚，可以大亨。而六爻之义则以上出为功。初幸其出否。二幸其远仇。三不知六五之君则为失义。四不知应于初六之小人则为失信。唯五之中实，与上刚柔之节，有吉占焉。盖井与鼎，皆以上出为功故也。此全卦六爻之大略也。

鼎。元吉。亨。

吉字衍文。

《彖》曰：鼎，象也。以木巽火，亨饪也。圣人亨以享上帝，而大亨以养圣贤。

象，卦画取鼎之象也。亨饪，以二体言鼎之用也。亨饪不过祭祀宾客。祭之大者莫过于上帝，宾之大者莫过于圣贤。享帝贵诚，用犊而已，故言亨。圣贤则备饔飧牢醴之盛，故言大亨。此以卦体释卦名义也。

巽而耳目聪明，柔进而上行，得中而应乎刚，是以元亨。

以卦象言，则内巽而五为鼎耳，离为目。此心顺巽则入乎义理，耳目聪明则审乎事几，有其德矣。以卦综言，则革下卦之离二，上行居五，有其位矣。以卦体言，则五有虚中之君，而二应以刚中之臣，有其辅矣。明良道合，治化大成，宜占为元亨也。柔进上行得中应刚与睽同。而占不同于睽之小事，反同于大有之元亨，其时与德之异也。

《象》曰：木上有火。鼎。君子以正位凝命。

离为听政之位。巽为命令。天之命，亦命也。恭己以正其位，而凝因其所受于天之命。盖鼎为重器，故有正位凝命之象。

初六。鼎颠趾。利出否。得妾以其子。无咎。

初居鼎之下，趾象。上应九四，有颠趾之象。然当卦初，鼎未有实。旧有否恶之积，因颠而出去之，有利出否之象。六以阴居初不正，有妾之象。趾不宜颠而利以出否，妾得不足贵而因以得子。盖因败以为功，因贱以致贵也。故占可无咎。

《象》曰：鼎颠趾，未悖也。利出否，以从贵也。

颠趾悖矣。可以出否，则未悖。从贵，去鼎中否之可贱，以从珍羞之可贵者也。

九二。鼎有实。我仇有疾。不能我即。吉。

以刚居中，有实之象。我仇，谓初阴阳相求而不相得，所谓怨耦曰"仇"也。二以刚中自守，初虽近而颠趾，不能就之。有我仇有疾，不我能即之象，故吉。

《象》曰：鼎有实，慎所之也。我仇有疾，终无尤也。

虽有实而不慎所之，则为仇所即而有尤矣。不暱于初，上从六五之正应，所以有吉无尤。

九三。鼎耳革。其行塞。雉膏不食。方雨亏悔。终吉。

革，变革也。九三以阳居鼎腹之中，本有美实者也。然与五不相应。五为鼎耳。鼎耳方革，不可举移，故有鼎耳革，其行塞之象。上卦离为雉。三变为坎为膏。互兑三变则兑口不成。承上卦文明之腴而不见应于五。有雉膏不为人所食之象。又变坎为雨。阴阳和则雨三以阳居阳为得其正。然以正自守而五将求之，如阴阳之和而雨，悔可亏而终得吉矣。

《象》曰：鼎耳革，失其义也。

仕以行义。三不应五而应上，失君臣之义。

九四。鼎折足。覆公餗。其形渥。凶。

九四居上任重，有实之鼎也。而下应初六之阴，大臣信任匪人，败坏国事，倾覆天禄，享上帝养圣贤之用皆废矣。初在下，足象。互兑为毁折，折象。四变为震，震动颠覆，有折足而覆公悚之象。形渥作刑剧，谓重刑也。《周礼》所谓不于市而以适甸师氏者也。不胜任而被重刑也。初否未出，颠之，犹可舍旧而求新。四鼎有实，折之，则鼎毁而用废。吉凶所以异也。

《象》曰：覆公悚，信如何也？

才不胜任，无以自信，亦失君上信任之意矣。

六五。鼎黄耳。金铉。利贞。

五有耳象。黄，中色。五居中，有黄耳象。金，刚物。铉，贯耳以举鼎者。五变乾，金铉象。五以柔中下应九二之刚中，有黄耳金铉之象。六五非正，故勉以利贞。盖以柔中之君下用刚中之臣，即《象》所谓得中而应乎刚者也。或以铉为上九，则与玉铉重复，且失《象》意。

《象》曰：鼎黄耳，中以为实也。

五中虚，以得中为实德。

上九。鼎玉铉。大吉无不利。

举鼎在铉，故上有铉象。以刚居阴，刚而能温。又上变为震为玉。有玉铉之象。玉非可为铉，取象不可拘也。鼎道贵和。至此，则阴阳和而鼎之功成。可举鼎实以成养人之功矣，故其占大吉无不利。时解以言相道之得中者，亦可。

《象》曰：玉铉在上，刚柔节也。

爻刚位柔，刚柔中节，故成燮理之功也。全卦有元亨之象，而六爻独五上为最吉。盖井与鼎皆以上出为功。五为主鼎之君，上辅鼎之臣。二应五，亦辅鼎者也。君臣相得以成至治而致元亨，故皆吉。初在下附势，犹幸能因败以为功。三有德不仕，亦终能守正以待遇。唯四以大臣比匪，遂致覆悚。虽因事为占，不必过拘。而就君臣治道言之，则大略如是矣。

䷲（震）

震卦，一阳动于二阴之下。动而震惊，故为震。震卦次鼎。按：《序卦》，"主器者莫若长子，故受之以震。"鼎者，器也。震为长男，承主重器，震所以次鼎也。全《彖》以震有可亨之道。盖人能戒惧，则虽震动不失其常，不丧其所主之重也。六爻以初为震主，与《彖》同占。四隐二阴之间，则失所以震矣。四阴皆受震者。二乘初刚而厉，三稍远则无眚矣。五乘四刚以居中不至有丧，上远四则不于其躬矣。此全卦六爻之大略也。

震。亨。震来虩虩。笑言哑哑。震惊百里。不丧匕鬯。

虩虩，恐惧惊顾之貌。哑哑，言笑自如也。匕，所以举鼎实。鬯，所以和秬黍。皆主祭之君所亲执者。震一阳方动而上为二阴所掩，有虩虩之象。阴破而上达，有哑哑之象。雷鸣及远，有震惊百里之象。长子主器，有不丧匕鬯之象。震有可亨之道。虩虩，震也。笑言以下，震之亨也。以人心言之。苟能常自戒惧，如震之来虩虩不宁。然仰不愧，俯不怍，从容自得。虽忧患之至如雷，震惊百里之远，在我亦不至失所守之重也。

《彖》曰：震，亨。

震则自亨，唯震故亨，兼二义。

震来虩虩，恐致福也。笑言哑哑，后有则也。

恐致福，恐惧以致福。所谓生于忧患也。后恐之后也。有则者，言笑有常，不以震惊而变也。

震惊百里，惊远而惧迩也。出可以守宗庙社稷，以为祭主也。

惊远惧迩，言雷威之可畏也。此句之下，程子谓脱"不丧匕鬯"四字，从之。"出"字，或云即"鬯"字之误。今应作"帝出乎震"之出，谓继世而主祭也。当其执匕鬯以祭，心存诚敬，虽震惊百里而莫之闻，可以为宗庙社稷之主矣。如舜之烈风雷雨弗迷，尧乃使之嗣位是也。

《象》曰：洊雷震。君子以恐惧修省。

上下皆震，重袭而至，故曰"洊"。恐惧存于心，修省见于事。恐惧继以修省，所以尽畏天之实，象雷之"洊"也。

初九。震来虩虩。后笑言哑哑。吉。

初九九四二爻，震之所以为震者。下余四阴爻，皆受震者。而初又成卦之主也，故占与《象》同。爻之吉，即《象》之亨也。

《象》曰：震来虩虩，恐致福也。笑言哑哑，后有则也。

六二。震来厉。亿丧贝。跻于九陵。勿逐七日得。

亿，大也，十万曰亿。贝，介虫，古者用为宝货也。跻，升也。九陵，犹九皋，高处也。二变为离贝象。六二乘初九之刚，有震来甚厉必丧其重宝之象。上互三四为艮，有升于九陵以避之之象。占者为震动而有所失，能中正自守，则不求而终获也。

《象》曰：震来厉，乘刚也。

近雷之威，故危。

六三。震苏苏。震行无眚。

苏苏，缓散自失之状。以阴居阳。当震时而所居不正，有苏苏自失之象。然去震初稍远，因震而能行。去其不正，犹可以避灾眚。三互坎为眚，变阳则无眚之象。

《象》曰：震苏苏，位不当也。

不中不正，故宜急去。

九四。震遂泥。

遂者，不反之意。泥，滞溺也。以刚居柔，不中不正，隐于二阴，互坎为泥，故有遂泥之象。盖无奋发之才而溺于宴安之私者也。

《象》曰：震遂泥，未光也。

阳本光明。隐阴，故未光。

六五。震往来厉。亿无丧有事。

以柔居尊，当震之时，下乘四刚。初始震为往，四洊震为来。

五为君位震主，故有往来厉之象。然柔而得中，不至于大有丧。而震动戒惧之后，事功因之以立。故有亿无丧有事之象。五与二皆乘刚，而四遂泥，其势稍缓。故"往来厉"较之"来厉"者稍殊，而无丧又不同于丧贝，有事则又不但勿逐而已。

《象》曰：震往来厉，危行也。其事在中，大无丧也。

往来皆厉，行则有危矣。得中德而能有事，故可无大丧。

上六。震索索。视矍矍。征凶。震不于其躬。于其邻。无咎。婚媾有言。

索索，神气不存也。矍矍，视不定也。邻谓五。婚媾指三。以阴柔处震之极，有震索索之象。上变离为目，有视矍矍之象。三居位不正，故宜行则无眚。六居上正矣，而过惧。行必有失，故有征凶之象。四刚近五而远上。然能因此以自戒惧，知畏天者也。故有不于其躬于其邻，而于义无咎之象。上变离为中女，坎为中男，婚媾之象。三与上皆阴柔而不相应，有婚媾有言之象。亲者尚议之，则疏者可知。

《象》曰：震索索，中未得也。虽凶无咎，畏邻戒也。

中未得，谓处震极，中心有所未安也。因邻戒而知畏，可以无咎矣。全卦皆言震惧，而六爻皆无凶咎之言。上虽征凶，而亦无咎。大抵人心泰侈则致祸，戒惧则致福也。

☶（艮）

艮卦，一阳居二阴之上。阳动至上则止，阴性本静。上止下静，故为艮。不曰"止"而曰"艮"，止有畜止之义，艮有安止之义。又其象为山，有安重坚实之意。故曰"艮"也。艮卦次震。按：《序卦》，"震者，动也。物不可以终动，止之，故受之以艮。艮者，止也。"动静相因，艮所以次震也。全《彖》以上下不相应而相背，为各止其所之义。动静皆止，无我无人。此全《彖》之大旨也。六爻从二阳爻起义，而全艮之时用者独在乎上。盖九三互震，失止之义，故有厉薰心之占。九五近上艮，故悔亡。四远之，则亦艮其身而已。二近下艮，能艮腓而不能拯。初则远之，但未失正而已。此六爻之大略也。

艮其背。不获其身。行其庭。不见其人。无咎。

艮，一阳止于二阴之上。阳自下升，至上而止，其象为山。取坤地而隆其上之状，亦止而不进之意也。人以面前为身，后为背。一身皆动，而背则静。耳目口鼻皆有欲，唯背无欲。止之至也。卦体似人背面而立，故有艮其背之象。盖天下之理，止于其所当止也。然理有所当止而多所扰者，起于有我之私。唯艮其皆则无我之见，是以有不获其身之象。理有所当止而多所岐者，又起于有人之见。唯艮其背，虽应事接物，各因其宜，无人之见，是以有行其庭不见其人之象。内外两忘，动静皆定，所以无咎。

《彖》曰：艮，止也。时止则止，时行则行。动静不失其时，其道光明。

此释卦名也。时止而止固止，时行而行亦止。非胶于止，唯其时各当，所以为止也。人心无主则昏。中有定止，自然光明。又艮一阳见于二阴之上，光明著见，阴莫能掩，有光明之象。

艮其止，止其所也。上下敌应，不相与也。是以不获其身行其庭不见其人，无咎也。

背即止之所，故易背为止，以见背即止也。以卦体言之，内外相敌而不相与。阳上而阴下，一阳而统二阴，理无可加。阴阳各正其性，无外求之意。所以内不见己，外不见人也。

《象》曰：兼山。艮。君子以思不出其位。

内外皆山，故曰"兼山"。理之所止为位。思各得其所止，不出其位也。不出位，身之止。思不出位，心之止。亦兼山之义也。

初六。艮其趾无咎。利永贞。

趾，所以行。初阴在下，方行之初。当止而止，不失其正，故有艮其趾无咎之象。止贵有终。恐阴柔不能固守，故勉以利永贞。

《象》曰：艮其趾，未失正也。

当止而行则非正，事初而止则正未失。

六二。艮其腓。不拯其随。其心不快。

二居限之下，趾之上，有腓象。居中得正，有艮其腓之象。三为限，腓之所随。三过刚不中，止于上而薰心。二柔弱不能往而拯之，然非其心之所欲也。故有不拯其随，其心不快之象。

《象》曰：不拯其随，未退听也。

三止于上，亦不肯退而听二也。

九三。艮其限。列其夤。厉薰心。

限，身上下之际。夤，腰脊也。九三上下卦之间，有限之象。人身荣卫上下流通，则身舒而心泰。九三以刚限于上下二柔之间，止而不动。如腰脊中强，上下荣卫隔绝，百骸不属，危惧惊心。故有艮其限，列其夤而危厉薰心之象。艮以九居三为得正，乃至于熏心者。盖三互四五为震为动，艮之反也。当动之时而止，犹腰脊本转动之处，乃中强不能屈伸。所以危厉薰心，亦有震惊之象也。

《象》曰：艮其限，危薰心也。

震上动极不宁，故心不安。艮三则所止不适，故心危厉也。

六四。艮其身。无咎。

以阴居阴，时止而止，有艮其身之象。可以无咎矣。咸与艮皆以人身取象。艮四正当心位，不言心而言身，兼动静而言也。心不可见，身止则心之得所止可知矣。

《象》曰：艮其身，止诸躬也。

成己未能成物也。

六五。艮其辅。言有序。悔亡。

辅，颊两傍骨。不言颊舌止言辅背，后所见也。六五正当辅之地，言所由出也。以柔居尊，发则为丝纶之言。然柔而得中，言不轻发。发必有秩秩之德音，故为艮其辅，言有序之象。以阴居阳，疑于有悔。然能得中，悔可亡矣。人莫大于言行，艮趾艮腓慎其行，艮辅慎其言也。

《象》曰：艮其辅，以中正也。

以其中，故可兼正。

上九。敦艮。吉。

以阳刚居止之极，自始至终一止于理而不变，敦厚于止者也。自初至五皆囿于一体，未能尽止道之善。独上为成艮之主，于当止之地而止焉，所谓止于至善者。又阳在上不为阴掩，即《象》所谓其道光明者。故占曰吉，与悔亡无咎者异矣。

《象》曰：敦艮之吉，以厚终也。

天下事有终为难，而厚道有终尤难。今于卦终敦厚其止，宜其吉也。全卦为震本之反，其吉凶之反亦然。震之吉在初，动之主也。艮之吉在上，止之终也。震之四下互二阴为艮，失所以为震矣，故遂泥。艮之三上互二阴为震，失其所以为艮矣，故薰心。趾腓下体，取象于行。辅在上，取象于言。而全卦取象于背。言行得其所止可无咎悔之忧。若夫忘我忘人，事事安于所止，必以上之敦艮为极乎？

周易浅述卷六

䷴（渐）

渐卦，下艮上巽。上顺下止而不遽进。以象言之，则山上有木，其高以渐。故曰"渐"。渐卦次艮。按：《序卦》，"艮者，止也。物不可以终止，故受之以渐。渐者，进也。"止必有进，消长自然之理，渐所以次艮也。全《象》以艮男下于巽女，有女归之象。然必正而有渐，乃吉。而为士进身之道，亦即此可推矣。六爻取象于鸿。皆自下而上，皆以论士进之义。故唯二五以正应而吉。初在下无应故厉。三过刚无应故凶。四之无咎，以顺巽也。上羽仪之吉，超乎世外者也。此全卦六爻之大略也。

渐。女归吉。利贞。

渐，渐进也。木生于山虽高，然必以渐而长。卦德止于下而巽于上。皆有不遽进之义。以二体言，则艮男下于巽女。女之巽人必俟媒妁之言，六体之备亦有其渐，故有女归之象。礼义廉耻之重，天下国家之本，无如女之归，故以取象。时解作士之进必以渐，是又因类推言之也。女归以渐为吉，而又利于得正。不渐则为淫奔，不贞亦未合礼。卦中唯二五以得正而吉，故曰"利贞"也。咸卦止而悦，其感以正，取女者之吉也。渐卦止而巽，其进以正，女归者之吉也。

《彖》曰：渐之进也，女归吉也。

"之"字，疑亦渐字。

进得位，往有功也。进以正，可以正邦也。

以卦综释利贞之义。按：此卦综归妹。归妹下卦之兑进为渐上卦之巽，九得五之位。九进居五，又为得位之正。其进以正，正己正人可以正邦。即所谓有功也。

其位，刚得中也。

刚得中，释上文进得位之言。

止而巽，动不穷也。

止，不轻动。巽，不躁动。然如是而动必有功，不至于困穷矣。凡进之心愈急，则进之机愈沮。今内止，则未进之先廉静无求。外顺，则方进之时相时而动。所以进不穷也。按：《本义》以卦德言渐进之义。今按：文义似亦承上进以正可以正邦而释之。

《象》曰：山上有木。渐。君子以居贤德善俗。

地中生木，以时而升。山上之木，似乎高矣，然其进必以渐。君子以之，成己成物皆有其渐。贤字，《本义》疑衍。《程传》作居贤善之德。居德以渐，勤修积累。始乎为士终乎为圣也。善俗以渐，从容化导。始乎乡邦及乎天下也。

初六。鸿渐于干。小子厉。有言。无咎。

巽有飞鸟之象。互离坎。离为飞鸟，在坎水之上。又鸿之行有序而进有渐。昏礼用鸿，取不再偶。于女归之义尤切，故六爻皆以取象。干，水涯也。初六以阴居下，当进之始，有鸿渐于干之象。艮为少男，小子之象。鸿飞，长者在前，幼者在后。幼者惟恐失群，危而号呼，长者必缓飞以俟之。初元应于上，危厉不免于号呼，有小子厉有言之象。然以渐不敢躁进，于义亦无咎矣。

《象》曰：小子之厉，义无咎也。

操心危厉，言以抒诚，不敢躁妄，得在下始进之义。

六二。鸿渐于磐。饮食衎衎。吉。

磐，大石也。远于水进于干而益安矣。衎衎，和乐也。艮为石，有磐石象。互坎有饮食象。六二柔顺中正，进以其渐，而上有九五之应，有鸿渐于磐，饮食相呼，和乐自得之象。如是则吉矣。

《象》曰：饮食衎衎，不素饱也。

不素饱犹不素餐也。二五相应可以正邦而有功。二大臣位。衎衎疑于尸素，故《传》推言之。

九三。鸿渐于陆。夫征不复。妇孕不育。凶。利御寇。

鸿，水鸟。陆非所安也。九三过刚不中而无应，而居艮体之上，有水鸟自干而进于高平之陆之象。内卦少男，外卦长女。故《象》以女归为吉，爻之二五，三四皆取夫妇之象。二五当相应之位为正，三四不当相应之位为邪。卦取上进。三上比四，夫征之象。互坎中满，妇孕子象。三变成坤，离绝夫位，坎体亦不成，夫征不复之象。三悦四之阴，不当往而往，故夫征不复。四悦三之阳而从，不当合而合，故妇孕不育。不育者，不敢育也。如是其凶甚矣。然雁群不乱，止则相保。三四虽非夫妇之正，然以三之刚，四能顺之。情好相比，可御患难。三互二四为坎为盗贼，三四五互离又为戈兵，故有御寇之象。

《象》曰：夫征不复，离群丑也。妇孕不育，失其道也。利用御寇，顺相保也。

丑，《程传》以为离群可丑。窃按：丑，类。三与上为群类者也。今上无正应而求四，是离其群类以往，不复宜矣。四合于三，非女归之正道也，虽孕不敢育矣。然变坎成坤，行险而顺。欲御寇贼以相保守，或可耳。

六四。鸿渐于木。或得其桷。无咎。

桷，平柯也。鸿不木栖，得平柯可以安。或者，偶然之辞。六四巽体而乘刚，在艮山之上，有渐于木之象。然柔顺得正，三以一阳横于下，有或得其桷之象。其占则无咎也。

《象》曰：或得其桷，顺以巽也。

三得四顺以相保，四从三顺以得安。顺则不拂，巽则不迫。故虽乘刚而又可以自安，与御寇意相近。盖三四非应。以夫妇之道言之，则为邪。若相比以图安，犹庶几也。

九五。鸿渐于陵。妇三岁不孕。终莫之胜。吉。

陵，高阜也。九五居尊，在艮山之上，有鸿渐于陵之象。二以阴应五，有妇象。互离大腹而中虚，不孕之象。自二至五历三爻，三四间隔其中，又离居三，有三岁不孕之象。然二五皆居中得正而相应，女妇之贞而以渐者也。三四终莫能胜之之象，宜其吉矣。卦以上为女，下为男。爻则以五为男，二为女，盖就阴阳相应言之。

《易》之取象不可为典要者也。

《象》曰：终莫之胜吉，得所愿也。

中正相应，二五之愿也。时解以明良终合成治言之。亦可，但不必拘耳。

上九。鸿渐于陆。其羽可用为仪。吉。

陆作逵，云路也。仪，羽毛之饰也。上九至高，有鸿渐于逵之象。上九无位。然渐进至此已极其高，犹贤达君子高蹈远去。而其进退去就，可为当世仪表，非无用者也。故有其羽可用为仪之象。占者如是则吉矣。

《象》曰：其羽可用为仪吉，不可乱也。

立志卓然，不可得其乱也。全《象》以渐进取女归之象，而要之正士君子之出处亦如之。二五明良遇合。初始进无援者也。三躁进而四取容。若上则达人之高致乎？

䷵（归妹）

归妹，下兑上震。雷震而泽动，有相从之象。女之长者曰姊，少者曰妹。兑以少女从震之长男，亦为女归之象，故曰"归妹"。归妹次渐。按：《序卦》，"渐者，进也。进必有所归，故受之以归妹。"渐有女归之义。归妹女之归也。归妹所以次渐也。全《彖》以少女从长男，以悦而动非正。六爻自二至五皆不当位。三五皆以柔乘刚。初上虽得正而阳下阴上，故所往皆凶而无利。六爻唯五取帝女下嫁，尚德而不尚饰为最吉。二虽有女德之贞，而不得良配，亦不能成内助之功。初以安分为美，四以愆期为憾。盖阳爻虽无应，犹喜其有女德也。若三以不正反归，上以无应不终。盖阴爻无应，则女之失德者，亦以说而动，必致凶矣。此全卦六爻之大略也。

归妹。征凶。无攸利。

妹，少女也。渐曰"女归"，自彼归我娶妇之家也。此曰"归妹"，自我归彼嫁女之家也。兑以少女从震之长男，故曰"归妹"。男女相从从正则吉。今上动下悦，以说而动，恣情纵欲者也。自二至五皆不得正，三五又以柔乘刚，初上得位，亦柔上而刚下，皆非室家之宜，故征则必凶。凡占得此皆无所利。夫妇，人道之本。女说男动，位皆不正，何所不至。故诸卦之凶，未有如此之甚者。圣人垂戒之意深切矣。

《彖》曰：归妹，天地之大义也。天地不交，万物不兴。归妹，人之终始也。

归，女之终。生育者，人之始。此释卦之名义而赞其大也。

说以动，所归妹也。

说以动，以卦德言之。所归者妹，女子不由礼也。

征凶，位不当也。无攸利，柔乘刚也。

诸爻皆不当位，所处不正，故动必凶。以柔乘刚，失尊卑之序，故无所利。

《象》曰：泽上有雷。归妹。君子以永终知敝。

雷动泽随，男动女从之义。男女之道，欲其永远有终，必有以豫知其不终之敝。女子从人以说而动，后必不永其终。当说动之时知其敝，则可以永其终，与君子偕老矣。

初九。归妹以娣。跛能履。征吉。

初九居下而无正应，有娣之象。然以刚居刚，女子有贤正之德，能承助其君者。又震为足，兑为毁折，有跛能履之象。以全卦言，为说以动则征凶。以此爻言，得娣之正，故其征吉。

《象》曰：归妹以娣，以恒也。跛能履吉，相承也。

恒，常久之德。有嫡有妾，人道之常。谓以九居初也。相承，能承助其君也。以恒，以分言。相承，以德言。

九二。眇能视。利幽人之贞。

九二阳刚得中，妹之贤者。上有正应而反阴柔不正，所配不良而内助之功不能大显。二互三四为离为目，阳明而当兑之毁折，故有眇能视之象。幽人，抱道守正而不偶者。以男女之象言，则五为二之配。以上下之位言，则五为二之君。二以阳居阴位，居下卦之中，有幽人之象。以九二之刚中上应六五之阴柔，女之贤不遇其夫。犹臣之贤不遇其君也。以其所居非正，故又戒之利贞，宜固守其正也。

《象》曰：利幽人之贞，未变常也。

幽静自守，女子之常。

六三。归妹以须。反归以娣。

须，或作待，或作斯须，皆未当。按：《天官》，"织女贵而须女贱"，今从之。初九在下为娣。六三居下之上，非娣也。然阴柔而不中正，为说之主，女之贱者也。以此于归，人莫之取，有反归为娣之象。

《象》曰：归妹以须，未当也。

六居三，贱居贵，柔乘刚，皆未当也。

九四。归妹愆期。迟归有时。

九四有阳刚之德而无正应，有贤女不轻从人，愆期以待时之象。愆期者数，有时者理。非终不归者也。三四皆失位而三反四迟者，泽善淫而雷动有时也。

《象》曰：愆期之志，有待而行也。

志有所待，女德之刚也。

六五。帝乙归妹。其君之袂不如其娣之袂良。月几望。吉。

卦以归妹为名，故在九二言上配于五，在六五又言下嫁于二。帝乙，始制帝女下嫁之礼者。六五柔中居尊，下应九二，故有帝乙归妹之象。五尊，女君之象。初在下，娣之象。袂，臂之饰。阳爻有外饰华美之观。五六而初九，有其君之袂不如其娣之袂良之象。尚德而不贵饰，女德之盛也，有月几望之象。小畜中孚之月几望以位言，阴盛足以抗阳也。此以德言，阴盛足以配阳也。占者如是则吉矣。

《象》曰：帝乙归妹，不如其娣之袂良也。其位在中，以贵行也。

有中德之可贵而行，故不尚饰。

上六。女承筐无实。士刲羊无血。无攸利。

夫妇共承宗庙祭祀者也。女当承筐篚而无实，士刲羊而无血，皆无以承宗庙之祭矣。震有虚筐之象。兑有羊象。坎为血卦。今上变为离，无血之象。上六以阴柔居归妹之终，与三无应，约婚而不终者，故有承筐无实，刲羊无血之象。其占无所利矣。

《象》曰：上六无实，承虚筐也。

卦为归妹言，故《象传》不及刲羊无血也。合全卦而论之。以说而动，爻位不正，故皆凶。分六爻而占之。则得中而应刚德者皆吉。二五有应者也。五以得中为尚德，二以得中为守贞。然二应柔而五应刚，故二又不如五也。余四爻无应，则以本爻有刚德者吉而阴柔者凶。故初以安分而征吉。四虽迟而有时。三以越分而反归。上以无实而不终。盖女德能刚则贞也。

䷶（丰）

丰卦，下离上震。以明而动。动而能明，皆有丰大之意，故为丰。丰次归妹。按：《序卦》，"得其所归者必大，故受之以丰。"物所归聚势必盛大，丰所以次归妹也。全《象》当丰盛之时，宜守中不使至于过盛。盖丰则多故，故有戒辞也。六爻以六五为丰之主。五柔暗，故欲得二四刚明之臣。二应五而四比五。初远五，亦偕四同往以辅乎五。此四爻所以吉也。独三不从五而远应上，故至于折肱。至上则处丰之时，自蔽已甚，宜其凶也。此全卦六爻之大略也。

丰。亨。王假之。勿忧。宜日中。

丰，大也。以明而动，盛大之势。大则有亨道，理势然也。假，至也。丰盛非王者车书一统不能至此。未至此固无可忧，至此则似可忧。然圣人以为徒忧无益也，当守常不使于过盛，如日之方中可矣。全卦上震下离，有日出东方光明盛大之势，故有亨象。日之在东，其象非王者不能当，故有王假之之象。坎为加忧。离卦坎之反，有勿忧之象。日自东至中，其势皆盛，过此则昃矣，故有宜日中之象。日之不能常中者，势也。宜日中者，圣人持盈处丰之道也。

《彖》曰：丰，大也。明以动，故丰。

明则见微，动则成务，故能致治盛大。以卦德释卦名义也。

王假之，尚大也。勿忧宜日中，宜照天下也。

尚大，当丰之时，所尚自大。犹不期而自侈，所以可忧也。如日之常普天下，则可以保其丰。不然徒忧无益也。

日中则昃，月盈则食。天地盈虚，与时消息。而况于人乎？况于鬼神乎？

日中有必昃之势。故当丰之时者，不可有过中之心。

《象》曰：雷电皆至。丰。君子以折狱致刑。

折狱，象电之照。致刑，象雷之威。噬嗑明罚敕法，详审立法，使人不敢犯也。折狱致刑，明察下情，使人有所惩也。

初九。遇其配主。虽旬无咎。"往有尚"。

凡卦爻取刚柔相应，此则取明动相资。盖全卦以五为丰之主，五方柔暗，欲得刚明之臣以自辅。初远于五而与四应。四，初之配也。故有遇其配主之象。旬，均也。初四皆阳，均敌非应之正。然同有阳刚之德，明动相资，故虽旬而无咎。同德共事，往以辅五，必有功矣，故曰"往有尚"。

《象》曰：虽旬无咎，过旬灾也。

旬则与配均，可以相济。初在下僚，道宜如此。当丰之时，求胜其配则有灾。此虽爻辞外之意，亦即不过中之义也。

六二。丰其蔀。日中见斗。往得疑疾。有孚发若。吉。

蔀，障蔽也。《来注》作草名。今按：宜作乱草障蔽为是。震为蕃草，故以取象。南北斗形皆如量，故名斗。震亦有斗象。大其障蔽，日中而昏，则斗可见矣。六二当丰之时，离明之主而上应六五柔暗之君，故有丰其蔀，日中见斗之象。二以阴居阴而五又阴，故有往得猜疑疾恶之象。然二有文明之德，中虚之诚。人皆信之，终当有以发其蔀而行其志，故有有孚发若之象。占者如是则吉矣。

《象》曰：有孚发若，信以发志也。

取信于君，可以发其心志矣。

九三。丰其沛。日中见沫。折其右肱。无咎。

沛作旆，幡幔也。蔽甚于蔀矣。沫，小星也。三与上应。上柔暗失中，蔽甚于五。则三之所见甚于斗。故有丰沛见沫之象。三欲应上，而上之阴柔无位不可有为。又此爻变为艮，艮为手。未变阳爻为右。三四五互为兑为毁折。有折其右肱之象。以有用之才，置无用之地。上之不可有为，非三之咎也。

《象》曰：丰其沛，不可大事也。折其右肱，终不可用也。

保丰大事，非柔暗者所能。人作事在右肱。上以三为右，则上为左。右折，则左亦不可用。

九四。丰其蔀。日中见斗。遇其夷主。吉。

九四上承六五之暗主，己又居阴，刚明不足，故象与六二同。夷，等夷也，指初九。初以下偶上，视四为配。四以上就下，视初为夷。九四刚而明不足。初刚在下，离体至明。资以辅五，则丰盛之治可保，宜其吉也。

《象》曰：丰其蔀，位不当也。日中见斗，幽不明也。遇其夷主，吉行也。

不中不正，不当也。比阴居阴，不明也。六二中正，不得言不当。以应五，故丰蔀耳。六二以阴居阴，幽不待言。九四以阳居阴，幽与二同。故《象传》不释于六二而于此释之。下求于初为行。震性动，有行象。得人以事君，行则吉矣。

六五。来章。有庆誉。吉。

六五质虽柔暗，若能来致天下之明，则有庆誉而吉矣。章指二。而初与四亦在所来。二虽质柔致疑，然离体文明，亦章也。自二之五曰"往"，自五之二曰"来"。初与四虽非应，然保丰盛之治，非有刚明之才不能。四比五而初应四。四以位柔不足，求初共辅之，皆可以保丰。然使五非柔中虚己以来之，则庆誉无由致矣。庆集于身，誉流天下，所以吉也。

《象》曰：六五之吉，有庆也。

言庆则誉可兼。

上六。丰其屋。蔀其家。窥其户。阒其无人。三岁不觌。凶。

以阴柔居丰之极，动之终。所处既高，有丰其屋之象。质本柔暗，有蔀其家之象。变离中虚，又阴质空虚，有窥其户阒其无人之象。九三正应，以上九障蔽之深，莫与为用。相去三爻，又离居三，有三岁不觌之象。全卦宜日中。二五日中之位。初四未及乎中。三上皆过乎中者也。而上又以动体之终处丰之极，故凶最甚也。

《象》曰：丰其屋，天际翔也。窥其户阒其无人，自藏也。

上六之丰其屋者，不过欲以自高，如飞翔于天际而己不知，适以自蔽其家而空其门。昏昧自高，人皆弃之。非人之远己，乃己之远人，是自藏也。全卦以明动相资而成丰。《象》有王假之言，唯有天下者可当此象。故六爻以五为主。而他爻皆宜辅五以保其丰，故不拘爻位之相应也。保丰之道宜于日中。三与上皆过中，故三折肱而上无人。独取于初二与四也。五既阴柔，辅五者贵有阳刚之德。二虽正应而质柔，心孚而后能发。四虽材刚而位柔，必遇初乃可共济。初虽阳刚得正，犹必待配主之遇，又凛过旬之戒。国家当全盛之日，持盈保泰之道不出于庙堂，而赖于疏远之小臣，而遭遇之不偶又如此。欲天下之常丰，岂易言哉！

䷷（旅）

旅卦，下艮上离。山止于下，火炎于上。去其所止而不处，为旅之象。又入而丽乎内则为家人，出而丽乎外则为旅。旅卦次丰。按：《序卦》，"丰，大也。穷大者必失其居，故受之以旅。"失居遂至羁旅，旅所以次丰也。全《彖》以处旅本无大通，虽亨亦小。然道无不在，不可以暂时而苟且，故必守正乃吉也。六爻则旅之道以得中为善。卑则取辱，高则召祸。初卑，故有琐琐之灾。三居下之上，焚次丧仆。上居上之上，焚次丧牛。皆高之过也。四虽无太高太卑之失而未得中，故心亦不快。唯二以得中而怀资得仆。五以得中而誉命。然五不当位，犹不免于矢亡。然则居旅之善，唯六二乎？

旅。小亨。旅贞吉。

按：《本义》，山止于下，火炎于上。为去其所止而不去之象，故为旅。按：《大全》，山止而不动，旅馆之象。火动而不止，旅人之象。二说皆通。六五得中而顺上下之二阳，艮止而丽于明，占有亨道。但在旅，则虽亨亦小耳。六爻唯六二居中得正为最善。盖道无不在，不可以偶然羁旅而苟且，必守正则吉也。

《彖》曰：旅小亨，柔得中乎外而顺乎刚。止而丽乎明，是以小亨旅贞吉也。

以卦综言之。丰下卦之离得中于外卦，顺乎二刚。羁旅之人得托强援，虽在羁旅可小亨矣。以卦德言之。下艮止而上离丽乎明。非贤不主，非善不与，所谓于止知其所止者，贞而得吉矣。

旅之时义大矣哉！

旅之亨小，而其时义则大。义莫大于贞。高则取祸，卑则取辱。唯贞则吉。时义之大如此，人未可忽之也。

《象》曰：山上有火。旅。君子以明慎用刑，而不留狱。

慎刑如山，不留如火。取其止以为慎，取其火以为明也。此于旅之义无与，但取火在山上之象耳。

初六。旅琐琐。斯其所取灾。

当旅之时，阴柔居下。不务远大，局于琐屑。有琐琐取灾之象。

《象》曰：旅琐琐，志穷灾也。

其志猥陋穷迫，自取灾也。

六二。旅即次。怀其资。得童仆贞。

六二以阴居阴得正。又艮为门，二居其中。有即次得安之象。阴主利而二居中，互巽为利市三倍，有怀其资之象。艮为少男而二居中得正，有得童仆贞之象。即次则安，怀资则裕。得童仆之贞，则无欺而有赖。旅之最吉者也。

《象》曰：得童仆贞，终无尤也。

童仆之贞最难，故《象传》独言之。

九三。旅焚其次。丧其童仆。贞厉。

九三与六二相反。二柔而中正，故即次。三过刚不中，上近于离，故有焚次之象。二居中乘柔，故得仆。三过刚无徒，又下之柔已为二所得，有丧仆之象。九居三，于爻虽贞，于旅则厉也。

《象》曰：旅焚其次，亦以伤矣。以旅与下，其义丧也。

在旅与下过刚，义当丧仆。

九四。旅于处。得其资斧。我心不快。

九四以阳居阴，在上之下，用柔而能上者，故有旅于处之象。非其正位，故不曰"次"而曰"处"。非其次舍，暂时栖息者也。得资足以自利，得斧足以自防。四互巽为资财，又离为戈兵，有得其资斧之象。然旅虽有处，胜于三之焚次，终不若二之即次也。得资斧，胜于三之丧仆，亦不若二之得童仆贞也。九以刚明之才，处近君之地，不能得位以有为，而在羁旅之中，所以心不快也。

《象》曰：旅于处，未得位也。得其资斧，心未快也。

九居四，非所安之位。

六五。射雉。一矢亡。终以誉命。

六五处离之中。文明得中，有射雉之象。矢，刚物。六居五失刚。又坎有矢象。离，坎之反。有一矢亡之象。然柔顺文明，又得中道。火体光明，其性炎上。互得兑巽。兑为口为誉，巽为命令，有誉闻外著，宠命自上之象。其始不无亡矢之费而所丧不多，终有誉命也。时解或作人君居文明之位，使贤者旅进。虽不无弓旌之费，而有得贤之誉，上承天命。或作士人羁旅以取功名，虽不无资斧之费而终得众誉，膺君命。今按：二说皆不必拘。大抵人君无旅，旅则失位。故不取人君之义，唯以羁旅言之。占者则或君或臣，随事为占。要之始虽小失，终有所获也。

《象》曰：终以誉命，上逮也。

火性炎上，有上逮之象。自人臣言，上逮为得君。自人君言之，上逮为得天。皆不必拘。

上九。鸟焚其巢。旅人先笑后号咷。丧牛于易。凶。

离为飞鸟又为科上槁，而火性炎上，有鸟焚其巢之象。火有声，有笑号之象。又应三为兑说，先笑之象。上变为震动，号咷之象。离为牝牛，上九骄而不顺，又震为大涂，有丧牛于易之象。上九过刚，处旅之上，离之极，故象如此。三与上应，皆以刚居上。三承九四之离，他人焚之也。上居离极，自焚也。同人亲也。故先号咷后笑。旅亲寡，故先笑后号咷。三焚次，巢尚在，犹可归也。丧仆，牛尚存，犹可行也。今巢焚则欲归无所，牛丧则欲行无资，凶之甚矣。

《象》曰：以旅在上，其义焚也。丧牛于易，终莫之闻也。

旅而过高，岂能安居？义有焚巢之事矣。骄亢不顺，祸生所忽而不自觉，故曰"莫之闻也"。全卦当旅之时，不宜用刚，故阳爻三皆不利。而柔又贵于得中。故初不及乎中，亦不免于灾。柔顺中正，唯二得贞吉之义。而五之居刚，亦不免于亡矢。则旅道之难言也。

䷸（巽）

巽卦，一阴在二阳之下。顺于阳而善入，故名为巽。巽卦次旅。按：《序卦》，"旅而无所容，故受之以巽。巽者，入也。"羁旅亲寡，非巽顺无以取容，巽所以次旅也。全《彖》以阴为主，故所亨者小。而以阴从阳，故利有攸往而利见大人。六爻虽以二柔为主，而必以居中得位为善。初不如四。四得位，初不得位也。然初上位与中俱失。三四虽得位而失中。二得中而又失位。唯九五居中得位，所以为申命之大人。此全《彖》六爻之大略也。

巽。小亨。利有攸往。利见大人。

一阴伏于二阳之下，其性巽以入。于象为风，亦委曲善入者也。顺则能亨，阴为主，故所亨者小。盖卑巽，则才智不足以识远任重矣。以阴从阳，有利有攸往之象。盖巽以从人，人无不说也。然失其所从，未必利往。必利见大德之人。此则因其从阳，教之以所从之人也。九五阳刚中正，以居尊位，有利见大人之象。

《彖》曰：重巽以申命。

风者，天之号令。柔顺善入，有命令之象。申命，叮咛反复之意。此释卦之义也。

刚巽乎中正而志行，柔皆顺乎刚，是以小亨利有攸往利见大人。

论成卦则以初四之柔为主。论爻之吉凶则以二五之刚为重。二中而不正。巽乎中正，其志大行，指九五也。柔指初四也。

《象》曰：随风。巽。君子以申命行事。

随，相继之义。命，风象。申命，随风象。行事，即行其所命。三复申戒，然后见之行事，则民晓然于吾意之所在而易从也。

初六。进退。利武人之贞。

巽为进退为不果。初六重巽之下柔之过，故有进退不决之象。然以柔居刚，为巽之主。若临事以武人之贞处之，则有以济其不及而得利矣。此与履六三皆以阴居阳，变纯乾，有武人之象。然履宜谦而三居下之上，故危之。巽不果，初又居下之下，故以武人勉之。

《象》曰：进退，志疑也。利武人之贞，志治也。

过疑则志乱，不武之甚。武而得正则志治矣。治，谓修立也。履志刚故凶，此志治故利。

九二。巽在床下。用史巫纷若。吉无咎。

古之尊者坐于床上，卑者拜于床下。九二以刚居阴，下能自安，过于卑巽，有巽在床下之象。史，作策告神。巫，歌舞事神。九五阳刚居尊而非应之正。当巽之时。二居臣位，非丁宁烦悉其辞不能自达。又二互三四为兑为巫为口舌，三四五互为离为文明，有用史巫纷若之象。然二居中，卑巽不至已甚。九五同德，三四虽间于上，藉之为史为巫以上达于五，故占得吉而无咎也。

《象》曰：纷若之吉，得中也。

中则不亢不谄。

九三。频巽。吝。

过刚不中，居下之上，非能巽者。然下既乘刚，上又临之以巽，不得不勉而为之，而屡巽屡失，故有吝道也。复之六三"频复"曰"无咎"，此则吝者。圣人不贵无过，而贵改过。屡失屡复，复在失后，故虽厉无咎。频巽频失，失则巽后，故吝。又巽与复不同。复则天心之来。心本难纯，故以频复为无咎。巽不过卑巽之一节而已。乃不出于中心，失而复改，改而复失，故为可吝。

《象》曰：频巽之吝，志穷也。

前倨后恭，穷蹙不安。

六四。悔亡。田获三品。

阴柔无应，承乘皆刚，宜有悔也。然以阴居阴，居上之下，其悔可亡。三品者，一为干豆，二为宾客，三为君庖。初六利武人之贞，田亦武事。初以阴居阳，故勉之以利贞。四得位不为无悔，且于武事有功。中互离为戈兵，故有田获三品之象。三虽得阳之正而过刚，非能巽以入者，故吝。四得阴之正，能巽以入，故无失而有得也。

《象》曰：田获三品，有功也。

武人之功成也。

九五。贞吉。悔亡。无不利。无初有终。先庚三日。后庚三日。吉。

九五阳刚中正，以居尊位，有贞而得吉之象。当巽时而刚，疑有悔矣。然中而得正，故悔可亡而无不利。有悔，是无初也。悔亡，则有终矣。庚，更也。取变更之义。十干以戊己为中。凡事过中则变，故庚有变更之义。巽不欲其过，故二阴爻皆以武事勉之。五君位，尤不宜过于巽。命出于君。必有所更改，乃为申命。但更新之事不可轻。必取先庚三日之丁，以丁宁于先。又取后庚三日之癸，以揆度于后。乃得吉也。巽五变蛊，亦乱极更治。此曰"先庚"，蛊曰"先甲"。此曰"无初有终"，蛊曰"终则有始"。盖此乃事过中而更之于后，蛊则事已坏而图之始。甲为十干之始，故曰"有始"。庚过十干之中，故曰"有终"。大抵有所变更，得此爻则吉也。

《象》曰：九五之吉，位正中也。

中则不过于巽。

上九。巽在床下。丧其资斧。贞凶。

上九至高，而曰"床下"者。居巽之极，又以阳居阴故也。故与二爻同象。旅九四以阳居阴，得其资斧。此上九亦以刚居柔，丧其资斧。何也？旅道宜柔，故刚居柔者得。巽戒过柔，巽之极而居柔，失所断矣。又旅四离体为戈兵。巽上九在互离之外，故有丧资斧之象。虽贞亦凶，况不贞乎？此资斧，《本义》专就断言。资与赍同，不义作资财。

《象》曰：巽在床下，上穷也。丧其资斧，正乎凶也。

上穷，巽至于穷极也。正乎凶，《程传》作问答之辞，《本义》以为必凶。今从《本义》。全卦以巽名而不欲过于巽，故《象》言亨而仅得小亨。巽之道，可以有所往而见大人。若过于巽则不能。六爻五在上以刚中为巽而吉。二在下以柔中为巽而吉。此巽之得其宜者也。二阴爻，卦之所以为巽者。初居下之下而失位，故进退。四居上之下而得位，故有功。然皆未得中，故不言吉也。若三居下之上而以过刚失中。上居上而以穷极失正。宜其吝且凶矣。

䷹（兑）

兑卦，坎体而塞其上流，其象为泽。一阴进乎二阳之上，喜见乎外，故其德为说。兑卦次巽。按：《序卦》，"巽者，入也。入而后说之，故受之以兑。兑者，说也。"物相入则相说，兑所以次巽也。全《彖》以卦体柔外有亨之道，而刚中则利于正。此全《彖》之大指也。六爻以二阴为说之主，四阳皆为阴所说者。三为下兑之主。以柔居刚，动而求阳之说者。其恶易见，故凶。上为上兑之主。以柔居柔，静而求阳之说者。其恶难知，故不言凶咎。四阳爻则在下多吉，在上多凶。初与阴无系，故吉。二已近三，入说犹浅，故悔亡。四入上兑，处三五之间而莫决，故未宁。五与上比，说之将极，则厉矣。此六爻之大略也。

兑。亨利贞。

按：《本义》亨利贞有二义。卦体刚中而柔外。刚中故说而亨，柔外故利于贞。此一义也。又柔外故为说亨，刚中故利于贞。亦一义也。后说卦中自然之象，前说以利贞作戒辞。亦相通。大抵说有亨道，而妄说不可不戒。卦辞与咸同。咸以艮阳下兑阴则相感，感则亨矣，而相感易至于不正。兑以二阳下一阴则相说，说则亨矣，而相说亦易流于不正。故皆言利贞也。又三男之卦皆不言利贞，盖阳刚即贞也。三女之卦多以利贞戒之，阴柔之质，易至于不正也。

《彖》曰：兑，说也。

释卦名义。圣人谓说人以心不以言，故去言称兑。

刚中而柔外，说以利贞，是以顺乎天而应乎人。说以先民，民忘其劳。说以犯难，民忘其死。说之大，民劝矣哉！

三上柔外，二五刚中。柔外而不刚中，则违道干誉，非贞也。

《象》曰：丽泽兑。君子以朋友讲习。

两泽相丽，互相滋益。朋友讲习，其象如此。天下之说不可极。惟朋友讲习，过说无害。然天下之至可说者，亦莫如朋友讲习。讲者，资友讲之，以究其理。习者，我自习之，以践其事。习而不讲，则精义不出，昏而无得。讲而不习，则至理不入，殆而不安。朋友讲习之余，心与理洽。天下之说，莫过乎此。

初九。和兑吉。

爻位皆刚，处说之初。不比于柔，又无系应。和而不流之象，故吉。

《象》曰：和兑之吉，行未疑也。

邻于阴则疑，说之过。二四疑于三，五疑于上。初去阴远，故曰"未疑。"

九二。孚兑吉。悔亡。

刚中为孚象。居阴比阴，与五未应为悔。以刚中与五同德，不系于三之阴，则吉而悔亡之象。

《象》曰：孚兑之吉，信志也。

迹比三若可疑，志刚中则可信。

六三。来兑凶。

阴柔不中正，为兑之主。上无所应，有来就二阳以求说之象。然初刚而正，二刚而中，必不从也，其凶可知。

《象》曰：来兑之凶，位不当也。

不中正故也。

九四。商兑未宁。介疾有喜。

九四上承九五，下比六三。以所居位柔，未能自决。又互巽为进退不果。故有商度所兑，未能安宁之象。上下兑之间，介象。质本阳刚，故有介然自守，疾恶柔邪而有喜之象。

《象》曰：九四之喜，有庆也。

大臣无私交，天下之福庆也。

九五。孚于剥。有厉。

剥指上六，阴能剥阳者也。九五阳刚中正，以居尊位，而近于上六。上六为说之主。虚说之极，他无系应。专附乎五，妄说以剥阳。九五信之。有孚于剥而致危厉之象。特一己之刚明，值国家之宴安。以小人为不足畏而过信之，则蛊惑心志，紊乱是非，无所不至矣。二比于三而能孚于五而悔。五比六乃不孚于二而致厉者。二臣位，犹能刚中以事君。五君位，易狃于所说而不戒。三在下而来兑，其侧媚之态易见。上居高而引兑，其弥缝之术最工。又二居阴不过刚，而志上孚于五。五居刚自谓刚明，不下接乎二，则上得而引之矣。

《象》曰：孚于剥，位正当也。

居刚比上，适当其位也。此与履五意同。履五当君位而凡事决之己，虽正亦危。此则居君位而昵于小人，其危甚矣。

上六。引兑。

以阴居说之极，引下五阳而剥之者也。故九五当戒，而此爻不言吉凶者。九五阳刚，或能知戒，未必从之也。

《象》曰：上六引兑，未光也。

三居刚而来兑，媚说之私见矣。上居柔，方以柔道牵引，使人不觉，其迹未光显也。全卦以说虽有享道而利于得正，故以远于说为贵。二阴爻为说之主，皆所不取。说至上而极。五以近之而厉。四介于二说之间而未宁。二近三，以上孚于五而吉，然始犹未免于悔。唯初刚而得正，远于阴柔，故得和兑之吉。乃知阴柔说人，君子所宜深远。故人所以有美疢药石之喻，而易事难说，所以为君子也。

䷺（涣）

涣卦，下兑上巽。取风行水上，离披解散之象，故名涣。涣卦次兑。按：《序卦》，"兑者，说也。说而后散之，故受之以涣。"人心忧则结聚，说则舒散。涣所以次兑也。卦以涣为名。彖辞取聚涣济涣为义。故六爻之中，以刚柔上下相比合者乃能济涣。初柔二刚，相合以任济涣之责，故初吉而二得愿。四柔五刚，相合以成济涣之功，故四元吉而五无咎。三上相应，反以远而不能相及，故三但涣其躬之难，上不过涣血以远害而已。此六爻吉凶之例，又与他卦不同者也。

涣。亨。王假有庙。利涉大川。利贞。

涣取风行水上，解散之象。亨就卦综言，详《彖传》。爻辞多以涣为吉，取解散险难之义。《彖》兼聚涣济涣二义。下卦坎为鬼神，中互艮为门阙，九五居尊位，有王假有庙之象。巽木在坎水之上，有利涉大川之象。人心涣散，圣人思所以聚之。假庙者，聚一己之精神以聚祖考之精神。使天下知报本返始，则涣者可聚矣。此因散聚之义也。天下之难，非阳刚得位无以解散之。木在水上，大川可涉。此解散患难之义也。然祭祀或以媚神，涉川或以行险侥幸，则非正矣，故又戒以查贞。九五居尊得正，为济涣之主，亦贞之义也。

《彖》曰：涣亨。刚来而不穷，柔得位乎外而上同。

此卦程朱所论卦变各异，皆牵强。今以卦综论之，甚合。此卦综节。节外卦之坎来居内卦。二刚在下卦之中，不至困穷。节下卦之兑在此卦居外为巽。以阴居四得其正位，上同于五也。刚来不穷，英雄迁而得所，有其地矣。四上辅五，刚柔相济，有其辅矣。此其所以亨也。

王假有庙，王乃在中也。

九五互艮。上画为庙。九居五，王在庙中。

利涉大川，乘木有功也。

取乘舟济川之义。此二节承上。有此卦综之德，所以王假有庙，所以系天下之心。乘木有功，可以济天下之难也。

《象》曰：风行水上。涣。先王以享于帝立庙。

风行水上，天神之象。享帝于郊，象巽之高。水在地下，人鬼之象。立庙于宫，象坎之隐。皆所以合其散。

初六。用拯马壮吉。

居涣之初，拯之为易。初阴柔，非能拯涣者也。然坎为美脊亟心之马，二有刚中之才。能顺九二，事必有济。故有用拯马壮之象，故吉也。

《象》曰：初六之吉，顺也。

能顺二也。

九二。涣奔其机。悔亡。

以卦综言，坎刚自外来。互震为足为动，有奔象。二居中，互震为本位，朋奔其机而得所安之象。以阳居阴，有悔矣。然居中而得所安，悔可亡矣。当涣之时，播迁而得所安，则不至于困穷而涣可济矣。

《象》曰：涣奔其机，得愿也。

济涣之愿可成。

六三。涣其躬。无悔。

此后四爻皆以涣为吉，盖因涣以济涣也。阴柔而不中正，有私于己之象。然居阳位以应乎上，志在散其私以济时，人臣之致身事主者也。无可悔矣。悔亡者，有悔而亡。无悔者，无可致悔也。

《象》曰：涣其躬，志在外也。

外与上应，志在天下而不为私。

六四。涣其群。元吉。涣有丘。匪夷所思。

居阴得正，上承九五，当济涣之任者。下无应与，有能散其朋党之象。高则为丘，平等为夷。互艮为山丘。小群既散，大群自合。众正盈朝若丘山。然初三二阴皆与四等夷者，思虑不能及此。故有涣有丘匪夷所思之象。六爻唯此最善而吉。盖初二三上皆不得正。唯九五以刚阳得正，为济涣之主。四则以阴柔得正，为辅君以济涣之臣也。

《象》曰：涣其群元吉，光大也。

去朋党以事君，光明正大。

九五。涣汗其大号。涣王居。无咎。

坎水，涣象。巽风，号令之象。令出必行，如汗之出而不反居畜积也。涣王居，犹散小储以成大储也。九五阳刚中正，以居尊位。能散号令，由中及外。如汗之浃于四体。又能散其居积，以聚天下之人心。此济涣之主也，可以无咎矣。

《象》曰：王居无咎，正位也。

旧说以有德居尊位，故能涣也。又按：《来注》以王居为帝都。五变为坤，有国都之象。谓当涣散之时，迁都正位。如光武之都洛阳，宋高宗之即位，应天以聚人心之涣也。今观《象传》"王居无咎"上去"涣"字，释之曰"正位"，意甚合。姑存之。

上九。涣其血去逖出。无咎。

下卦坎为血为加忧。上与三应。有伤害畏惧之象。上九以阳居涣之极，能出乎涣者。有涣之使血去逖出之象。如是则无咎矣。然三以应上为美，上不以应三为美，何也？盖易爻大都以阴应阳者，为柔得刚之援。以阳应阴者，为刚受柔之累。又三在险中，则欲得上援以出险。上在险外，则必欲离下以远害也。

《象》曰：涣其血，远害也。

血去则惕亦出，皆所以远害也。全《象》兼聚涣济涣二义，而皆要之于正。初与二皆欲聚涣者也。然人心国势不可涣，而私意朋党不可不涣。号令居积不可不涣，患害尤所当急涣者也。故三四五上四爻，皆因涣以济涣者也。五为济涣之君，四为辅君济涣之臣。六爻独四五得正故也。亦即利贞之义乎？

䷻ （节）

节卦，下兑上坎。泽中有水，所受有限，为节之象。节卦次涣。按：《序卦》，"涣者，离也。物不可以终离，故受之以节。"物既离散，必须节止，节所以次涣也。全《彖》以二五得中，刚柔各半。有亨通之道，但不可过中而至于苦。《象传》又推而极言之。六爻大抵当位者吉，不当者凶。初四五当位而吉者也。二三不当位而凶者也。上虽当位而亦凶，则以处于穷极故也。此全卦六爻之大略也。

节。亨。苦节。不可贞。

节，有限而止也。凡事有节，自有亨道。然至于太甚则苦，不可守以为贞也。卦中阴阳各半而二王皆阳，节贵于得中也。

《彖》曰：节亨，刚柔分而刚得中。

刚柔适均而刚得中。节所以亨，以能得中故也。以卦体释节之亨也。

苦节不可贞，其道穷也。

甘节为吉，苦则穷矣。

说以行险，当位以节，中正以通。

以卦德言之。内说欲进者矣。说则易流而行于坎险，则止说而不流，乃为有节。以卦体言之。九五当位，有能节之势。居中得正，又坎为通。盖节而中正，则可以通行，所以亨而不至于苦也。

天地节而四时成。节以制度，不伤财，不害民。

极言节道。天地四时，自然之节。圣人则因其自然者，立制度以节之。如九赋九式之类。财不至于匮乏，民不苦于诛求。

《象》曰：泽上有水。节。君子以制数度，议德行。

数度，所以为节。议德行，商度以求其中节也。制数度，节民于中。议德行，节身于中也。

初九。不出户庭。无咎。

户庭，户外之庭也。初前九二。九阳奇，有户象。初四有应，宜出者也。然九二以阳爻蔽于前。又四为坎体，出则入于坎窞。又以刚在下而无位。皆不可出。初九阳刚得正，当节之初。宜止而止，故有不出户庭无咎之象。

《象》曰：不出户庭，知通塞也。

通则出，塞则止。

九二。不出门庭。凶。

门庭，门内之庭也。九二前遇六三。六耦，有门象。九二居中，有可行之时。六三非有所窒塞，时可行矣。乃失刚不正，又以上无应与，止而不行，知节而不知通者也。故有不出户庭凶之象。又按：初九为兑始。兑于时为西，阖户之象。九二互体震。震于时为卯，辟户之象。初九时当止，位虽有应，其行非时。九二于时当行，位虽无应，其止非其时。是故节而止者易，节而通者难。

《象》曰：不出门庭凶，失时极也。

九五刚中同德，可出以共成节亨之功。九二时可出而失之，故凶。

六三。不节若。则嗟若。无咎。

阴柔而不中正，当节而不节若之象。兑为口，有嗟若之象。无咎，与他处可同，言无所归咎也。

《象》曰：不节之嗟，又谁咎也。

嗟乃自取，无所归咎。

六四。安节。亨。

九五当位以节，能节以制度者。四承君之节，顺而行之，有安节之象。柔顺得正，上承九五，有亨道矣。

《象》曰：安节之亨，承上道也。

安于臣节，承上之道也。

九五。甘节。吉。往有尚。

甘者，味之中。节以中为贵，中则人说之而不至于苦。九五居中得正，所谓当位以节中正以通者，故有甘节之象。其占则吉。往则有可嘉尚，谓立法于今，可垂于后也。他爻之节，节其在我者。九五当位以节，节天下者也。节天下而使天下甘之，其功大矣。甘在临之三，以我求说于人，故无利。在此，则人自说于我，故有尚。

《象》曰：甘节之吉，居位中也。

中则不过而至于苦。中可兼正，故止言中。

上六。苦节。贞凶。悔亡。

居节之极，过乎中矣，故有苦节之象。虽正而不免于凶矣。凶则有悔。然礼奢宁俭，故虽有悔而终得亡之矣。盖苦节之悔，犹胜于不节之嗟也。上六得正为贞，穷极故凶。凶故悔，贞故悔亡。

《象》曰：苦节贞凶，其道穷也。

节，道也。至于苦则穷，不可通行于世也。今卦以节为名。在学为不陵节，在礼为节文，在财为樽节，在物为符节，在臣为名节，在君师为节制。随其事皆可为占。全《彖》节有可亨之道而贵于中正。六爻在他卦中可兼正，在此卦则虽中而不正亦凶。盖不正不可为节，但恐其过中而至于苦耳。九五居中得正，故得甘节之吉。六三不中不正，故凶咎不待言。余四爻则必以得正为善。初九得阳刚之正而无咎。六四得柔顺之正而吉。上六虽以卦极致凶，亦以得正而无咎。九二虽居中，反至于凶，则以阳居阴，失正之故也。天下未有不贞亦可谓之节者。故《彖》不必言利贞，而爻则必正乃吉也。

䷼（中孚）

中孚卦，下兑上巽。风行泽上，感于水中，中孚之象。以卦画言之。风外皆实而中虚，中孚之义。二五皆阳为中实，亦中孚之义。盖中虚者，信之本。中实者，信之质。卦所以称中孚也。中孚次节。按：《序卦》，"节而信之，故受之以中孚。"节制使人不越，上下信从。中孚所以次节也。也全《彖》以诚信之极，虽无知之物可感，虽患难可涉，而皆利于以正也。六爻以孚之道在刚中，故独二五为孚之至。初之应四，初实而四虚。至三之应上，三虚而上实。故皆未能尽孚之道。盖他卦皆以阴阳相应为吉，此则独以刚中同德为孚。此全《彖》六爻之大略也。

中孚。豚鱼吉。利涉大川。利贞。

孚，心可相信也。以一卦言为中虚，以二体言为中实，皆孚之象。又上巽以顺下，下说以应上，亦相孚之义。豚鱼，江豚。至则有风，信之可必者。泽上有风，有豚鱼之象。木在泽上，外实内虚，舟楫之象。诚信之至如豚鱼则吉，以涉险难亦利。然必利于正固乃可，不则硁硁匹夫之谅矣。以为信可感豚鱼，于义亦优。然不如以象言为当。

《彖》曰：中孚，柔在内而刚得中。说而巽，孚乃化邦也。

以卦体言之。六三六四在内，则中虚无私主矣。九二九五刚而得中，事皆不妄矣。以卦德言之。下说以孚乎上，上巽以孚乎下，可以感化乎万邦矣。

豚鱼吉，信及豚鱼也。利涉大川，乘木舟虚也。

以卦象言。

中孚以利贞，乃应乎天也。

天者，理之正而已。

《象》曰：泽上有风。中孚。君子以议狱缓死。

议狱，兑象。缓死，巽象。风无形而能震川泽，诚也。议狱缓死，求之以诚也。如舜之好生洽民，舜之中孚。不犯有司，天下之中孚也。

初九。虞吉。有他不燕。

中孚之初上应六四，度其可信而信之则吉。若有他则失所安，戒之也。卦中二柔。四得正，三不正。初宜应四而间于三，故有此象。

《象》曰：初九虞吉，志未变也。

志定于始，恐变于终。

九二。鸣鹤在阴。其子知之。我有好爵。吾与尔靡之。

兑为正秋为口舌。鹤，感秋而鸣者。二为阴。有鸣鹤在阴之象。二五以上下之位言之，则五为君二为臣。以先后之序言之，则二可为父而五可为子。二中孚之实，而五亦以中孚之实应之，有鹤鸣子和之象。好爵尔靡。按：《大全》张氏谓我爵指五。五为君位，故以爵言。吾亦五也。尔指二。靡，二系于五也。今按：好爵诸家皆以为爵禄，独《本义》以为懿德。盖谓二五刚而得中，皆能修其天爵者也。如此则我吾仍指二，尔指五为顺。盖懿德之实可以相感。二之所有，吾亦系恋之也。

《象》曰：其子和之，中心愿也。

九二以实感，九五以实应也。

六三。得敌。或鼓或罢。或泣或歌。

敌谓上九，信之穷者也。三阴柔不中正，居说之极。与不中正之上九为应，而不能自主。互二四为震，或鼓之象。互四五为艮，或罢之象。兑泽之流，或泣之象。兑口之开，或歌之象。

《象》曰：或鼓或罢，位不当也。

不中不正故也。

六四。月几望。马匹亡。无咎。

六四居阴得正，位近于君。有月无光，借日之光以为光，而几于望之象。又下卦兑互震，震东兑西，日月相望之象。又震为马。俩马一色为匹，犹对也。初与四为匹，四乃绝之以上信于五，有马匹亡之象。此大臣能杜私交以事主者也。故无咎。

《象》曰：马匹亡，绝类上也。

下绝初九之类而上从于五也。

九五。有孚挛如。无咎。

九五刚健中正，而居尊位，孚之主也。下应九二，与之同德，故为有孚挛如之象。此《象》所谓孚乃化邦者也。故无咎。

《象》曰：有孚挛如，位正当也。

有德有位，乃为正当。

上九。翰音登于天。贞凶。

鸡鸣必先振羽，故曰"翰音"。巽为鸡，又鸡之鸣有信，故于中孚言之。上九居卦之最上。鸡非登天之物，以居卦之极。信非所信而不知变，又有翰音登天之象。虽贞亦凶也，况不贞乎？

《象》曰：翰音登于天，何可长也。

九而不变则凶也。全卦以诚信在中，则可以涉险难，然皆利于得正。六爻在他卦皆取阴阳相应，此独取二五中实之同德为孚。盖中可兼正。即卦之贞也。四亦以正而无咎。初以正而吉而戒其有他。至三上则不中不正，失所谓贞。即失所谓孚矣。

䷽（小过）

小过，下艮上震。山上有雷，其声小过。为卦四阴二阳，阴多于阳。又阴居尊位，阳失位而不中。小者过其常也，故为小过。小过次中孚。按：《序卦》，"有其信者必行之，故受之以小过。"人之所信必行，行则有过，小过所以次中孚也。全《彖》以阴小过于阳亦可以亨，但利于守正，宜于小事而不宜于大事。此全《彖》之大旨也。六爻四阴二阳，阴过于阳。初爻上爻，阴之不中而过者也，故皆凶。二五两爻，中而不过者也，故无凶咎。若三四两阳爻，当四阴方过之时。四居柔在下，不过危厉。若三居刚在上，必致凶戕矣。大抵阴过则阳多伤，而阴又不宜至于太过，又圣人扶阳抑阴之微旨乎？

小过。亨利贞。可小事。不可大事。飞鸟遗之音。不宜上。宜下。大吉。

小谓阴也。四阳在外，二阳在内。阴多于阳，小者过也。以事言之有三义。小有所过，一也。大者不可过而小者可过，二也。所过者小，三也。既过于阳则可以亨矣，然必利于守正。盖不正，则所过不小矣。二五以柔得中，有可小事之象。三四以阳刚失位不中，有不可大事之象。此卦错中孚。中孚大象离，有飞鸟之象。令错变为小过象坎不见离，有鸟飞已过但遗音之象。本卦中二阳爻，有鸟身之象。上下四阴爻有鸟翼之象。三四五互为兑口，有遗音之象。阳上阴下宜顺其性，有不宜上宜下而大吉之象。过非美名。大过阳多于阴，《易》犹许其往。小过阴多于阳，则圣人多戒辞。此时非可以吉。然能善于自处小事而不为大事，处下而不处上，则可以大吉矣。

《彖》曰：小过，小者过而亨也。

阴多阳寡，小者过也。过而亨。时当小过，不顺时岂能亨？惟小者过，所以亨也。此以卦体释卦名义与卦辞也。

过以利贞，与时行也。柔得中，是以小事吉也。

时当小过而不失其正，乃可谓与时行。失正，则非与时偕行之义矣。柔得中，以二五言。柔顺得中，则处一身之小事能与时行矣，所以小事吉。

刚失位而不中，是以不可大事也。

以三四言。凡大事，必以刚健中正之君子为之。今失位不中，阳刚不得志矣，所以不可大事。

有飞鸟之象焉。飞鸟遗之音，不宜上宜下。大吉，上逆而下顺也。

以卦体言，飞鸟遗音，不宜上宜下。上逆下顺者。上卦乘阳，四五失位，逆也。下卦乘阳，二三得位，顺也。故占此者，凡事不宜上而宜下也。

《象》曰：山上有雷。小过。君子以行过乎恭，丧过乎哀，用过乎俭。

雷在天上为大壮。出于地而上于山，其声小过而已。三者之过，皆小者之过。《本义》谓可过于小而不可过于大。盖可过乎恭，不可过乎傲。可过乎哀，不可过乎易。可过乎俭，不可过乎奢也。又谓可以小过，而不可甚过。盖恐其恭之甚为足恭。哀之甚而为丧明。俭之甚而为豚肩不掩豆也。

初六。飞鸟以凶。

《大全》以初上为鸟翼，故于初上言飞鸟。然初二五上皆翼，取象未确。窃按：全卦有飞鸟之象。而上卦震二三四互巽，亦有鸟象。小过之时，不宜上宜下。初在下者也，乃阴柔不正，上应于四。则上而不下，犹小人附权贵以取祸者。故有飞鸟以凶之象。曰"以"者，初躁动援四而四以之也。《洞林占》谓致羽虫之孽，亦此意。

《象》曰：飞鸟以凶，不可如何也？

初不安于下，凶乃自取，无可如何。

六二。过其祖。遇其妣。不及其君。遇其臣。无咎。

三阳在二之上，有父象。四在三上，有祖象。五以阴居尊，有妣象。然五尊而初二卑，又有君臣之象。二越三四而上应于五，是过其祖矣。然五阴非正应，是所遇乃妣也。然以爻位言之，五又君也。过祖，有继世之誉。过君，则有犯分之嫌。当小过时，上逆而下顺。二柔顺中正，过而不过。下与初比。故有不及其君而遇其臣之象。如是则无咎矣。过祖非敢抗祖，乃遇其妣。君不敢过而与臣遇。正所谓可小事而不可大事，不宜上宜下者。故无咎也。

《象》曰：不及其君，臣不可过也。

臣过其君，非小过之义矣。

九三。弗过。防之。从或戕之。凶。

《本义》以"弗过防之"谓不能过于防阴，然于四爻异同。今依胡氏以弗过为句。小过阴过之时。二阳皆称弗过，谓阳不能过阴也。从，随也。柔过之时，众阴害阳。三虽得位而弗能过乎阴，则当防之。若不防则随有戕之者至矣，故凶。盖此卦不宜上。三居下卦之上，众阴势方上进故也。

《象》曰：从我戕之，凶如何也？

如何，言其甚也。

九四。无咎。弗过。遇之。往厉必戒。勿用永贞。

九四以刚居柔，似有咎矣。然当过之时，以刚居柔。小过乎恭者，无咎之道也。弗过遇之，亦宜从胡氏之说，弗过绝句与九三同。遇之，前遇乎阴也。三之阴在下。其性止，故惟防之而已。四之阴在上。震性动，阳性上行，故往遇之。然小过之时，不宜上宜下。三居二阴之上而自特其刚，故阴或戕之。四居二阴之下而以刚遇柔，未必致戕，而往则亦厉，故必在所当戒也。然往固非，固守而不能随乎时宜亦非也，故又曰"勿用永贞"。盖小过九四变而为谦，又有终吉之象矣。

《象》曰：弗过遇之，位不当也。往厉必戒，终不可长也。

以刚居柔，前与柔遇。故曰"不当"，"不可长"。他卦多于上爻言之，此言于四。故《程传》以长为上声。谓当阴过之时，阳不能长而盛也。然于"终"字义有未安。盖阴阳消长，理势自然。窃意此句即"勿用永贞"之意。言往厉虽在所戒，而阴之过终不可长。是以当随时变通，不可固执也。长字如字，未知是否。

六五。密云不雨。自我西郊。公弋取彼在穴。

全卦有坎体。而三四五互为兑为西。六五以阴居尊，以阴过乎阳，不能和而为雨。有密云不雨，自我西郊之象。坎为弓，有弋象。二阴在阳之下，有在穴象。六五当阴过之时，虽居尊不能有为。下取六二以为助，两阴相得。不能大事，所取者下。有公弋取彼自穴之象。

《象》曰：密云不雨，已上也。

已上，太高也。阴阳和则雨。小畜一阴不能固阳，阳尚往故不雨。此则四阴过阳，阴太高亦不能与阳和而为雨矣。

上六。弗遇过之。飞鸟离之。是谓灾眚。

此爻与九四正相反。四前遇阴。上六已高，不复遇阳矣。动体之极，又阴过之极。震有飞鸟象。变离为网罟，有飞鸟离之象。阴柔过高，天灾人眚皆所自取，凶之甚也。

《象》曰：弗遇过之，已亢也。

卦不宜上。上则过亢，必取凶也。全卦阴过乎阳，占者宜小事不宜大事，凡事宜下而不宜上。六爻唯二最吉。以在下卦之中，不至太过。而所居得正，又合利贞之义也。五不正不能有为。若初之不正而援上，上之动极而过高，皆凶之甚者。二阳爻则四以居柔而无咎，三以恃刚而致凶，与时行之难也。

䷾（既济）

既济，下离上坎。水在火上，相交为用，天下事已济之时也。又涉川曰"济"。既济未济二卦皆有坎体。坎在内有险为未济，坎在外则无险为既济也。又以卦画言之。六爻皆应，刚柔皆当其位。至此无不济矣，故为既济。既济次小过。按：《序卦》，"有过物者必济，故受之以既济也。"全《彖》当既济之时，自有可亨。然六爻阳在阴下，故亨者小。刚柔皆当，故利于贞。然事之既济，则圣人忧盛危明之心正于此始。盖治乱相因，理势自然也。六爻皆有戒辞。内三爻皆既济之象，即《彖》之初吉也。外三爻渐入于未济，即《彖》之终乱也。此全《彖》六爻之大指也。

既济。亨小。利贞。初吉终乱。

既济，事之既成也。水火相交各得其用，六爻相应各得其正，故为既济。亨小。按：《本义》作小亨。既济之终未济之始，犹日中则昃之意，故亨亦小也。六爻皆正，所以利于贞也。既济故初吉。终为未济故乱。此虽圣人警戒之辞，亦理数之自然。又内卦离明，外卦坎险，亦初吉终乱之象也。《象传》柔得中终止，又推文王言外之意。

《彖》曰：既济亨，小者亨也。

按：《本义》谓"者"下脱"小"字。小者亨，盖爻有三阴得位而三阳下之，故曰"小者亨"也。然按彖辞，似以事之既济则泰否相仍，所亨亦小。夫子《彖传》又推言外之意，大旨亦并行不悖也。

利贞，刚柔正而位当也。

以卦体言。六十四卦六爻皆应而得位者，独此而已。

初吉，柔得中也。

指六二也。

终止则乱，其道穷也。

文王初吉终乱之占。就理数自然言之，如泰极为否之类。夫子

《象传》则又于言外而推之于人事也。盖未济则图其济，既济宜保其济。柔在二则吉，在上则乱。盖柔顺得中则善，处济之初所以吉也。然天下治乱。相乘，终极必变。终以优柔自处则有止心，止而不挽救，乱之所由生也。然则当既济之时者，始则柔顺文明，终必贵于刚健振作。庶几知穷变通久之道，而具拨乱反正之才者乎？

《象》曰：水在火上。既济。君子以思患而豫防之。

思患，坎难象。豫防，离明象。按：《大全》项氏谓人之用莫大于火，而火常生患。善济火者莫如水。常储水以防火，则其患亡矣。此说似近而意未备。窃按：水在火上则水火有相济之功，而其终也有相克之患。盖水能灭火，火亦能干水。思其患而豫防，则相为用而不相为害。以此推之天下事，莫不皆然也。

初九。曳其轮。濡其尾。无咎。

初应六四，坎有轮象。轮所以行，曳之则不行矣。初九当济之初，守正而不轻进，有曳其轮之象。坎为狐。初在一卦之后，又有尾象。狐必揭其尾而后济。濡尾则不掉，不速济也。以刚在下，有濡其尾之象。徐进而不躐等，无咎之道也。

《象》曰：曳其轮，义无咎也。

得慎始之义。

六二。妇丧其茀。勿逐。七日得。

茀，车之蔽也。离为中女。二柔妇象。上应九五，坎为舆。离又中虚。茀象。二五本正应，以当既济之时。九五刚中之君反有中漏之势，不能下贤以行其道。又坎为盗。故有妇丧其茀之象。言失其所以行也。卦历六爻复于二，为七位。中正之道不可终废。二历七数，中正自在，与五必有合也。故有勿逐七日得之象。

《象》曰：七日得，以中道也。

不失其中，则济世之具在我。

九三。高宗伐鬼方。三年克之。小人勿用。

九三应上坎体，坎居北，有鬼方之象。离为甲胄为戈兵，九三以刚居刚，有高宗伐鬼方之象。自四至上历三爻，又离居三，有三年克之之象。必三年而后克，言其不轻济也。然既克之后而用小人，则除一乱又生一乱矣，故戒以勿用。既济之后，常存未济之虞也。

《象》曰：三年克之，惫也。

师至三年，师老财匮矣。兵不可轻用也。

六四。繻有衣袽。终日戒。

繻作濡，衣袽，以塞舟之罅漏者。四坎体之下，有漏舟之象。当既济之时，以柔居柔，以豫而知戒者。故有衣袽已备，终日不忘戒惧之象。

《象》曰：终日戒，有所疑也。

乱生于治，疑祸患之将至也。

九五。东邻杀牛。不如西邻之禴祭。实受其福。

五阳，东邻之象。二阴，西邻之象。离有牛象。五坎水能灭火，有杀牛象。禴，夏祭。离为夏，禴祭之象。九五居尊而时已过，不如六二之在下适当其时，故有东邻杀牛之大祭，反不如西邻之禴祭受福之象。

《象》曰：东邻杀牛，不如西邻之时也。实受其福，吉大来也。

方来之吉犹未艾，二之所以胜五也。

上六。濡其首。厉。

既济之极，坎险之上。而以阴柔外之，故有狐涉水而濡其首之象，危厉可知。

《象》曰：濡其首厉，何可久也。

危亡不久。既济全《象》六爻，皆有警戒之词。盖天道否泰循环，固理势之自然。亦圣人治不忘乱，安不忘危之深心也。

䷿（未济）

未济，下坎上离。火在水上，不相为用。又六爻皆不得位。故为未济。未济次既济。按：《序卦》，"物不可穷也，故受以未济终焉。"既济物之穷。穷无不变易者，变易不穷。未济则未穷也。未穷则生生不绝矣。又后天[1]八卦以坎离，居先天乾坤之位。盖天以一生水，地以二生火。故坎得乾之中画，离得坤之中画。《上经》首乾坤而终坎离，后天首咸恒而终既济未济。既济水火之交，六爻皆当，万物之终也。未济水火不交。六爻皆反，终则有始也。此未济所以次既济，而为全《易》之终也。全《彖》卦虽未济，终有可亨之道。几济而犹未济，故无所利。而《象传》又以刚柔之应以见其亨，盖未济固终济也。六爻下三爻在坎险之中，皆未济之象。上三爻离明，则未济者终济矣。此全卦六爻之大略也。

未济。亨。小狐汔济。濡其尾。无攸利。

未济，事未成也。水火不相交，不相为用。卦之六爻皆失其位，故曰"未济"。未济有终济之理，故亨。即济已然之亨，又阳居阴下，故曰"小"。未济方来之亨，又阳在阴上，故但曰"亨"。《彖传》柔得中，则又就卦体而推之人事也。坎有狐象。坎在下，小狐象。狐老者多疑，小者轻于济。狐尾大，涉必揭其尾。汔，几也。几济而濡其尾，则未能济矣，何所利乎？盖未济虽终有可亨之道，使如小狐之濡尾，则亦无所利。戒占者之辞也。

《彖》曰：未济，亨，柔得中也。

《彖》未济之亨，就天运之自然言之。夫子又专指六五一爻，言人事有致亨之道也。柔而得中，则既非柔弱无能，又不刚猛偾事。小心慎密，处置得宜。未济者终济，此其所以亨也。

小狐汔济，未出中也。濡其尾无攸利，不续终也。虽不当位，刚柔应也。

---

[1]　"后天"为"下经"二字。

未出中，指二也。九二在坎险之中，未能出也。不续终，指初也。初在下为尾。二所以不能出险，以初阴柔力微，故首济而尾不济，不能续其后也。虽不当位而刚柔皆应，则彼此相辅，终成济险之功。此二语又复解亨之义。盖柔既得中，又与刚应，故能亨也。二五固刚柔应，然全卦刚柔皆应，故于此复言之。

《象》曰：火在水上。未济。君子以慎辨物居方。

辨物如火之明，居方如水之聚。又水火异物，故以之辨物，使物以群分。水火各居其所，故以之居方，使方以类聚也。

初六。濡其尾。吝。

以阴居下，当未济之初，未能自进，故有濡尾之象而致吝也。既济濡尾无咎，此则吝者。既济阳刚得正，离明之体。当既济之时，知缓急而不轻进。故无咎。此则才柔不正，坎险之下。又当未济之时，冒险躁进，则至于濡尾而不能济矣。故吝。然《象》言"无攸利"而此但言"吝"，则以卦之初，失尚未远也。

《象》曰：濡其尾，亦不知极也。

《程传》作不知之极，从之。坎之初不如离之初明知也。

九二。曳其轮。贞吉。

坎有轮象。九二上应六五，有阳刚之才，可以济矣。而居柔得中，自止而不进，有曳其轮之象。九居二非正。而得为下之宜，正也，故曰"贞吉"。既济初两象，此分初二两爻。初欲进不能而吝，才柔故也。二可进而不轻进而吉，才刚与既济初九同故也。

《象》曰：九二贞吉，中以行正也。

九居二非正，以中故得正也。

六三。未济征凶。利涉大川。

阴柔不中正，居未济之时，以征则凶。利涉大川。《本义》谓将出乎坎，有利涉之象。盖行者可以水浮，而不可以陆走也。又曰：或疑"利"字上当有"不"字。今从后说为优。盖二阳刚犹以守贞为吉，三阴柔非利涉可知矣。

《象》曰：未济征凶，位不当也。

未济六爻皆不当，独于三言之者，阴柔居险极也。

九四。贞吉。悔亡。震用伐鬼方。三年有赏于大国。

九居四不正而有悔，勉而贞则吉而悔亡，戒之也。未济之四即既济之三。三以上为鬼方，四以初为鬼方。坎北方，有鬼方象。离为甲胄戈兵，有伐之之象。既济九三以刚居刚，故言高宗。此以刚居柔，则大国诸侯出征者也。四变互震，震惧也。临事而惧，可以胜矣。在既济言惫，此则受赏。盖既济之世利用静，未济之世利用动。当未济之时，以刚居柔，上承六五，以克初阴。虽隔初三爻，有三年之久。而有刚健之才，有承有应，故有代鬼方而终受赏之象。

《象》曰：贞吉悔亡志行也。

已出其险，则伐乱之志可行也。

六五。贞吉。无悔。君子之光。有孚。吉。

以六居五，非贞也。然文明之主，居中应刚，虚心以求下之助，故得贞而吉。离体光明，虚以应九二之实，故又有君子之光而有孚之象，其吉可知。

《象》曰：君子之光，其晖吉也。

日光曰晖。言如日光之盛也。六五乘承应皆阳刚，君子相助为理，故曰其晖吉。

上九。有孚于饮酒。无咎。濡其首。有孚失是。

上与三应。三坎为酒食，又以征凶而安于未济，有饮酒之象。上应之，有孚于饮酒之象。然上在五之上，有首之象。时虽未济，至五则济矣。上九阳刚，可以有为。乃过于逸乐自纵，以信于三。有饮酒而濡其首，虽有孚而亦失之象。盖时在需，则酒食而吉。若未济之极即济之初，安可昵其私人，饮酒濡首以厉阶兆乱乎？《本义》大意亦同，但未及六三之应耳。

《象》曰：饮酒濡首，亦不知节也。

知节，则能随时以取中矣。全《象》当未济之时，终有可济之理，故有亨道。但轻于济，则无所利耳。六爻吉多凶少，较胜于既济，然亦皆有戒辞。盖既济者固宜保于既济之后，未济者亦宜慎于方济之初也。合全《易》而论之。天地之道，不外于阴阳。五行之用，莫先于水火。上篇首天地，阴阳之正也，故以水火之正终焉。

下篇首夫妇,阴阳之交也,故以水火之交终焉。乾上坤下,离东坎西。此先天之《易》,天地日月之四象也。故居《上经》之始终,以立造化之体。水火相逮,雷风不相悖,山泽通气。此后天之《易》,六子之用也。故居《下经》之始终,以致造化之用。既济之后犹有未济者,示造化之用,终必有始也。

周易浅述卷七

系辞上传

上、下《经》卦爻之下，文王周公所作，谓之系辞。此传则孔子之言，以发明《系辞》中之大意也。以其统论全经之大体凡例，故不与《彖传》《象传》同附于《经》，而自分上下云。

第一章首节，以造化之实，明作《易》之原。是故以下至坤以简能，言易理之见于造化者。"易则易知"以下，则言人之当体易也。

天尊地卑，乾坤定矣。卑高以陈，贵贱位矣。动静有常，刚柔断矣。方以类聚，物以群分，吉凶生矣。在天成象，在地成形，变化见矣。

天地者，阴阳形气之实体。乾坤者，《易》中纯阴纯阳之卦名也。天尊地卑，阴阳固有自然尊卑之象。在《易》，则即太极之生两仪四象见之。太极动而生阳，静而生阴，阳已居先矣。至阳仪之上生一阳一阴，以阳为先。而阴仪之上生一阳一阴，亦以阳仪居先。以至六画，莫不先阳后阴。故首乾终坤，尊阳卑阴。非圣人之私意，乃画卦自然之象，实造化自然之位也。卑高者，天地万物上下之位。贵贱者，《易》中卦爻上下之位也。不言高卑而言卑高者。高以下为基，人先见卑而后见高。画卦亦自下而始。卦之六位，上贵下贱。如五为君，二为臣之类是也。动者阳之常，静者阴之常。刚柔者，《易》中卦爻阴阳之称。断者，自然分判，不俟人力也。天圆而动，地方而静。男外而动，女内而静。雄鸣而动，雌伏而静。皆有常者。以卦爻言之。初三五为刚，二四六为柔。以卦画言之。奇为刚，偶为柔。天地之动静有常，卦画爻位阳动阴静，阳刚阴柔，刚柔本自判然也。方，事情所向。以类聚，善与善聚，恶与恶聚也。善有善之群，恶有恶之群。各有群，则善恶不得不分。此天下事物之情，而《易》之吉凶即从此生。善以致吉，恶以召凶也。象者，形之精华发于上者，日月星辰之属。形者，象之体质留于下者，山川动植之属。变化者，卦爻阴变为阳，阳变为阴也。有形象者，皆阳中有阴，阴中有阳。《易》之变化非因形象而后有，即形象而《易》中之变化可见也。此节即造化之所有，以明《易》之原。然非因有天地而始定乾坤，非因卑高始定爻之贵贱。盖卦爻未起之先，观天尊地卑而《易》之乾坤已定，观卑高之陈而《易》中卦爻之贵贱已位。余皆仿此，所谓画前之《易》也。

是故刚柔相摩，八卦相荡。

自此至坤以简能，皆言易理之见于造化者。此节言《易》卦之变化也。画卦之初，以一刚一柔与第二画之刚柔相摩而为四象，又以二刚二柔与第三画之刚柔相摩而成八卦。八卦已成，又各以八悔卦荡于八贞卦之上。而一卦为八卦，八卦为六十四卦也。摩荡，即上文所谓变化。

鼓之以雷霆，润之以风雨，日月运行，一寒一暑。

六十四卦之中有雷霆风雨日月寒暑。此变化之成象者，《易》中有之也。

乾道成男，坤道成女。

男女，兼人物而言。动物有牝牡雌雄。即植物如竹亦有雌雄，麻亦有牝牡。六十四卦之中，自有男女。此变化之成形者，《易》中文有之也。此两节又明《易》之见于造化者。大抵《易》之未画，卦爻之变化在天地中。《易》之既画，天地万物之变化又在卦爻中。在天地者，未画之《易》。在《易》者，已画之天地也。

乾知大始，坤作成物。

此承上文男女而言。成男虽属乾道，而男女所受之气皆乾以始之。成女虽属坤道，而男女所生之形皆坤以成之。知，知此也。作，能此也。大始，无所不始也。大始未有形，故曰"知"。成物，则流形而有为，故曰"作"。大抵物不离乎阴阳。阳先阴后，阳施阴受。阳之轻清未形，而阴之重浊有质也。

乾以易知，坤以简能。

乾健而动，即其所知，便能始物而无所难，故以为易而知大始。坤顺而静，凡其所能，皆从乎阳而不自作，故以为简而能成物。以草木之生观之。天之阳气一到，萌芽尽发，何其易也。坤不必别有作为，承受而长养之，即其能也，何其简也。此承上文而言《易》中乾坤之德如此，下文乃言人当体乾坤之德也。

易则易知，简则易从。易知则有亲，易从则有功。有亲则可久，有功则可大。可久则贤人之德，可大则贤人之业。

此节言人当法乾坤之道，乃可以为贤也。易简之易，以简易言。易知之易，以难易言。天地间凡物皆有乾坤，而人心尤自具一乾坤。人之所为，如乾之易，则其心明白而人易知。如坤之简，则其事要约而人易从。易知，则非深险而不可测，与之同心者多，故有亲。易从，则事无艰阻，与之协力者众，故有功。有亲自然可以长久。有功自然可以广大。德以所存主，言得于己者。业以所发见，言成于事者。可久者，日新而不已，贤人之德也。可大者，富有而无疆，贤人之业也。不言圣而言贤，盖圣人者，自然之事。言贤人以见乾坤之德业，人皆可勉而至也。且可久可大，仅曰可而已，非其至也。至成位乎中，则圣矣。

易简而天下之理得矣。天下之理得，而成位乎其中矣。

成位，成人之位。其中，谓天地之中。至此，则体道之极功，圣人之能事，可以与天地参矣。此章首言天地有自然之《易》，中言《易》中有自然之天地，末言天地与《易》不外乎自然之理。理至易至简。人能易简，则人心有《易》，人心有天地矣。

右第一章。

第二章自章首至"三极之道也"，言圣人作《易》之事。以下言君子学《易》之功。

圣人设卦观象，系辞焉而明吉凶。

圣人既作，观卦爻之象而系之以辞，非得已也。恐后人知不足以及此，而明示以吉凶也。

　　刚柔相推而生变化。

　　吉凶以辞而明，辞因象而出。卦爻阴阳迭相推荡，而阴或变阳，阳或变阴。此圣人所以观象而系辞，众人所以因蓍而求卦者也。

　　是故吉凶者，失得之象也。悔吝者，忧虞之象也。

　　圣人观卦爻之中有得失，因系之以吉凶。有忧虞，则系之以悔吝。得则吉，失则凶。忧则悔，虞则吝。吉凶相对，而悔者自凶而趋吉，吝自吉而趋凶。盖忧在心，虞在物。在心方有端而无患，为悔而已。心每有之而不忘，积之所以成吉。在物则有形可虞，非悔可及可成吝。吝者，口以为是，文过不改，积之遂以成凶矣。此节明上文系辞焉而明吉凶之义。

　　变化者，进退之象也。刚柔者，昼夜之象也。六爻之动，三极之道也。

　　变化刚柔，以卦画言。进退昼夜，以造化言。进者息而盈，退者消而虚。阴进则阳退，阳进则阴退。刚方变柔，柔方变刚。刚柔未成为变化者，即造化或进或退之象也。刚属阳，明昼之象。柔属阴，暗夜之象。变化已成而为刚柔，即造化昼为阳，夜为阴之象也。极，至也。不极则不动。三极即三才六爻之位。初二为地，三四为人，五上为天，三才之位。阳极则动为阴，阴极则动为阳。六爻所以变动，三才极至之道也。此节明上文刚柔相推而生变化之义。然刚柔相推而生变化，而变化之极复为刚柔，以流行于一卦六爻之间。占者遂各因所值以断吉凶也。自此以上皆言圣人之作《易》也。

　　是故君子所居而安者，《易》之序也。所乐而玩者，爻之辞也。

　　居，就身之所处而言。安者，随分而安也。序，以卦言，如剥复否泰是也。以爻言，如潜见飞跃是也。能循其序，则居之安矣。玩者观之详，乐有契于心也。玩味知其理之无穷，则可乐，愈可玩矣。居而安，君子之安分也。乐而玩，君子之穷理也。安分则穷理愈精，穷理则安分愈固。此及下节皆言君子学《易》之功也。

是故君子居则观其象而玩其辞，动则观其变而玩其占。是以自天祐之，吉无不利。

居字与上文微分。以静对动，就平居学《易》言之也。动则揲蓍求卦，就临事用《易》言之也。未卜筮时，《易》但有象与辞。方卜筮时，《易》乃有变与占。八卦六爻皆有象辞，则各因象而指其吉凶。此就全《经》言之，在理而未形于事者也。变则揲蓍得老阴老阳之变，占则所值卦爻之吉凶。此就揲蓍所得卦爻言之，以吾所问之事合所得之辞而断之者也。言君子平居学《易》，既观象矣，又玩辞以考其所处之当否。动而谋筮，既观变矣，又玩占以考其所值之吉凶。吉则行，凶则止。动静之间无非《易》，即无非天。静与天俱，动与天游。冥冥之中若或助之，故自天祐之，吉无不利也。人在天地之中，吉凶悔吝无一息之停。然吉一而已，凶悔吝有三焉。故上文示人以吉凶悔吝，以见圣人作《易》之事。此独言吉而无凶悔吝，则君子学《易》之功也。

右第二章。

第三章释卦爻辞之通例，而后教人体卦爻辞之功。

《彖》者言乎象者也，爻者言乎变者也。

彖，文王所作卦辞。象，指全体而言。爻，周公所作爻辞。变，指一节而言。

吉凶者，言乎其失得也。悔吝者，言乎其小疵也。无咎者，善补过也。

尽善为得，不尽善为失。小不善为疵，不明于善而误为不善为过。觉其不善而欲改为悔，觉其不善而未能改或不肯改为吝。悔未吉而犹有小疵，吝未凶而已有小疵。善补过，嘉其能改也。有过当有咎，能补则无。圣人不贵无过而贵改过，望人自新之意切矣。此皆卦爻辞之通例也。《彖》《爻》中吉凶悔吝无咎之辞皆备。吉凶者，言卦爻中之得失。悔吝者，言卦爻中之小疵。无咎者，善卦爻中之能补过。此释《彖》《爻》之名义。又释吉凶悔吝无咎之名义也。

是故列贵贱者存乎位，齐小大者存乎卦，辨吉凶者存乎辞。

上文已释卦爻吉凶悔吝无咎之名义，此则教人体卦爻吉凶悔吝无咎之功也。六爻之位，二四则四贵而二贱，五三则五贵而三贱，初上则上贵而初贱。上虽无位，然在所贵。以君言，为天子父，天子师。以世人言，物外清高不与事者。所以贵也。小阴大阳。小大不可齐，犹辨别而定之也。如泰大否小之类。阴阳虽有小大，必假卦象而后显也。此承上节而言。爻固言其变矣。若列贵贱，则存乎所变之位，贵贱不可淆也。《象》固言其象矣。若齐小大，则存乎所象之卦，小大不可乱也。吉凶固言乎失得矣。若辨吉凶，则存乎其辞，吉则趋，凶则宜避之也。

忧悔吝者存乎介，震无咎者存乎悔。

介谓辨别之端，善恶已动而未形之时也。悔吝未至于吉凶。乃初萌动，可以向吉凶之微处。介又悔吝之微处。于此忧之，不至于悔吝矣。震，动也。不曰"动"而曰"震"，有所震动以求其无咎者。在乎深有所愧悔，以坚其补过之心，则不至于有咎矣。此亦承上而言。悔吝固言乎其小疵矣。然当谨于其微，不可以小疵而自恕也。无咎固善其能补过矣。然欲动其补过之心，必自悔中来也。

是故卦有小大，辞有险易。辞也者，各指其所之。

大卦辞易，谦复之类。小卦辞险，睽剥之类。所之，所向也。"各"字，兼吉、凶、悔、吝、无咎五者。读谦复之辞如行坦途，如逢春阳。气象和乐，其辞平易，示人以所之之得且吉也。读睽剥之辞如涉风涛，如履雪霜。气象凛栗，其辞艰险，示人以所之之失且凶也。本凶而悔所之则吉，本吉而吝所之则凶。无咎本有过而能补过，则所之之于得不之于失，之于吉不之于凶矣。合前二章论之。第一章论伏羲画卦，望贤人之体《易》。第二章论文王周公所系辞，望君子之用《易》。此则专论《象》《爻》辞之例，示众人之用《易》也。

右第三章。

第四章言《易》道之大，圣人用之而穷理尽性以至于命。《易》与天地准，作《易》圣人亦与天地准也。

《易》与天地准，故能弥纶天地之道。

此节言《易》道之大也。《易》，指《易》之书而言。《易》书卦爻具有天地之道，与之齐准，故于天地之道能弥之。弥者，弥缝。合万为一，使浑然而无欠。又能纶之。纶者，丝纶。一中有万，使灿然而有条。弥而不纶则空疏无物，纶而不弥则判然不属。弥如大德之敦化，纶如小德之川流也。

仰以观于天文，俯以察于地理，是故知幽明之故。原始反终，故知死生之说。精气为物，游魂为变，是故知鬼神之情状。

此穷理之事也。以者，圣人以《易》之书也。易者，阴阳而已。幽明死生鬼神，皆阴阳之变，天地之道也。天文地理，《本义》谓天文有昼夜上下，地理有南北高深。《大全》谓昼明夜幽，上明下幽，观此见天文幽明之所以然。南明北幽，高明深幽，察此见地理幽明之所以然。此亦不过举大凡，亦不尽此也。天文显而在上，观之可见。地理隐而在下，必察其详。又天文远而成象，难于细察。地理近而有形，又非观之所可尽也。就天文地理分言之，似天文明而地理幽。而天文地理中又各有幽明，如日月雷风见于象者为明，其藏而不见处即为幽。山泽水火之隐藏未见者为幽，其有形可见即为明。以《易》之阴阳，知天文地理之有幽明。以《易》之阴中有阳阳中有阴，知天文地理中之幽中有明明中有幽。阳极阴生则渐幽，阴极阳生则渐明。终古天地皆如此。知其所以然之理，所谓知幽明之故也。原者，推之于前。反者，要之于后。天地之化，虽生生不穷。然有聚必有散，有生必有死。以《易》中阴阳二气之聚，推其所以始，则可以知生之说。以《易》中阴阳二气之散，推其所以终，则可以知死之说。说谓言其理也。耳目之聪明为精，口鼻之嘘吸为气。人之生也。精与气合而有物，故为神。精灭则魄堕于地，气绝则魂游于天。人之死也。魂与魄离而为变，故为鬼。盖在生谓之精气，在死谓之魂魄。离合聚散，屈伸往来于天地之间谓之鬼神。然要不出于《易》之阴阳可知也。盖精也魄也，皆阴之属也。气也魂也，皆阳之属也。精气为物，阴阳二气聚而为神也。而神又阳之属，则精气者阳中之阴阳也。游魂为变，阴阳二气散而为鬼。而鬼又阴之属，则魂魄者阴中之阴阳也。人生谓之气，死谓之魂。乃梦中不谓之气而谓之魂者，盖当其睡梦，生而有死之形。气虽未绝而精不用事，故魂与魄离而有梦。此又阳中之阴也。人生谓之神，死谓之鬼。乃正人君子死不谓之鬼又谓之神者，盖浩然之气死而全生之理。精虽灭而气犹不散，故魂能举魄而为神。此又阴中之阳也。正人君子之死，游魂之变而为神。伯有为厉之属，游魂之变而为鬼。鬼者，归也。亦渐归于渐灭而已。神者，伸也。在天为星辰，在地为河岳，正气常伸。此又圣人之所以贵阳贱阴，扶阳抑阴之意乎？而要其聚散久近，则阴阳之变化而不可穷诘。而其自无之有，自有之无则无极。太极而生阴阳，阴阳仍归于无极，此鬼神之情状可以易知之者也。《大全》杨氏曰：祸盈福谦，鬼神之情。如在其上，如在左右，鬼神之状。于义亦通，但未尽其所以然之故耳。

与天地相似，故不违。知周乎万物而道济天下，故不过。旁行而不流。乐天知命，故不忧。安土敦乎仁，故能爱。

上文言《易》与天地准，故可即《易》以穷天下之理。此言圣人之道似天地。而所以似天地者，用《易》道以尽其性而已。天地之功大矣。准之者《易》，似之者圣人。《易》本无体故言准。如平准之准，均一无间。圣涉有为故言似。如形似之似，顺适乎自然。天地圣人本无二道，列之为三，则相似而已。唯相似，故先天后天而不远也。此句统言之。以下不过不忧能爱皆不违之事。天地之道，知仁而已。知周万物者，知同乎天也。道济天下者，仁同乎地也。后以知仁分天地，以动静言之，此以清浊言之。知之所及犹虚，故以属天。道之所济则实，故以属地。"不过"与下文不同。"不过"言天下莫能过，即不违也。旁行而不流。《本义》谓旁行者行权之知也，不流者守正之仁也。《大全》朱子又云，细分之有知仁，其实皆知之事。对下"安土敦乎仁"一句。盖朱子因两故字而改之也，今从之。知之旁行而流，则不能乐天知命而不忧。故此句详言之。天以理言，仁义忠信是也。命以气言，吉凶祸福是也。虽有旁行行权之知，而不流于邪曲之为。盖所乐者天理之正，无一念之杂。又知天命之有定，不以利害祸福夭寿贰其心，所以能不忧也。如是而其知益深，似乎天矣。安土，随处而安也。所处不安，则何暇及于人。随处皆安，无不息之不仁。私欲尽净，天理充满。愈加敦厚，不忘其济物之心。所以能爱也。如是则其仁益笃，似乎地矣。此圣人体《易》以尽性之事，而上下与天地同流者也。又按：《来注》知仁不分。不过不忧能爱皆指天地言。天地至大无外，不过者也。圣人知周万物道济天下，故同其不过。天地鼓万物，不与圣人同忧者也。圣人乐天知命，故同其不忧。天地以生物为心，能爱者也。圣人安土敦仁，同其能爱。此说更浑。

　　范围天地之化而不过，曲成万物而不遗，通乎昼夜之道而知，故神无方而《易》无体。

　　此圣人体《易》而至于命之事。范，如铸金之有模范。围，匡郭也。天地之化无穷，圣人范围之，不使过于中道。以天道言。如一岁分四时，生长收藏。以人身言，如欲动情胜，为之礼义检制皆是也。曲成不遗，又随万物之分量形质，使大小方圆各有成就也。范围，即大德之敦化，上文之所谓弥。曲成，即小德之川流，上文之所谓纶也。幽明死生鬼神，即一昼一夜之理通达之也。知有昼即有夜之理，则古今一昼夜也。幽明死生鬼神，无不可知矣。以此见至神之妙无有方所，《易》之变化无有形体也。使范围有过，曲成有遗，通昼不通夜，通夜不通昼，则神有方《易》有体矣。盖天地之化，阴阳之气。万物，阴阳之形。昼夜，阴阳之理。此三者不外乎阴阳者也。神，则阴阳不测。在阴忽而在阳，在阳忽而在阴，本无方所可定。易，则阴中有阳，阳中有阴。亦无体质可定。圣人尽乎《易》，即合乎神，所以能范围曲成而通知之也。上文言圣人之知不过，此则能使天地之化不过。上言知周乎万物，此则曲成之而不遗。上言仰观俯察原始要终而知幽明死生鬼神，此则通乎昼夜之道而知。盖穷理尽性之极，至于命之事。圣人即《易》也，即神也，即天地也而已矣。按《来注》不言穷理尽性至命。但谓《易》与天地准，圣人亦与天地准。此节承上文。《易》能弥天地之道，圣人范围不过亦能弥之。《易》能纶天地之道，圣人曲成不遗亦能纶之。《易》所具不过幽明死生鬼神之理，圣人通乎昼夜亦有以知之。其说虽与注小异而意更浑，可参。

右第四章。

第五章言道不外乎阴阳。"继之者善"以下二节，言其在人者。"显仁""藏用"二节，言其在造化者。自"生生之谓易"以下，言其在《易》书者。而总以阴阳不测结之。

一阴一阳之谓道。

阴阳迭运者，气也。所以阴阳之理，则道也。按《来注》，理乘气机以出入。一阴一阳。气之散殊，即太极之理各足而富有者也。气之迭运，即太极之理流行而日新者也。故谓之道。此解亦精。中庸率性之谓道，就道之在人者言。此则就道之在天者言。

继之者善也，成之者性也。

继善，就斯道之发育赋予者言之。以其天命之本体，不杂于形气之私。所谓元者善之长，故曰"善也"。成性，就人物所禀受而言之。气以成形而理亦赋物，物各得一太极。无妄之理不相假借，故曰"性也"。继善，阳之事。成性，阴之事也。盖道即所谓太极。继善则动而生阳，成性则静而生阴也。此节就天人赋受之界言之也。孟子之言性善，盖出于此。夫子之言性相近也，盖自成性之后兼于气质者言之。孟子之言性善，则自成性之先，纯乎继善者而言之也。

仁者见之谓之仁，知者见之谓之知，百姓日用而不知。故君子之道鲜矣。

曰善曰性具于人身，浑然一理不可名状。唯仁者发见于恻隐，则谓之仁。知者发见于是非，则谓之知。而后所谓善与性方有名状。百姓同此善性。而气禀所拘，物欲所蔽，故知之者鲜。上章言圣人之知仁，合而为一者也。此言仁者知者，分而为二者也。自天命之流行于人物者言之。则继善为阳，成性为阴。此就所成之德言之。则仁属阳，知属阴。上章以知属天，仁属地。此则仁属阳，知属阴者。彼以清浊言，此以动静言也。夫子言仁静知动，而此又以动属仁，静属知者。论语就成德之后言，此从其禀性所近言。仁者得阳之发生流动，以为仁而德成。能安于理，则见其静。知者得阴之凝定不易，以为知而德成。周通于理，则见其动。此又阴中之阳，阳中之阴，不可拘也。仁知各得道之一隅，随其所见而目为全体。百姓则日用之间习而不察。此君子之道所以鲜也。君子之道，即一阴一阳之道。系之君子者，君子有体道之功也。

显诸仁，藏诸用。鼓万物而不与圣人同忧，盛德大业至矣哉！

显，自内而外也。运行之迹，生育之功。显诸仁也，德之发也。藏，自外而内也。神妙无方，变化无迹。藏诸用也，业之本也。圣人之与天地可同者，显仁藏用之德业也。不可同者，天地无心，圣人有心也。圣人仁万物而独任其忧，天地鼓万物而不与圣人同其忧。盖天地无心而成化，圣人有心而无为也。

富有之谓大业，日新之谓盛德。

富有者，大而无外。天高地下，万物散殊是也。日新者，久而无穷。阴阳升降，变化不穷是也。此虽言天地，然圣人亦然。生物无穷，天地之大业。功及万世，圣人之大业也。运行不息，天地之盛德。终始日新，圣人之盛德也。继善成性二节，言阴阳之道在天人赋受之界者。显仁藏用二节，言阴阳之道在天地造化者。

生生之谓易。

阴生阳，阴生阴，其变无穷。易之理如是，故其书亦如是。此以下就阴阳之在《易》书者言之。

成象之谓乾，效法之谓坤。

象者，法之未定。法者，象之已形。乾主气，故曰"成象"。坤主形，故曰"效法"。乾本阳而名为乾，以其健而成象也。坤本阴而名为坤，以其顺而效法也。此一阳一阴之道在卦者也。

极数知来之谓占，通变之谓事。

数，蓍数也。天数二十有五，地数三十。极天地之数而吉凶可以前知，此之谓占。通变，即所占之卦变而通之。事，行事。通其变而行之也。极数知来，所以通事之变。曰"占"，则事之未定者，属乎阳。曰"事"，则占之已决者，又属乎阴也。按：《来注》云极数者，方卜筮之时，究极其阴阳七八九六之数。观其所值何卦，所值何爻，以断天下之疑，故曰"占"。通变，既卜筮之后，详通其阴阳老少之变。吉则趋之，凶则避之，以定天下之业，故曰"事"。此一阴一阳之道在卜筮者也。

阴阳不测之谓神。

此句总结上文。三百八十四爻阴中阳在，阳中阴在，故不测也。上章言易无体，此言生生之谓易。唯其生生，所以无体也。上章言神无方，此言不测之谓神。唯其不测，所以无方也。言《易》，继以乾坤。乾坤毁则无以见《易》也。言神，先以占事。占事则神所托而显者也。此章大抵以道不外乎阴阳，而阴阳终不可测。以其在人者言之，则继善，成性，仁者，知者皆阴阳之所为也。就其中而分之，则继善阳，成性阴，仁阳，知阴。而究之继成之妙，阴阳之在人者不可测也。以其在天地者言之，则盛德大业皆阴阳之所为也。就其中而分之，则显仁阳，藏用阴。而要之盛德大业之妙，阴阳之在天地者不可测也。以其在《易》者言之，为乾，为坤，为占，为事，皆阴阳之所为也。就其中而分之，则乾阳，坤阴，占阳，事阴。而究之生生之妙，阴阳之在《易》者不可测也。不可测者，神也。以其理之当然而言。谓之道。以其道之不测而言，谓之神。非道外有神也。圣人假《易》书以明道，假卜筮以显其神。使人体《易》，即以法乎天地。《易》也，天地也，圣人也一而已矣。

右第五章。

第六章赞《易》之广大而原于乾坤之二卦也。

夫《易》，广矣大矣。以言乎远则不御，以言乎迩则静而正，以言乎天地之间则备矣。

上章言《易》与天地准，赞《易》之书。此言广大，赞《易》之理也。广，言其中之所含。大，言其外之所包。下三句皆言广大不御。言其无远不到，莫之能止。即所谓天下莫能载也。静而正，言未动之先，即物而理存，无安排布置之扰。即所谓天下莫能破也。盈天地之间惟万物，而《易》之理无不备，其广大如此。

夫乾，其静也专，其动也直。是以大生焉。夫坤，其静也翕，其动也辟。是以广生焉。

乾坤各有动静。静体而动用，静别而动交也。直专翕辟，其德性功用如是，以卦画观之亦然。乾性健，其画奇。不变则其静专一不他，变则其动直遂不挠。以其一而实，故以质言曰"大"，言无所不包也。坤性顺，其画偶。不变故其静翕受无遗，变则其动开辟无壅。以其二而虚，故以量言曰"广"，言无所不容也。盖天虽包于地之外，而其气常行于地之中。《易》不过写乾坤之理，乾坤之德性如是。《易》之所以广大者以此。

广大配天地，变通配四时。阴阳之义配日月，易简之善配至德。

配，相似之意。广大配天地，承上文言之，非配合也。《易》之广大得于乾坤，则其广大亦如天地矣。变通者，阳变而通乎阴，阴变而通乎阳。老阳老阴变化往来，配四时之流行不息也。义者，名义也。卦爻中刚者称阳，柔者称阴，故曰"义"。阴阳对待，配乎日月也。易简即顺健。至德即仁义礼智。天所赋于人之理，而人得之者也。仁礼属健，义智属顺。是《易》所言易简之善，与圣人之至德相似也。天地之间，至大者天地，至变者四时，至精者日月，至善者至德。《易》之书具此四者，岂不谓之备乎？

右第六章。

第七章赞《易》道之至，圣人所以崇德广业而参天地也。

子曰：《易》其至矣乎？夫《易》，圣人所以崇德而广业也。知崇礼卑。崇效天，卑法地。

德业以圣人为至。而圣人之德所以崇，业所以广者。《易》也。德由于知，知识贵其高明。圣人以《易》穷理，则知之崇如天而德崇矣。业由于礼，践履贵其着实。圣人以《易》践履，则礼之卑如地而业广矣。所见高于上，所行实于下。则道义从此生生不穷，犹天地设位而《易》行乎其中矣。

天地设位，而《易》行乎其中矣。成性存存，道义之门。

承上天地言之。言圣人非勉强效法乎天地也。盖天地设位而易行，所以成性之存而道义出也。《易》不外阴阳。阴阳升降，所谓《易》行乎其中也。成性与成之者性稍异。彼乃成就之意，此则已成之性。浑然天成，非有所造作也。性同，唯圣人能存之。存存者，存而又存。知崇礼卑，则成性存存矣。在造化谓之《易》，《易》在人谓之道义。性者所得于天，道义世所共由。能知崇礼卑，则成性存而不失，道义从此而出。道义之得于心为德，见于事为业。自然日新月盛，不期崇而自崇，不期广而自广矣。圣人作《易》，固教人存性，以由道义之门。而德之崇，业之广皆以此。此《易》之所以至也。

右第七章。

第八章言卦爻之用。自中孚初爻以下，夫子拟议其辞。示人以学《易》之变化，以为三百八十四爻之例也。

圣人有以见天下之赜，而拟诸其形容。象其物宜，是故谓之象。

赜，繁多也。拟诸形容，如乾为圜，坤为在舆之类。象其物宜，如乾称龙，坤称牝马之类。象，卦爻中之象也。

圣人有以见天下之动，而观其会通，以行其典礼。系辞焉以断其吉凶，是故谓之爻。

会，以物之所聚言。通，以事之所宜言。观其会不观其通，或窒塞而不可行。观其通而不观其会，则不知其中之条件曲折。典礼，犹常礼常法。尧舜揖让，汤武征诛是也。全卦中自有会通，一爻中又各有一爻之会通。系辞以明其吉凶，使人皆由于典礼也。

言天下之至赜而不可恶也，言天下之至动而不可乱也。

繁多者使人易厌。然皆理中所有，则不可恶也。动则纷纷致乱。然其中各自有理，则不可乱矣。

拟之而后言，议之而后动。拟议以成其变化。

圣人之于象，拟之而后成。学《易》者亦拟其所立之象以出言，则言之浅深详略，必各当其理。圣人之于爻，必观其会通，以行典礼。学《易》者亦必议其所合之爻以制动，则动之行止久速，必各当于时。《易》之变化无穷，学《易》者能拟议之如此，而《易》之变化成于吾身矣。故下文皆言拟议以成变化之事。

鸣鹤在阴，其子和之。我有好爵，吾与尔靡之。子曰：君子居其室出其言善，则千里之外应之，况其迩者乎？居其室出其言不善，则千里之外违之，况其迩者乎？言出乎身加乎民，行发乎迩见乎远。言行，君子之枢机。枢机之发，荣辱之主也。言行，君子之所以动天地也。可不慎乎？

释中孚九二爻义。爻言感通之理，夫子专以言行论之。盖诚信感通莫大于言行也。居室，在阴之象。出言，鹤鸣之象。千里应之，子和之象。出身加民，发迩见远，好爵尔靡之象。枢动而户之开有大小，机动而弩之发有中否。犹言行之出有荣辱。应在人而感之在我，故曰荣辱之主也。言行和则致祥，乖则致异。所谓动天地也。学《易》必拟议至此。乃不为爻象所拘也。

同人先号咷而后笑。子曰：君子之道。或出或处，或默或语。二人同心，其利断金。同心之言，其臭如兰。

释同人九五爻义。爻言君子之道始虽岐而终实无间。孔子释之。言始异而终同者，由于迹异而心同也。断金，物莫能间。如兰，其言有味也。

初六，藉用白茅，无咎。子曰：苟错诸地而可矣。藉之用茅，何咎之有？慎之至也。夫茅之为物薄，而用可重也。慎斯术也以往，其无所失矣。

释大过初六爻义。置物者不过求其安，错诸地可以安矣。又承之以茅，则益有所藉，又安有倾覆之咎。茅为物至薄，用之以得无咎。则其用重矣，此慎之至也。天下事过则有失，唯过慎则无咎。

劳谦君子有终吉。子曰：劳而不伐，有功而不德。厚之至也，语以其功下人者也。德言盛，礼言恭。谦也者，致恭以存其位者也。

释谦九三爻义。德言盛，礼言恭，言德欲其盛，礼欲其恭也。人之谦与傲，视其德之厚与薄。德厚者无盈色，德薄者无卑词。如钟磬焉。愈厚者声愈缓，薄则反是。故有劳有功而不伐不德，唯至厚者能之。德盛礼恭，本君子修身之事，非有心以保禄位。然天下莫与争劳争功，自永保斯位矣。

亢龙有悔。子曰：贵而无位，高而无民，贤人在下位而无辅，是以动而有悔也。

释乾上九，已入《文言》。

不出户庭，无咎。子曰：乱之所生也，则言语以为阶。君不密则失臣，臣不密则失身，几事不密则害成。是以君子慎密而不出也。

释节初九爻义。爻义就出处言，夫子推及言语之节。盖兑有口舌象也。

子曰：作《易》者，其知盗乎？《易》曰：负且乘，致寇至。负也者小人之事也。乘也者，君子之器也。小人而乘君子之器，盗思夺之矣。上慢下暴，盗思伐之矣。慢藏诲盗，冶容诲淫。《易》曰：负且乘，致寇至。盗之招也。

释解六三爻义。按：上慢下暴，《大全》作慢其上而暴其下，恐未的。窃意小人而乘君子句以德言，上下以位言。小人在上，骄慢不戒。小人在下，暴窃非据。皆盗所伐也。作《易》者不归罪于盗而咎招盗之人，所以为知盗也。自中孚二爻至此，皆夫子拟议，示人以变化者。盖爻义非辞不明。而天下事之变化，非辞可尽。故即诸爻以示三百八十四爻之例，盖学者当触类以及其余也。

右第八章。

第九章论天地大衍之数，揲蓍求卦之法。

天一地二，天三地四，天五地六，天七地八，天九地十。

此言天地之数阳奇阴耦，即所谓河图也。人知河图之数，不知天地之数，故孔子分属之。其位一六居下为水。二七居上为火。三八居左为木。四九居右为金。五十居中为土。五行本五而有十，五行中又各有阴阳。如木有甲乙，火有丙丁，土有戊己，金有庚辛，水有壬癸故十也。数十而卦八者。十，五行之数。卦但取阴阳之象也。即一二三四得卦画老少阴阳之象，即六七八九得揲蓍老少阴阳之象。即中五为衍母，次十为衍子。而得揲蓍求卦之原。至于因图而画卦，与先后天配合河图之位，于河洛图说详之。此节所举天地自然之数，以见大衍用五十之由耳。

天数五，地数五。五位相得而各有合。天数二十有五，地数三十。凡天地之数五十有五，此所以成变化而行鬼神也。

天数五者，一三五七九皆奇也。地数五者，二四六八十皆偶也。相得，《本义》谓一与二，三与四，五与六，七与八，九与十，各以奇偶为类而自相得。有合，谓一与六，二与七，三与八，四与九，五与十皆两相合。今就五位二字思之，此句颇有疑。窃意五位者，五行之位也。五行之位，北水，南火，东木，西金而中土。一与六皆水而居北。二与七皆火而居南。木金土亦然。水得水之位，火得火之位。所谓五位相得也。若一与二，三与四彼此相对，非五位之相得者矣。所谓有合者，固以一六，二七为合。而各字所包者广。窃意皆与五数又有合也。盖一二三四五者，生数也。六七八九十者，成数也。然行止五，大衍之数亦取五。一与五合而得六。二与五合而得七。以至八，九，十皆然。又十干之中甲与己合，乙与庚合，丙与辛合，丁与壬合，戊与癸合皆隔五位，所谓各有合也。二十有五，五奇之积，然亦五其五也。三十，五偶之积，然亦六其五也。河图画卦意义所取非一，此节叙大衍之数。所以独取五十之原，故独于此详之耳。变化，《本义》谓。一变生水而六化成之，二化生火而七变成之，三变生木而八化成之，四化生金而九变成之，五变生十而十化成之。此处亦觉未合。盖五行之生成在变化之前。此所谓变化，疑在五行生成之后。又以变字化字分属，亦未得其解。窃意水体阳而用阴而质最清，故天以一生水，地以六成之。火体阴而用阳而质次清，故地以二生火，天以七成之。木为少阳而质渐浊，故天以三生木，地以八成之。金为太阴而质更浊，故地以四生金而天以九成之。土中宫而质最浊，故天以五生土而地以十成之。五行各位其方，而四方即为四象。盖自有天地而即有之，此五行之生成在未有变化之先也。及五行既具。二气运行，错综不一。

所谓四象变化而庶类繁。圣人画卦则由此而定先后天之位。而揲筮以求阴阳之数不外此。自一至十之数千变万化皆从此出，故此所谓变化宜在五行生成之后。不必复以五行之生成分配变化也。鬼神，《本义》谓凡奇偶生成之屈伸往来者。盖鬼神流行之妙，要不外于阴阳而已。此节未详言本河图以画卦之原，不过言天地之数之原。以起下文大衍用五十之意也。

大衍之数五十，其用四十有九。分而为二以象两，挂一以象三。揲之以四以象四时，归奇于扐以象闰。五岁再闰，故再扐而后卦。

河图五十有五者，天地自然之数也。大衍之数五十，圣人又即河图中宫天五乘地十而得之者也。河图洛书，皆五居中而为数。故在天为五星，在地为五行，在人为五常。五者，数之祖也。数始于一，备于五。小衍之成十，大衍之而成五十。五十，数之成也。成则不动，故虚天一不用而取四十有九。此皆理数之自然，非人力所能损益也。两，两仪。天地也。挂，悬其一于左手小指之间也。三，三才也。揲，数之也。奇，所扐四数之余也。扐，勒于左手中三指之两间也。闰，积月之余日而成月者也。象闰者，以其所归之余策而象日之余也。五岁再闰者，一年二十月气盈六日，朔虚六日，共余十二日。三年则余三十六日。分三十日为一月，又以六日为后闰之积。其第四，第五年又各余十二日。以此二十四日凑前六日。又成一闰。此是五岁再闰也。挂一当一岁。揲左当二岁。扐左则三岁一闰矣。又揲右当四岁。扐右则五岁再闰矣。再扐而后挂者。再扐之后复以所余之蓍合而为一。为第二变再分再挂再揲也。独言挂者。分二揲四皆在其中矣。此则象再闰也。

乾之策二百一十有六，坤之策百四十有四。凡三百有六十，当期之日。

凡此策数生于四象。盖河图四面。太阳居一而连九。少阴居二而连八。少阳居三而连七。太阴居四而连六。揲筮之法则通计三变之余，去其初挂之一。凡四为奇，凡八为偶。奇圆围三，偶方为四。三用其全则三奇为九。四用其半则三偶为六。如三揲挂扐通十三策去初挂之一为十二，是三奇为九矣。而其揲亦九策，亦四九三

十六，是为居一之太阳。三揲挂扐通十七策去初挂之一为十六，是
二奇一偶则为八矣。而其揲亦八策，亦四八三十二，是为居二之少
阴。三揲挂扐二十一策去初挂之一为二十，是二偶一奇则为七矣。
而其揲亦七策，亦四七二十八，是为居三之少阳。三揲挂扐二十五
策去初挂之一为二十四，是三偶为六矣。而其揲亦六策，亦四六二
十四，是为居四之老阴。此言乾之策二百一十有六，坤之策百四十
有四者。专以乾坤之六爻老阴老阳言之。盖少阴退而未极乎虚，少
阳进而未极乎盈，故独以老阴老阳为言也。然得乾者未必皆老阳，
得坤者亦未必皆老阴。但以乾坤有老阴老阳之象，六子有少阴少阳
之象，故以老阴老阳计乾坤六爻之策数而其余可推也。至于三百六
十则阴阳之合，其数必齐。若乾坤之爻皆得于少阴少阳。则乾之策
六其二十八而为百六十八，坤之策六其三十二而为百九十二，其合
亦为三百六十也。期，周一岁也。一岁凡三百六十五日四分日之
一，此特举成数言之耳。当者，适相当。非以彼准此也。

二篇之策，万有一千五百二十。当万物之数也。

二篇，上、下《经》也。老阳爻百九十二得六千九百一十二
策。老阴爻百九十二得四千六百八策。合之得万有一千五百二十，
以当万物之数。非谓物止此数，亦极言其多耳。若两篇皆少阴少阳
之数，合之亦为万一千五百二十也。

是故四营而成易，十有八变而成卦。

四营，分二卦一揲四归奇也。《易》谓一变也。三变成爻，十
有八变成六爻也。

八卦而小成。

谓九变成三画，得内卦也。

引而伸之，触类而长之，天下之能事毕矣。

此又就六爻大成之后视其变与否。则一卦可变为六十四卦以定
吉凶，凡四千九十六卦也。能事，即下文显道神德行，酬酢，祐
神也。

显道神德行，是故可与酬酢，可与祐神矣。

道隐，而无形者也。因辞而显其吉凶，以示乎人。德行，人之
所为者也。因数而决其行止，则皆神之所为矣。隐者显之以示人，

显者神之以合天。则明可以酬酢事物之宜，而幽可以辅助鬼神之功矣。受命如向。如宾主之应对，故曰酬酢。神不能言吉凶以示人。蓍卦有辞代鬼神言之，是祐助鬼神所不及也。此又极言因筮求卦之妙也。

子曰：知变化之道者，其知神之所为乎？

此复加"子曰"，以别上文也。变化，即上文大衍之数与揲筮求卦之法也。阳变为阴阴变为阳，皆非人之所能为，故曰神。道者，本然之妙。神者，所以然之故也。全章首论天地之数，次论蓍策之数，末论卦画之数，而终赞因筮求卦之妙也。

右第九章。

第十章承上章而言《易》中之用有四者，皆神之所为也。

《易》有圣人之道四焉。以言者尚其辞，以动者尚其变，以制器者尚其象，以卜筮者尚其占。

以，用之也。尚，取也。指其所之者，《易》之辞也。以言者尚之，则言无不当矣。化而裁之者，《易》之变也。以动者尚之，则动无不时矣。象其物宜者，《易》之象也。制器者尚之，则可以尽创物之智矣。极数知来者，《易》之占也。卜筮者尚之，则可以穷先知之神矣。辞与占为类，观其辞乃可知其占。故下文至精，合辞与占言之。变与象为类。变者，事之方始。象者，事之已成。故下文至变，合变与象言之。四者唯变难知。变虽在辞象占之外，实不出乎辞象占之间也。

是以君子将有为也，将有行也。问焉而以言，其受命也如向。无有远近幽深，遂知来物。非天下之至精，其孰能与于此？

此节言尚辞尚占之事。问焉而以言。按《本义》谓以言与以言者尚其辞之以言同。谓以之发言处事也。今按：经文上已有有为有行，此又补以言，语气未顺。又按：《大全》朱子又云言是命龟。受命是龟受命。此说较顺，今从之。至精，穷理于精微也。

参伍以变，错综其数。通其变，遂成天地之文。极其数，遂定天下之象。非天下之至变，其孰能与于此？

按：《本义》谓尚象之事。变，谓事之未定者也。要之此节总承上尚变尚象言之。参伍以变，交互参考之意。然按筮法。每爻三揲为三变。而每揲之中象两，象三，象四时，象闰，象再闰。虽曰四营，实五小变。所谓参伍以变也。错，谓分而配之。三奇为老阳，三偶为老阴，两奇一偶为少阴，两偶一奇为少阳是也。综，谓合而总之。总记左右手之正策得四六，四七，四八，四九之数是也。此二语止论一爻之法也。通其变，谓通六爻十有八变而成初二三四五上刚柔相杂之文也。极其数，谓极六爻七八九六而得内外两卦天地雷风水火山泽之象也。此二句论成卦之法也。三变而成爻，十有八变而成卦。《易》之有象，天下之至变者无以加之矣。

《易》无思也，无为也。寂然不动，感而遂通天下之故。非天下之至神，其孰能与于此。

此四者，《易》之体所以立而用之，所以行者也。《易》，指蓍卦。无思无为，蓍策本无心者也。寂然者其体，感通者其用。此专就蓍卦而言。然而人心动静之妙亦如此，唯圣人能之耳。

夫《易》，圣人所以极深而研几也。

极深承至精，研几承至变。如幽明之故，死生之说，《易》中之至精者本深也，圣人即此以极其深。如吉凶悔吝之萌，人不自觉，《易》中之至变者其几也，圣人即此以研其几。极深，大学之所谓知止。研几，大学之所谓能虑。上文至精至变至神，《易》之体也。下文惟深惟几惟神，《易》之用也。此句承上起下。

唯深也，故能通天下之志。唯几也，故能成天下之务。唯神也，故不疾而速，不行而至。

唯《易》之能极深也，故以辞为占。则可以前知，而开通天下人之心志。唯《易》之能研几也，故以变得象。则可以制作，而完成天下人之事务。然辞占变象所以能如此者，皆妙不可测之神为之。唯其妙不可测，故不待疾之而自速，不待行之而自至。谓自然而然，非人所能为也。天下之理，唯疾故速，唯行故至。未有不疾而速，不行而至者。盖不如是，不足以为神也。神莫神于心。此所谓神，亦就《易》书言之。

子曰：《易》有圣人之道四焉者，此之谓也。

观变玩占，可见其精。观象玩辞，可知其变。然非有疾然感通之神，何以为精何以为变哉！变化之道皆神所为。《易》有圣人之道四焉，无非变化之道而已矣。

右第十章。

第十一章专言卜筮之事。

子曰：夫《易》，何为者也？夫《易》开物成务，冒天下之道，如斯而已者也。是故圣人以通天下之志，以定天下之业，以断天下之疑。

开物，谓人所未知者开发之。成务，谓人所欲为者成全之。冒天下之道，谓卦爻既设而天下之道皆包括于其中也。《易》之道本如此。而圣人以之教人卜筮，以知吉凶。《易》能开物，则于人所未知者开发之，而通天下之志矣。能成务，则于人所欲为者成全之，而定天下之业矣。能冒天下之道，则于万事万物之得失莫遁其情，有以断天下之疑矣。卜筮之妙如此。

是故蓍之德圆而神，卦之德方以知，六爻之义易以贡。圣人以此洗心，退藏于密，吉凶与民同患。神以知来，知以藏往。其孰能与于此哉！古之聪明睿知，神武而不杀者夫！

圆神，谓变化无方。方知，谓事有定理。易以贡，谓变易以告人。盖蓍以七为数，七七四十九而属阳。分挂揲扐，阴阳老少变化无方，圆而神也。卦以八为数，八八六十四而属阴。吉凶得失一定不易，方以知也。贡，犹告也。三百八十四爻刚柔迭用，九六相推。其理变易以告人，易以贡也。此以上皆承上节言《易》之妙也。圣人以下就画前之《易》，《易》理在圣人之心者言之。洗心者，心纯乎理，别无所累。非有私而洗之也。退藏于密者，寂然未动，人莫能窥。非有意藏之也。吉凶与民同患者，既得吉矣又患其凶。凶固民之所患，吉亦民之所患。圣人之心与民同之也。神以知来，承上圆而神。知以藏往，承上方以知。蓍未有定数，故曰知来。卦已有定体，故能藏往。圣心之神知亦然也。言圣人之心体具三者之德。故当无事之时，心之体虚灵寂静，人莫能窥，所谓洗心退藏于密也。及其有事之时，心之用随感辄应，终始毕照，所谓吉凶同患，知来藏往也。此节即上章所谓寂然不动感而遂通者，而此特就《易》之在圣心者言之也。神武不杀。按《本义》谓得其理而不假其物之谓，谓无卜筮而知吉凶也。据此则神武不杀作取譬之词，以文义求之有疑。按：《王注》言服万物不以威刑也。窃按：《来注》近是。盖此二句设为问答赞叹之辞，以起下文兴神物前民用之意。盖指伏羲氏也。神足以开物，知足以成务，聪明睿知也。吉凶之断，神武之决也。与民同患，不杀之仁也。故下文遂言圣人建立卜筮之事。盖惟圣人体备全《易》之理，乃有《易》之书也。

  是以明于天之道，而察于民之故。是兴神物，以前民用。圣人以此齐戒，以神明其德夫！

  天之道，阴阳寒暑之运行皆是也。民之故，伦常日用之云为皆是也。明天之道，则知神物之可兴。察民之故，则知民用之不可无以开其先。神物，即蓍龟也。湛然纯一之谓齐，肃然警惕之谓戒。圣人明于天人之故，而作为卜筮以教人。而于此齐戒，以考其占。使其心神明不测，如鬼神之知来，故曰神明其德。上言圣人以此洗心者，此心至静而《易》之体具也。此言以此齐戒者，此心至敬而《易》之用行也。

  是故阖户谓之坤，辟户谓之乾。一阖一辟谓之变，往来不穷谓之通。见乃谓之象，形乃谓之器。制而用之谓之法，利用出入，民咸用之谓之神。

  此节言揲卦布爻之事。阖户谓之坤，言画偶爻也。凡偶皆属阴为坤。辟户谓之乾，言画奇爻也。凡奇皆属阳为乾。先言坤者，由静而动。犹言阴阳也。一阖一辟谓之变者，六画既成，刚柔相杂，言成卦也。往来不穷谓之通者，九六之动，爻相往来，谓之通也。见于蓍策，有阴阳老少，谓之象也。形于卦爻，有刚柔动静，谓之器也。制揲蓍以教人，使知分挂揲扐，谓之法也。一出一入，审其吉凶以为趋避，谓之神也。按：此节《本义》谓乾坤变通者，化育之功也。见象形器者，生物之序也。法者，圣人修道之所为。而神者，百姓自然之日用也。此似泛论天下之事理，《大全》平庵项氏专就卜筮解之。今从项氏为切。

是故《易》有大极，是生两仪。两仪生四象，四象生八卦。

此圣人作《易》自然之次第。画卦揲蓍，其序皆然。自此以下皆言圣人制作之本。

八卦定吉凶，吉凶生大业。

吉凶既定，以之建功立事，则大业自此生矣。此二节言爻象之所由生。

是故法象莫大乎天地，变通莫大乎四时。悬象著明莫大乎日月，崇高莫大乎富贵。备物致用，立成器以为天下利，莫大乎圣人。探赜索隐，钩深致远，以定天下之吉凶，成天下之亹亹者，莫大乎蓍龟。

富贵，谓有天下。亹亹，犹勉勉也。疑则怠，决则勉。此六者之功用皆大。圣人即五者之大，以形蓍龟功用之大。《易》占用蓍不用龟。然龟亦具此理，故每并言之。此节言成器之所由立。

是故天生神物，圣人则之。天地变化，圣人效之。天垂象，见吉凶，圣人象之。河出图，洛出书，圣人则之。

此节言《易》书之所由作。神物谓蓍。则之而四十九之数以行。变化谓阴阳。天变化，寒暑昼夜之类。地变化，山川动植之类。效之而卦爻之动静以出。象谓日月星辰。循度失度而吉凶见，象之而卦爻有以断吉凶。图书则金木水火土生成克制之数。则之而卦画方位以定。皆作《易》之本也。河图洛书，别详于图说。

《易》有四象，所以示也。系辞焉，所以告也。定之以吉凶，所以断也。

四象，谓阴阳老少。示，示以所值之卦爻。示，使人有所见。告，使人有所知。断，使人无所疑。此又总卜筮之大意而言之也。

右第十一章。

第十二章言圣人作《易》之意。其散在六十四卦之爻象，其聚在乾坤之二卦。圣人用《易》之道。其散在天下之事业，其聚在一身之德行也。

《易》曰：自天祐之，吉无不利。子曰：祐者，助也。天之所助者，顺也。人之所助者，信也。履信思乎顺，又以尚贤也。是以自天祐之，吉无不利也。

释大有上九爻义。大有惟六五一阴，而上下五阳应之。上九以刚居上而能下从六五，是能履信思顺而尚贤也。五之交乎信也，而上能履之。五得位而上从之，谦退不居，思顺也。志从于五，尚贤也。此节疑在第八章之末，错简在此耳。

子曰：书不尽言，言不尽意。然则圣人之意，其不可见乎？子曰：圣人立象以尽意，设卦以尽情伪，系辞焉以尽其言。变而通之以尽利，鼓之舞之以尽神。

言之所传有尽，象之所示无穷。立象尽意，指伏羲所画之卦爻，包含变化无有穷尽。虽无言而吉凶同患之意悉具于中，所谓尽意也。设卦，谓文王所设六十四卦之名义也。本乎性而善者为情，拂乎性而不善者为伪。六十四卦之中，善恶真妄无所不具，所谓以尽情伪也。《系辞》则文王周公《象》《爻》之辞，吉凶悔吝之言尽矣。此三句皆言作《易》之事。答书不尽言，言不尽意之语。而设卦在立象之后系辞之前，盖竟尽意之绪，启尽言之端也。尽意尽情伪尽言，皆所以为天下利也。又恐其利有所未尽，于是作揲蓍十有八变之法。使往来相通，一卦可为六十四。则其用愈广，足以尽利矣。因变得占吉凶。知所趋避，心无所疑。如以鼓声作舞容。鼓声愈疾，舞容亦愈疾。鼓声不息，舞容亦不息。成天下之亹亹而不自知其所以然，所谓尽神也。此二者言用《易》之事。立象设卦，即上章所谓象也。系辞，辞也。变通，变也。鼓舞，占也。

乾坤其《易》之缊耶？乾坤成列，而《易》立乎其中矣。乾坤毁，则无以见《易》。《易》不可见，则乾坤或几乎息矣。

缊，即包蓄也。《易》之所有，不外阴阳。凡阳奇皆乾，阴偶皆坤。画卦定位，则二者成列而《易》之体立矣。成列举乾坤，而诸卦皆在其中。乾坤毁无以见《易》，谓卦爻不列则《易》道无由而著也。《易》不可见则乾坤息，谓《易》道不显则卦画之变化不能自行也。《易》未尝无乾坤，亦未尝息。特以画卦不立，无以见其变《易》之理。而乾坤之功用，并不可得而见也。

是故形而上者谓之道，形而下者谓之器。化而裁之谓之变，推而行之谓之通。举而措之天下之民，谓之事业。

卦爻阴阳皆形而下者，其理则道也。道超乎形而非离乎形，故不曰有形无形，而曰形上形下也。所变所通所指者皆道，然皆宜就撰著言之。《本义》谓变通二字上章以天言，此章以人言。盖上章言阖辟往来，著策中所本有之理。此言化裁推行，则圣人筮卦用《易》之事也。《易》道无穷。圣人化而裁之为六画为上下为内外，故谓之变。推而行，推其变而行之也。如乾初变宜潜则潜为通，乾二变宜见则见为通，故谓之通也。事者，业之未成。业者，事之已就。定天下之吉凶以成天下之亹亹，则天下从此立矣。

是故夫象，圣人有以见天下之赜，而拟诸其形容。象其物宜，是故谓之象。圣人有以见天下之动，而观其会通，以行其典礼。系辞焉以断其吉凶，是故谓之爻。

重出以起下文。

极天下之赜者存乎卦，鼓天下之动者存乎辞。

按《本义》。卦即象也，辞即爻也。此解颇有可疑。窃意天地万物之形象至多。六十四卦之中阴阳奇偶无所不备，是能极天下之赜也。辞则有象辞有爻辞，皆示人以吉凶悔吝。使人晓然知所趋避，是能鼓天下之动也。

化而裁之存乎变，推而行之存乎通。神而明之存乎其人，默而成之，不言而信，存乎德行。

上文变通就撰筮而言，此就用《易》以行事而言。化卦爻所示之理而得其裁制，存乎人之能变，不可拘也。推卦爻所决之事而善于施行，存乎人之旁通，不可执也。变与通，所谓神明之也。存乎其人，而辞变象占皆不可泥也。比皆因筮得卦之后，用《易》而见于事者也。至于平居，尤贵体《易》道于心身，不在书与言之迹。

所谓默而成之，不言而信，存乎德行也。成者，我自成。信者，他人信之。得于心为德，履于身为行。前言变通而措之事业，推《易》道于民。此言变通而归之德行，存《易》道于己也。上文五谓者，圣人作《易》之用。此六存者，圣人之用夫《易》也。自章首至乾坤或几乎息，言圣人作《易》。散为六十四卦之爻象，而缊于乾坤之二卦。自形而上者谓之道以下，言圣人用《易》。散为天下之事业，而要归于人之德行也。

右第十二章。

系辞下传

第一章言卦爻吉凶造化功业。

八卦成列，象在其中矣。因而重之，爻在其中矣。

成列，谓乾一兑二离三震四巽五坎六艮七坤八及先后天之方位皆是也。象，即卦之形体。《大全》谓乾兑离震之象未及天地雷风也。重之，谓八卦之上各加八卦，以成六十四卦也。爻，六爻。既重卦，则六爻皆在其中矣。然八卦所以成列，乃从太极两仪四象渐次而生。画成之后，方见有三才之象。非圣人因见三才，遂以己意连画三爻以象之也。六十四卦每卦六爻亦以下卦为太极。生两仪则十有六，生四象则三十有二，生八卦则六十四。画成之后，然后见其可尽天下之变。非圣人见下三画不足以尽天下之变，又增三爻以益之也。

刚柔相推，变在其中矣。系辞焉而命之，动在其中矣。

刚柔相推而往来交错，卦爻之变见矣。圣人因其有变随爻皆系之辞。占者一二爻变，则一二爻动。四五爻变，则不变者为动。三爻变，则二《象》皆动。纯变，则之卦为动。皆观其所系之辞也。

吉凶悔吝者，生乎动者也。

吉凶悔吝在辞，因变动而占乃见。

刚柔者，立本者也。变通者，趣时者也。

一刚一柔，各有定位。自此而彼，变以从时。立本者，天地之常经。趣时者，古今之通义。《上系》曰"刚柔者昼夜之象"，即此所谓立本。"变化者进退之象"，即此所谓趣时。

吉凶者，贞胜者也。

贞，正也，常也。天下事非吉则凶非凶则吉，常相胜而不已也。

天地之道，贞观者也。日月之道，贞明者也。天下之动，贞夫一者也。

观，示也。天地常垂象以示人，故曰贞观。日月常明而不息，故曰贞明。天下之动无穷，然顺理则吉，逆理则凶。其正而常者，亦一而已矣。

夫乾，确然示人易矣。夫坤，陨然示人简矣。

确然，健貌。陨然，顺貌。所谓贞观者也。

爻也者，效此者也。象也者，像此者也。

效此者，效健顺之理。像此者，像奇耦之画。

爻象动乎内，吉凶见乎外。功业见乎变，圣人之情见乎辞。

内，谓分蓍揲卦之时。外成卦之后。吉凶悔吝生乎动。不变则功业无自而成，故曰功业见乎变。辞，则《彖》辞象辞。圣人示人以吉凶者也。

天地之大德曰生。圣人之大宝曰位。何以守位曰仁。何以聚人曰财。理财正辞，禁民为非曰义。

此以上言作《易》之圣人，以忧世之心发明卦爻之辞。此节则言用《易》之圣人，有御世之位而行仁义之道也。天地以生物为心，德之大莫过乎此。圣人有德无位，亦不能相天地而遂人物之生，故以位为大宝。非圣人自宝之。盖天下赖圣人之有位，得蒙其泽，故天下以为宝也。曰仁之仁，乃作人。人君能得天下之心，位乃可守。财可养万人之生，故人可聚。理财，使各得其分，养之也。正辞，则分别是非，教之也。禁民为非，明宪敕法以齐其不率，刑之也。养之教之，而后齐之以刑。圣人不忍人之政尽此三者。皆出于理之当然而不可易，所谓义也。其在《易》。则理财即《易》之备物致用也。正辞即《易》之辨物正言也。禁民为非，《易》之断吉凶，明失得，内外使知惧也。此章论卦爻吉凶，推之造化功业。而以有德有位之圣人，能体《易》而参赞天地者终之。盖天地之德在乎生，作《易》之圣人情见乎辞，用《易》之圣人仁守其位，无非以为斯人而已矣。

右第一章。

第二章言圣人制器尚象之事。

古者包羲氏之王天下也。仰则观象于天，俯则观法于地。观鸟兽之文，与地之宜。近取诸身，远取诸物。于是始作八卦。以通神明之德，以类万物之情。

象以气言，属阳。法以形言，属阴。鸟兽之文，谓天产之物，飞阳而走阴也。土地所宜，谓地产之物，草阳而木阴也。神明之德，不外乎健顺动止陷入丽说之德。万物之情，则不止天地雷风山泽水火之情。《本义》云俯仰远近所取不一，然不过以验阴阳消息两端而已。盖万物不外于八卦，八卦不外乎阴阳。阴阳虽二，而实一气之消息也。

作结绳而为网罟，以佃以渔。盖取诸离。

离有二义。曰象曰理。理谓丽也，禽兽鱼龟丽乎网罟也。象谓虚中，网罟之目虚也。取之离者，言为网罟有离之象，非睹离乃有此也。他卦仿此。

包羲氏没，神农氏作。斫木为耜，揉木为耒。耒耨之利，以教天下。盖取诸益。

二体皆木，中互坤土。木入土中，上入下动，风雷之象也。粒食之利自此而始，益之义也。

日中为市。致天下之民，聚天下之货。交易而退，各得其所。盖取诸噬嗑。

日中为市。上明下动，火雷之象。中爻坎水艮山，群珍所出，聚货之象。艮止，退而得所之象。货不同皆合于市。借噬为市，嗑为合，噬嗑之义。

神农氏没，黄帝尧舜氏作。通其变，使民不倦。神而化之，使民宜之。《易》穷则变，变则通，通则久。是以自天祐之，吉无不利。黄帝尧舜垂衣裳而天下治，盖取诸乾坤。

阳极变阴，阴极变阳，变也。阳变阴不至于亢，阴变阳不至于伏，通也。阴阳循环无端，久也。上衣色玄象天，下裳色黄象地。食货既足，礼义当兴。变草昧而文明，又取乾坤变化而无为之义也。

刳木为舟，剡木为楫。舟楫之利，以济不通。致远以利天下，盖取诸涣。

刳木使中虚，削木使末锐。木在水上故涣，有利涉大川之占。

服牛乘马，引重致远，以利天下。盖取诸随。

下动上说，泽雷之象。各因其性，动止随人，有随之义。

重门击柝，以待暴客。盖取诸豫。

雷震乎外，有声之木。又互艮为门阙，以取其象。先事警戒，又豫备之意。

断木为杵，掘地为臼。臼杵之利，万民以济。盖取诸小过。

下止上动，雷山之象。民既粒食，又治使精，小过之义。

弦木为弧，剡木为矢。弧矢之利，以威天下。盖取诸睽。

睽乖然后服之以威，取睽之义。又离为戈兵，兑金为夬为毁折，互坎为弓轮，亦有其象。

上古穴居而野处，后世圣人易之以宫室。上栋下宇，以待风雨。盖取诸大壮。

栋，屋脊，承而上者。宇，椽也，垂而下者。故曰上栋下宇。风雨动于上，栋宇覆于下。雷天之象，又取壮固之意。

古之葬者，厚衣之以薪，葬之中野。不封不树，丧期无数。后世圣人易之以棺椁，盖取诸大过。

送死大事而过于厚，大过之义。又大过全卦象坎为隐伏，殡葬之象。中爻乾为衣，内巽为木，入土之象。养生不足以当大事，故杵臼小过。送死可以当大事，故取诸大过也。

上古结绳而治，后世圣人易之以书契。百官以治，万民以察。盖取诸夬。

言有不能记者，书识之。事有不能信者，契验之。取明决之义。盖夬乃君子决小人之卦，造书契亦所以决小人之伪而防其欺也。此章十三卦取象，见上古未有《易》之书而先有《易》之理。人见圣人备物致用，立成器以利天下。以为此出圣人之心思，不知皆因乎理所固有也。

右第二章。

第三章言卦象，《彖》《爻》之用。

是故《易》者，象也。象也者，像也。

圣人立象以尽意。由八卦以及六十四卦，内外互变，皆象也。知此，则《易》书所有，不独天地雷风为象，即其言君臣政教无非象也。占者因象而变通以相观则于其辞有所不必泥矣。

彖者，材也。

言一卦刚柔之材，即卦德也。

爻也者，效天下之动者也。

天下之动甚微，有同德，同事而所当之位各有不同而吉凶生。爻则仿所动之吉凶以示人也。

是故吉凶生而悔吝著也。

吉凶在事本显，故曰生。悔吝在心尚微，故曰著。悔有改过之意。至于吉，则悔之著也。吝有文过之意。至于凶，则吝之著也。原其始而言，吉凶生于悔吝。要其终而言，则悔吝著而为吉凶也。此章言卦象《彖》《爻》之设，无非明得失以示人。使观象玩辞观变玩占者，知有悔心而不吝于改过，庶几有吉而无凶耳。

右第三章。

第四章专以阴阳卦画，分君子小人之道。

阳卦多阴，阴卦多阳。

震坎艮为阳卦，皆一阳二阴。巽离兑为阴卦，皆一阴二阳。

其故何也？阳卦奇，阴卦偶。

阳卦虽一奇二偶而以奇为主，阴卦虽一偶二奇而以偶为主也。阴二画止当阳一画，不必云阳卦五画阴卦四画。

其德行何也？阳一君而二民，君子之道也。阴二君而一民，小人之道也。

德行以善恶言。君为阳，民为阴。一阳二阴则一君二民。尊无二上，道大而公，君子之道。二阳一阴则二君一民。政出多门，道小而私，小人之道。然凡阳卦未必皆言君子，阴卦未必皆言小人。特借阴阳卦体以明有君子小人之不同耳。阳奇阴偶，卦画固有一定。而即此推之。则阳为君，阴为民。阳为君子，阴为小人。《易》之扶阳抑阴又如此。

右第四章。

第五章错举九卦十一爻发明其义，与上系之七卦皆《象传》之《文言》。欲学《易》者，触类以及其余也。

《易》曰：憧憧往来，朋从尔思。子曰：天下何思何虑？天下同归而殊途，一致而百虑。天下何思何虑。

此引咸九四爻辞而释之。思者心之用，虑者谋度其事也。事之未来，寂然不动，何思之有。既与物接，各有定理，何虑之有。同归殊途，天下无二理也。一致百虑，天下无二心也。若"憧憧往来"而仅其朋类从之，所从者亦狭矣。

日往则月来，月往则日来。日月相推而明生焉。寒往则暑来，暑往则寒来。寒暑相推而岁成焉。往者屈也，来者信也。屈信相感而利生焉。

此承上文"憧憧往来"而言。往来屈信，皆天道自然感应之常理。憧憧然则入于私矣。日月往来而明生，寒暑相代而岁成。往者之屈感来者之信，来者之信又感往者之屈，而有明生岁成之利。此天道往来自然之感也。若九四之憧憧，岂如是乎？

尺蠖之屈，以求信也。龙蛇之蛰，以存身也。精义入神，以致用也。利用安身，以崇德也。

按：此节《本义》云因言屈信往来之理，而又推以言学亦有自然之机也。精研其义至于入神，屈之至也。然乃所以为出而致用之本。利其施用，无适不安，信之极也。然乃所以为入而崇德之资。内外交相养互相发也。今时解皆从之。盖《本义》以屈信交互言之，以明学问内外相资之功。未为不可。然细按上文之意，似以"屈信相感"发明"何思何虑"之一言。大抵人情但知信之为利，不知屈之为利。所以思虑愈多，卒求信而不得。故此节发明屈即为信之理。而教人以素位而行之学，不出其位之思也。尺蠖之行，不屈则不能伸，伸而再行则又屈，是屈乃以求伸也。龙蛇至冬不蛰，则来岁不能奋。故蛇冬见者多死，是龙蛇之蛰正所以藏身也。此四句犹《诗》之兴体，精义四句即应上言。物理如此，人之学问亦宜然。精义二句以知言，利用二句以行言。人惟不安于屈，妄意求伸。是以思虑百出，究皆无当。不知天下之理屈即为伸，随时随地有我之所宜知宜行者。如精义至于入神，吾方屈以求其所宜知也。而可以致用则伸矣。利用祗求安身，吾方屈以求其所宜行也。而德之崇则伸矣。况乎知尽行至，过此以往，穷神知化不可得。而知屈而伸至于如此，人又何以思虑为乎？窃思如此解，此方与上文何思句相应。义者宜而已。精义者，精密其宜与不宜，皆得其分定而不可易。至于入神，则经权常变，惟我所为。以此致用，用无不利矣。致用由知而行，利用则专言行事矣。人身不安，德何由崇。故无论处常处变，处顺处逆，凡所施用，且自安其身。似未尝大有所作为，然此身既安，则一切事业皆由此起。是虽不过自安其身，实德所由崇也。精义入神，利用安身，岂必尽无思虑。然思其所宜思。所谓同归殊途，一致百虑者。非憧憧之思也。

　　过此以往，未之或知也。穷神知化，德之盛也。

　　此，指上精义利用，下学之事。至此过此以往，则无所用其力。未之或知，则不止于致用崇德而已。穷神之神，即入神之神。唯有入神之功，乃有穷神之效。德盛之德，即崇德之德。唯积而日崇，则德自愈盛也。由致用崇德而至于穷神知化，乃德盛仁熟而自致，非人力之所能为。至此则信之极矣。按：《本义》，不知者往而屈也，自致者来而伸也。窃意此节不必又分屈伸，宜承上节而言。屈之必伸，非特致用崇德而已。过此以往，乃有不可知之妙。即至于穷神知化，盛德之极。而其始不过精义入神，利用安身而已。又何必憧憧之思虑为哉！窃意此节之解与《本义》不合，然于经文较为明顺，以待高明参酌。

　　《易》曰：困于石，据于蒺藜，入于其宫，不见其妻，凶。子曰：非所困而困焉，名必辱。非所据而据焉，身必危。既辱且危，死期将至，妻其可得见耶！

非所困而困，不可为而强为之也。非所据而据，宜去而不去之也。君子有不幸之困，而我无致困之道。则不辱陈蔡匡人是已。君子无非据之据，而所据必正则不危。不立岩墙之下是已。此释困六三爻义。

《易》曰：公用射隼于高墉之上，获之无不利。子曰：隼者，禽也。弓矢者，器也。射之者，人也。君子藏器于身，待时而动，何不利之有？动而不括，是以出而有获。语成器而动者也。

此释解上六爻义。夫子又推言外之意也。括，结碍也。

子曰：小人不耻不仁，不畏不义，不见利不劝，不威不惩。小惩而大诫，此小人之福也。《易》曰：屦校灭趾无咎。此之谓也。

此释噬嗑初九爻义。小惩大诫犹为小人之福，况真知义者乎？

善不积不足以成名，恶不积不足以灭身。小人以小善为无益而弗为也，以小恶为无伤而弗去也。故恶积而不可掩，罪大而不可解。《易》曰：何校灭耳，凶。

此释噬嗑上九爻义。言惩恶在初，改过在小也。

子曰：危者，安其位者也。亡者，保其存者也。乱者，有其治者也。是故君子安而不忘危，存而不忘亡，治而不忘乱。是以身安而国家可保也。《易》曰：其亡其亡，系于苞桑。

此释否九五爻义。能常存危乱与亡之意，则可以安其位，保其存，有其亡也。

子曰：德薄而位尊，知小而谋大，力小而任重，鲜不及矣。《易》曰：鼎折足，覆公𫗧，其形渥，凶。言不胜其任也。

此释鼎九四爻义。

子曰：知几其神乎？君子上交不谄，下交不渎。其知几乎？几者，动之微，吉之先见者也。君子见几而作，不俟终日。《易》曰：介于石，不终日，贞吉。介如石焉，宁用终日？断可识矣。君子知微知彰，知柔知刚，万夫之望。

此释豫六二爻义。上交宜恭而近谄，下交宜和而近渎。所分甚微，所谓几也。介于石，则至静而无欲，至重而难动。所以能见几而不溺于豫。故知微又知彰，知柔又知刚也。知几则有吉而无凶，故曰"吉之先见"。

子曰：颜氏之子，其殆庶几乎？有不善未尝不知，知之未尝复行也。《易》曰：不远复，无祇悔，元吉。

此释复初九爻义。庶几，言近于道也。

天地絪缊，万物化醇。男女构精，万物化生。《易》曰：三人行则损一人，一人行则得其友。言致一也。

此释损六三爻义。天地气化，男女形化皆以两，故专一也。

子曰：君子安其身而后动，易其心而后语，定其交而后求。君子修此三者，故全也。危以动，则民不与也。惧以语，则民不应也。无交而求，则民不与也。莫之与则伤之者至矣。《易》曰：莫益之，或击之，立心无恒，凶。

此释益上九爻义。易，平易也。易其心而后语，心平气和故能言也。危以动则民不与，党与之与也。无交而求则民不与，取与之与也。安其身，易其心，定其交，皆非立心有恒者不能。动而与，语而应，求而与者，物我一心而无间之者也。益之上九专利自益，故不徒无益而反有伤之者也。上《传》七卦，下《传》九卦十一爻皆夫子随其意之所欲言，发明其义，以为学《易》者之法。学者触类以及其余，则《易》之道思过半矣。

右第五章。

第六章言乾坤为六十四卦之所从出，其究无非断吉凶以决民疑也。

子曰：乾坤其《易》之门耶？乾，阳物也。坤，阴物也。阴阳合德而刚柔有体。以体天地之撰，以通神明之德。

六十四卦不外阴阳阖辟而成，故乾坤为《易》之门。有形质曰物。有奇有偶，则有形质矣。以二物之德言。则阳与阴合，阴与阳合，而其情相得。以二体言。则刚自刚，柔自柔，而其质不同。撰，犹事也。雷风山泽之类也，可得见者也。可见者以此二物体之德，顺健动止之类也，不可测者也。不可测者以此二物通之。

其称名也，杂而不越。于稽其类，其衰世之意耶？

万物虽多，无不出于阴阳之变。故卦爻之义，虽杂出而无差谬。衰世，《本义》谓指文王与纣之时。盖伏羲画卦之时，理虽无所不具。然人心淳质，未有历其事者世衰道微，情伪滋多。至文王与纣之时，则经历崎岖险阻，故其言曲尽情伪艰险。盖圣人忧世之心，有不得已焉者也。

夫《易》，彰往而察来，而微显阐幽。开而当名辨物。正言断辞则备矣。

而微显当作微显而。开而之而亦有误。彰往，谓阴阳消长卦画已具也。察来，谓事之未来吉凶因卦爻以断也。微显，谓即人事推之天道。显者微小，使求其原也。阐幽，谓本天道验之人事。幽者阐之，使求其端也。当名，谓父子君臣之分，上下贵贱之等，各当其位也。辨物，如乾马坤牛离火坎水，悉辨其类也。正言，如元亨利贞，直方大之言。正其言以晓人也。断辞，如利涉大川，不利涉大川，可小事，不可大事。以决人之疑也。

其称名也小，其取类也大。其旨远，其辞文。其言曲而中，其事肆而隐，因贰以济民行，以明失得之报。

此节上六句抑扬其辞，而总以因贰以济民行二语结之。负乘往来，事之小。茅棘鸡豕，物之小。然取类皆本于阴阳，则大矣。其节皆阴阳道德性命之秘，远而难窥。其辞则经纬错综有文，灿然可见矣。委曲其辞者，未必皆中孚理。《易》则委曲而无不合理。敷陈其事者，无有隐而不彰。《易》则事虽毕陈，而理之所以然未尝不隐也。贰，疑也。报，应也。承上言凡若此者。无非因民之疑贰而决之。以济其所行，而明得失吉凶之应也。《大全》吴氏谓专指象辞。其实《象》《爻》皆然，宜兼言之。

右第六章。

第七章三陈九卦以明处忧患之道。

《易》之兴也，其于中古乎？作《易》者，其有忧患乎？

《易》指文王所系之辞。伏羲画卦，夏商虽以占卜，未有其辞。自文王拘于羑里，身经患难而系象辞，教人以反身修德。故曰其有忧患乎？下文举九卦之名，以见其忧患之意，因即此示人以处忧患之道也。

是故履，德之基也。谦，德之柄也。复，德之本也。恒，德之固也。损，德之修也。益，德之裕也。困，德之辨也。井，德之地也。巽，德之制也。

九卦皆反身修德以处忧患之事也。基所以立。履，礼也。上天下泽定分不易。必谨乎此，然后其德以有基而立也。柄所以持。谦者自卑以尊人，为礼者之所当执持而不可失者也。复为反善之义。人性本善，蔽于物欲则流于恶。能于念虑之萌人所不知己所独知之处，审其几而复于善。则火然泉达，万善从此推广。是德有其本也。所守游移则德不固，恒则守不变而常且久矣。损者惩忿窒欲，所以修其身也。益者迁善改过，使善日长而充裕也。人处困穷，出处语默取予辞受可以观德。明辨于此，以自验其学问之力。又困而能通则可辨其是，困而不通则可辨其非矣。井有本，故泽及于物而井未尝动。如人之有德而所施及人，德性初未尝动。故曰德之地也。巽为资斧，有断制之象。盖巽不止于顺。以一阴入二阳之下，顺而能入。故曰德之制也。此皆修德之具，不必言功夫次第。

履和而至。谦尊而光。复小而辨于物。恒杂而不厌。损先难而后易。益长裕而不设。困穷而通。井居其所而迁。巽称而隐。

此如书之言九德也。礼本人情，和也。和则或疑非其至。然各得其所而不乱，则至极无以加矣。自尊者，虽尊而不光。唯谦则己虽卑，而人尊之且益光也。复一阳之微，而不乱于群阴。犹善端之萌，非众恶所能遏也。恒既历久，岂能无杂？然其德有常，虽历烦杂而不厌也。损如惩忿窒欲。其始虽难，纯熟之后乃易矣。益但充长其本然，而初无所造作。困者身困道亨，故通。井不动而及物。所施不穷，所谓迁也。巽能顺理因时，称物之宜。而性入而伏，形迹不露。犹风之动，物不见其形，所谓隐也。此正言九卦才德之善，以见能为修德之具。如履和而至，所以为修德之基。若和而不至，则不可为基矣。余仿此。

履以和行。谦以制礼。复以自知。恒以一德。损以远害。益以兴利。困以寡怨。井以辨义。巽以行权。

人之所行不由礼则乘，故履所以和其行也。谦主卑下。礼以谦为主，所以制乎礼也。复则良知不为欲蔽，以自知也。恒则有始有终，所以一德也。损以远忿欲之害。益以兴迁改之利。知守其困，处之有道，则少有所怨尤。迁徒于义，非辨，安能迁。而井静而生明，故于义能辨之。巽则义精仁熟，精微委曲，无所不入。所谓可与权也。始于守礼，终于达权，先后亦有其序也。此章凡三陈九卦。首言九卦为修德之具。次言九卦之善，所以可为修德之具。终乃言用九卦以处忧患之道。然九卦非专以处忧患。《易》言处忧患者，亦不止于九卦。夫子偶举其近似者言之，以为学者之法而已。

右第七章。

第八章言《易》之不可离，而深有望于率辞揆方之人也。

《易》之为书也不可远，为道也屡迁。变动不居，周流六虚。上下无常，刚柔相易。不可为典要，唯变所适。

按：《本义》，远犹忘。《大全》林氏谓人生日用不可须臾离者道，即一阴一阳之道。变动，卦爻之变动也。屡迁不居，非一定也。六虚，即六爻。六爻刚柔往来如寄，非实有也，故曰虚。典，常也。要，约也。不可为典要，唯变所适，所贵变易以从时而已。

其出入以度，外内使知惧。

此句疑有脱误。大要谓《易》虽不可为典要，然或出或入，在内在外，皆有一定之法度，无非使人知戒惧而已。

又明于忧患与故。无有师保，如临父母。

所以然曰故。明于忧患，且知其所以然之故。忧患之来，苟不明其故，则人有苟免之心。《易》明忧患而明其所以致之之故，故人知自反也。盖《易》本圣人吉凶与民同患之书。虽无师保，而常若父母临之。则不徒教之诲之，且使人有所怙恃，有所瞻依。此极言《易》之切于人，而戒惧之不可已。此《易》所以不可远也。

初率其辞而揆其方，既有典常。苟非其人，道不虚行。

方，向也。初对既言。初，始也。既，终也。始由其辞以度其意之所向。则其书虽不可为典要，而其辞终则有典可循，有常可则也。然神而明之存乎其人，视其率辞揆方何如耳。苟非其人，道又何以行哉！此章总论《易》书之不可远，变动不拘而终有典常。而后以非其人不行结之，深有望于学《易》者也。

右第八章。

第九章专论爻画以示人也。

《易》之为书也。原始要终，以为质也。六爻相杂，唯其时物也。

质谓卦体。时谓六位之时。物谓阴阳二物。凡八卦及六十四卦所取龙马豕鸡之类，皆物也。卦有定体，故曰质。爻无定用，故曰时。言圣人之画卦，必原其事之始，要其事之终，以为一卦之体质。六爻则刚柔错杂，随其时而辨其物。占者吉凶各因其所值，无一定也。此节总言圣人作《易》立卦生爻之义，下文乃因分诸爻之为用而详言之。

其初难知，其上易知，本末也。初辞拟之，卒成之终。

此承上文原始要终，而言初上二爻也。原其始，则初爻为本。本质未明，故难知。要其终，则上爻为末。末质已著，故易知。难知者，所系之辞，必拟议之而后得。易知者，但卒其卦之辞，以成其卦之终而已。

若夫杂物撰德，辨是与非，则非其中爻不备。

按：《本义》，此谓卦中四爻。按：《大全》吴氏谓论正体。则二为内卦之中，五为外卦之中。论互体。则三为内卦之中，四为外卦之中。故皆谓之中爻。今按：中爻之义宜从《本义》，以全卦之中言之。而经文备字宜兼正互体为言。物者，爻之阴阳。德，即健顺动止之德。爻有中不中正不正有应无应，则皆有是与非矣。有内外卦之物与德，有互卦之物与德。故备。

嘻！亦要存亡吉凶，则居可知矣。知者观其象辞，则思过半矣。

上文既分言初上二爻及中四爻，此又总六爻言之。而归重于《象》，以结章首原始要终之意也。存亡者，阴阳之消息。吉凶者，事情之得失一。卦所言不一，要其存亡吉凶之所归，则六爻之义居然见矣。然知者见事于未形。虽不观六爻之义，但观其象辞已得十之五六矣。盖《象》者原始要终以为质。或论二体，或论主爻，或论综卦，相易之爻大意已该。知者观之，无待于爻也。观此，则爻辞有疑义，宜求之《象》可知矣。

二与四同功而异位，其善不同。二多誉，四多惧，近也。柔之为道，不利远者。其要无咎，其用柔中也。

此以下论中爻。同功，谓皆阴位。异位，谓远近不同。四近君，有僭逼之嫌，虽在上而多惧。二远君，阴柔远则难援。虽若不利而归于无咎者，以二居下体之中也。爻尚中正而中可兼正。四虽得正，犹有不中之累，况不得正者乎？二虽不正，犹有得中之美，况兼得正者乎？

三与五同功而异位。三多凶，五多功，贵贱之等也。其柔危，其刚胜耶？

三五同阳位而贵贱不同。三以臣之贱而居下卦之上，故多凶。五以君之贵而居上卦之中，故多功。柔危刚胜，宜兼五三两爻言之。五，君位也。柔居之则危，刚能胜之。故六居五多危，九居五多吉也。九居四不言其刚危，六居三则曰柔危者，盖九居四，犹为刚而能柔。六居三则才柔志刚，所以危也。耶字，疑词。盖卦爻之大凡如此。若乾之九三履之九五，则刚亦间有危者矣。

右第九章。

第十章论六爻备天地人之道。而不外阴阳二物错杂成文，以为得失吉凶之象。总以见《易》书之广大悉备也。

《易》之为书也，广大悉备。有天道焉，有人道焉，有地道焉。兼三才而两之，故六。六者非他也，三才之道也。

才者，能也。天能覆，地能载，人能参天地，故曰才。三画已具三才。重之以上二爻为天，中二爻为人，下二爻为地。盖一而不两，则专而无对。天独阳无阴，地独阴无阳。人之阴阳，亦孤而无偶，不生不成。必皆兼而两之，天地人各有阴阳，然后其道全而不偏。若各以所近而析其名。则在天为阴阳，五阳而上阴。在地为刚柔，初刚而二柔。在人为仁义，三仁而四义。皆两之。道本如是，非圣人强安排之也。《易》之为书，所以广大悉备也。至其位之上下取义，又有不可拘者。一卦中阴或居上，则地或为天。阳或居下，则天或为地。五为君位，则天道为人道。二为臣道，则地道为人道。是又变通取义，不可为典要者也。

道有变动，故曰爻。爻有等，故曰物。物相杂，故曰文。文不当，故吉凶生焉。

道有变动，指卦之全体自初至上各有不同。如乾之初潜二见三惕四跃，始终先后不同，非阴阳老少之变也。爻有等，谓高下远近贵贱之差。物，即阴阳二物。有刚柔小大之分，即物也。物相杂，指阴爻阳爻之相间。有阴无阳，有阳无阴，则无所杂而文不见。自乾坤二卦之外，皆阴阳错杂以成文者也。文有当否。阳居阳位当，居阴则不当。阴居阴位当也，居阳则不当。当者多吉，不当者多凶。然阳居二，或以刚中而吉。居四居上，或以刚而能柔为吉。阴居初，或以在下而吉。在五，或以柔中而吉。阳居初三五，或以过刚而凶。阴居二四上，又或以过柔而凶。则又因卦义所取，间有不同，未可执一为论也。此章上节言全卦兼三才之道，以见《易》道之大。此节则即六爻而言吉凶之所由著，亦以见广大之悉备也。

右第十章。

第十一章明文王所以作《易》之意。欲人惧以终始，归于无咎而已。

《易》之兴也。其当殷之末世，周之盛德耶？当文王与纣之事耶？是故其辞危。危者使平，易者使倾。其道甚大，百物不废。惧以终始，其要无咎。此之谓《易》之道也。

前章已言《易》兴于中古，作于忧患。此则明以属之文王。盖非末世，则情伪不如是之炽。非盛德，则《易》道无自而传。以纣之末世遇文王之盛德，《易》之所由演也。危者有忧患之心，故辞多危惧也。其辞危惧，故凡人之知危惧者，使之安平。慢《易》者，使之倾覆。非《易》有意使之。盖殖有礼，覆昏暴，天道之自然也。百物不废，《本义》作万物之理无不具。与上文不相接。《来注》，废字即倾字也。谓此道甚大。近而一身，远而天下国家。若常以危惧为心，皆不至于倾废也。此说较胜。惧即忧危之意。忧惧于始者易，终而犹始者难。忧惧以终始，其要不过欲无咎而已。《易》之为道如此，学《易》者可以悟矣。

右第十一章。

第十二章首论乾坤二卦之德，因及全卦之功用。自八卦以象告以下，又总作《易》系辞之大略。而末以人情立言之不同，以明《系辞》之不同也。

夫乾，天下之至健也。德行恒易以知险。夫坤，天下之至顺也。德行恒简以知阻。

至健则所行无难，故易。至顺则所行不烦，故简。然皆本于忧患之心，皆知其难而不敢易以处之之意。下危曰险，乾体在上。自高临下，知下之险而不敢进。健而知险，则不陷于险矣。上难曰阻，坤体在下。自下趋上，知上之阻而不敢越。顺而知阻，则不困于阻矣。全《易》皆由乾坤二卦而生。乾坤二卦之德如此，则全《易》之贵于危惧可知。

能说诸心，能研诸侯之虑。定天下之吉凶，成天下之亹亹者。

侯之二字衍文。说诸心,《本义》属乾之事。盖心与理会,有自然之妙,故以属阳也。研诸虑,《本义》属坤之事。盖理因虑审,涉于作为,故以属阴也。又事之未定者属乎阳,故《本义》谓说诸心有以定吉凶。事之已定者属乎阴,故《本义》谓研诸虑有以成亹亹。分属亦是,亦不必过拘。

是故变化云为,吉事有祥。象事知器,占事知来。

变化者,阴阳之所为。云为者,人事之所作。人事与天道相符,则吉事有祥。如见乎蓍龟之类。言吉事则凶事在其中矣。变化云为,明也。吉事有详,幽也。于变化云为,则象之而有以知器。凡有形之实事,皆器也。于吉事有祥,则占之而有以知来,凡未形之吉凶悔吝,皆来也。此节言《易》之为书,具天道之变化,人事之云为。又吉凶皆有休祥之应。所以象事于此而知器,占事于此而知来也。

天地设位,圣人成能。人谋鬼谋,百姓与能。

天地设位而变化云为,吉事之祥已具。然此理不能以告人,圣人作《易》以成其功。使明则谋诸人,幽则谋诸鬼。而至愚之百姓亦因卜筮知所趋避,是百姓亦与其能也。盖健顺易简知险知阻,天地之能也。说心研虑定吉凶成亹亹,圣人成天地所不及成之能也。云为之祥,象占之知。则百姓之能,得与于圣人已成之能也。

八卦以象告,爻彖以情言。刚柔杂居,而吉凶可见矣。

象谓卦画。八卦成列,象在其中,以象告也。至错综为六十四卦,爻彖所趋各异,则曲尽其情实而言之。上古观象已告。后世情伪既多,非以情言不可也。爻彖之辞,因刚柔杂居有得有失,故吉凶于此见焉。此后乃详言圣人爻彖所系之辞,吉凶悔吝之所由著,以示学《易》者也。

变动以利言,吉凶以情迁。是故爱恶相攻而吉凶生,远近相取而悔吝生,情伪相感而利害生。凡《易》之情。近而不相得则凶,或害之,悔且吝。

此承上文刚柔杂居吉凶可见,而详言《系辞》吉凶悔吝之凡例也。《易》道变动,开物成务,以利言也。而卦爻之辞有吉有凶,则其情之有所迁耳。以下皆详言吉凶以情迁之说。而以吉凶悔吝利害之三辞，由于相攻相取相感之三情。未复总以相近不相得之一情，使人推观之也。命辞之法，必各象其爻之情。《易》之《系辞》，不止言吉凶。盖吉凶者，事之已成者也。吉凶之尚微而未成者，则曰悔吝。而其事之始商度其可否，则曰利不利，不利则害。是《易》之辞有吉凶悔吝利害三者也。而其故，由于爻之情有相取相攻相感三者。相感者情之始交，故以利害言之。相取则有事矣，故以悔吝言之。相攻则其事极矣，故以吉凶言之。爱恶远近情伪，姑就浅深言之。若错综言之。则相攻相取相感之情，其居皆有远近，其行皆有情伪，其情皆有爱恶也。故总以相近一条明之。近而不相得，则以恶相攻而凶生矣，以伪相感而害生矣，不以近相取而悔吝生矣。是一近之中备此三条。然不相得则恶相攻，伪相感近不相取。则相得为爱相攻，情相感近相取。可知不相得为凶害悔吝，则相得为吉利，悔亡，无悔无咎。可知夫子已言者三，其未言者三，其条例有六也。然凡爻有比爻，有应爻，有一卦之主爻，皆情之欲相得者。今称近者，但即比爻言之。反以三隅，则主爻及应爻亦备此六条。以此十八条合之爻辞，则吉凶悔吝之大凡可知。如颐上九之于六五，蹇上六之于九五，比爻之以爱相攻而吉者也。离之九三，九四，比爻之以恶相攻而凶者也。渐六四之于九三，贲上九之于六五，皆比爻之近相取而无咎悔者也。咸九三之于初二，小畜九三之于六四，皆比爻之近不相取而悔吝者也。贲六二之于九三，震六三之于六二，皆比爻之以情相感而有利者也。蒙六三之于九二，艮六二之于九三，皆比爻之以伪相感而有害者也。蒙九二之于六五，临六五之于九二，皆应爻之以爱相攻而吉者也。大过九三之于上六，恒九三之于上六，皆应爻之以恶相攻而凶者也。损初九之于六四，睽九二之于六五，皆应爻之相取而无咎悔者也。屯六三之于上六，蒙六四之于初六，皆应爻之不相取而悔吝者也。蛊九二之于六五，贲六四之于初九，皆应爻之以情相感而有利者也。萃六三之于上六，归妹六三之于上六，皆应爻之以伪相感而无利者也。比九五之于六二，六四，主爻之以爱相攻而吉者也。其于六三，上六，则以恶相攻而凶者也。大有六五之于九二，九四，主爻之以相取而无咎悔者也。蒙六四之于九二，豫六三之于九四，主爻之不相取而悔吝者也。复六四之于初九，剥六三之于上九，主爻之以情相感而有利者也。随六三之于九五，观六二之于九五，主爻之以伪相感而无利者也。《易》卦就主爻应爻论吉凶者多，就比爻论吉凶者不数。故夫子独举比爻以例其余。又按：六爻有比有承有乘。先儒谓初与二比，三与四比，五与上比。而二三与四五则以承与乘言之。今曰近而不相得，则承与乘皆在其中。分之则比中又有承与乘，合之统谓比亦可。

　　将叛者其辞惭，中心疑者其辞枝。吉人之辞寡，躁人之辞多。诬善之人其辞游，失其守者其辞屈。

　　此又即人情之情伪其见于辞者不同如此，以见《易》之《系辞》不同，亦犹是也。叛非叛逆，背实失信皆是。言与实背故惭。心疑则可否难决。如木之有枝，分为两岐。诬善为恶，则言语不实。如物在水上，浮游不定。失守者见理不真，操持不固，故辞多屈而不伸。六者皆反对。叛者无信，疑者不自信。吉者静，躁者动。诬者败人，失守者自败。然吉一而已。叛疑躁诬失居其五。人情之变尽于此矣。犹卦爻之情有相攻相取相感，而古今悔否利害由此而生也。自八卦以象告至此，又发卦爻《系辞》之凡例，以示学《易》者也。

　　右第十二章。

周易浅述卷八

说卦传

第一章言圣人因理数之自然而立揲蓍求卦之法，使学者安于义命也。

昔者圣人之作《易》也，幽赞于神明而生蓍。

幽赞神明，犹言赞化育也。天下和平，王道得而蓍生长丈，其丛满百茎。伏羲非因有蓍而后画卦，盖因生蓍而用之以求卦也。

参天两地而倚数。

天圆地方。圆者径一而围三，三各一奇。阳道常饶，故天用其全，参天而为三。方者径一而围四，四合二偶。阴道常乏，故地用其半，两地而为二。数皆倚此而起。故揲蓍三变之末其余三奇，则三三则九。三偶，则三二而六。两二一三则为七。两三一二则为八。三奇为乾，为老阳。三偶为坤，为老阴。二奇一偶为巽离兑，为少阴。二偶一奇为震坎艮，为少阳。此立卦生爻之本。是数倚此而起也。

观变于阴阳而立卦，发挥于则柔而生爻。

揲蓍先有爻而后有卦。此光言卦而后言爻，就圣人作《易》言之也。在造化曰阴阳，就人事曰刚柔。数既形矣，卦斯立焉。圣人因其变之或九或七而为阳，因其变之或六或八而为阴。变至十有八而成卦。圣人无与也，特观其变而立之尔。卦既立矣，爻斯生焉。圣人因其数之阳，而发明其为爻之刚。因其数之阴，而发明其为爻之柔。圣人无与也，特发挥其义尔。

和顺于道德而理于义，穷理尽性以至于命。

此言圣人作《易》之极功也。吉凶消长之道。《易》皆和顺从容，无所乘逆，默契其本原之谓也。理于义，又就其细者析言之。随事皆得其条理，应变合宜之谓也。和顺于道德，体也。理于义，用也。穷理，以知言。尽性，以行言。《易》书于天下之理无所不备，而能尽人物之性而自合于天道也。理必穷之，性必尽之。天命但可言至，则自然之谓也。《易》之妙皆因天地之自然如此。

右第一章。

第二章言《易》具三才之道，故有取于六爻。而因筮求卦者，当尽人道以合乎天地也。

昔者圣人之作《易》也，将以顺性命之理。是以立天之道曰阴与阳，立地之道曰柔与刚，立人之道曰仁与义。兼三才而两之，故《易》六画而成卦。分阴分阳，迭用柔刚，故《易》六位而成章。

理在人为性，在天地为命。天无阴阳则气机息，地无刚柔则地维坠，人无仁义则人道灭而禽兽矣。故曰立天立地立人。阴阳以气言，刚柔以质言，仁义以理言。仁，体刚而用柔，属乎阳。义体柔而用刚，属乎阴。兼三才而两之。以全体言。则上两画为天，五阳而上阴。中两画为人，三仁而四义。下两画为地，初刚而二柔。以两卦分言。则上与三为天，三阳而上阴。五与二为仁，五仁而二义。四与初为地，四柔而初刚。分阴分阳以位言。初三五为阳，二四上为阴。阴阳各半故曰分。迭用柔刚以爻言，柔六刚九也。阳位刚爻居，柔爻亦居。阴位柔爻居，刚爻亦居。经纬错综，粲然有文。所谓成章也。人负阴阳之气以有生，肖刚柔之质以有形，具仁义之理以成性，亦具三才之道。分阴阳用柔刚以断吉凶，成亹亹而尽仁义之道。则性命之理在天地者，皆在吾心矣。

右第二章。

第三章就伏羲先天圆图而言其对待之体，复即卦气之流行而分其左右之顺逆也。

天地定位，山泽通气，雷风相薄，水火不相射，八卦相错。

此伏羲先天圆图八卦之位也。乾南坤北，天居上地居下，两仪之位也。艮为山居西北，兑为泽居东南。通气者。泽气升于山，为云为雨。山气通于泽，为水为泉也。震为雷居东北，巽为风居西南。相薄者，势相迫也。雷迅而风益烈，风激而雷益迅也。离为日居东，坎为月居西。不相射者，水得火以济其寒，火得水以济其热，不相灭息也。先天八卦之位如此。皆阴阳相对而居，故曰八卦相错也。重为六十四卦。为圆图，其位亦然。其左以震离兑乾为主。与八卦相错，为自复至乾三十二阳卦。其右以巽坎艮坤为主。与八卦相错，为自姤至坤三十二阴卦也。

数往者顺，知来者逆。是故《易》逆数也。

此就圆图卦气之行。准之横图，卦画之序，从中而分其左右之顺逆也。覆数已生之卦为顺，豫推未生之卦为逆。天道运行为四时八节，以冬至夏至为枢纽。圆图配八节之运行，以姤复二卦为枢纽。天道左旋，故圆图配八节皆左旋。万事出于心，故图自中起。天开于子，故卦始于复。天道运行始于阳，阳生于极阴。故坤生复为阳始，冬至配之。尽震宫八卦至明夷，立春配之。尽离宫八卦至于临，春分配之。尽兑宫八卦至于泰，立夏配之。尽乾宫八卦至于乾，阳极阴生得姤卦，夏至配之。尽巽宫八卦至于讼，立秋配之。尽坎宫八卦至于遁，秋分配之。尽艮宫八卦至于否，立冬配之。尽坤宫八卦至于坤，阴极阳生又为复卦。复至乾，由震四而离三而兑二而乾一，皆得已生之卦。如从今日计往日，顺而易知也。自姤至坤，由巽五而坎六而艮七而坤八。如今日预推明日，逆而难知也。然以横图观之。则自乾一而兑二而离三而震四而巽五而坎六而艮七而坤八，皆预推之，是皆逆也。逆所以知来，故《易》皆逆数也。以其位言之，则对待有顺有逆。以其数论之，则皆逆而可以知来。先天圆图之妙如此。

右第三章。

第四章言先天方图之位，六子之用统于乾坤，而造化流行有生长收藏之功也。

雷以动之，风以散之。雨以润之，日以晅之。艮以止之，兑以说之。乾以君之，坤以藏之。

动则物萌，散则物解。二者生物之功。润则物滋，晅则物舒。二者长物之功。止则物成，说则物遂。二者收物之功。君则物有所归，藏则物有所息。二者藏物之功。雷动风散，乾坤初爻相易为震巽也。雨润日晅，中爻相易为坎离也。止之说之，终爻相易为艮兑也。此六子，生物之序也。然六子致用，主于乾而动，归于坤而藏。此又父母之功也，故以乾坤终之。自动至晅，物之出机。自止至藏，物之终极。出无于有，气之行也。故以象言。入有于无，质之具也，故以卦言。先天方图中始震巽而始终于乾坤。盖阳生于北而极于南，阴生于南而极于北，天之道也。圆图法天，故乾南坤北也。阳始于东北而盛于西北，阴始于西南而盛于东南，地之道也。方图法地，故乾西北而坤东南也。乾坤初爻相易而为震巽。故震巽居中，为物之始生。中爻相易为坎离。故次外坎离，为物之方长。终爻相易为艮兑。故次外艮兑，为物之所收。终则乾居西北，坤居东南以藏之。以其位之尊卑而言，则宜先乾坤而后六子。以造化之流行而言，故先言六子而统于乾坤。此方图之位具造化流行之妙也。

右第四章。

第五章言文王后天八卦之位。

帝出乎震，齐乎巽，相见乎离，致役乎坤，说言乎兑，战乎乾，劳乎坎，成言乎艮。

此文王后天八卦之位。此节言八卦之流行也。帝者，天之主宰。出者，发露之谓。震居东方，于时为春。三阳开泰，万物从此发生，则帝即从此出矣。齐，相见，致役以下皆帝也。齐者，毕达之谓。巽居东南，春夏之交，万物毕达矣。尚有未尽生者，彼此未得相见也。离居南方，于时为夏，则明盛可见矣。致，犹委也。委役于万物，无不养也。坤居西南，夏秋之交。万物皆养于土，得向实也。说者，物形至此充足而说。兑居西方，于时为秋，物至此充足可说也。战者，阴极阳剥，疑而战也。乾居西北，秋冬之交。战乎乾，非与乾战，言阴阳战于乾之方也。劳，去声，慰劳之意。坎居北方，于时为冬，万物归藏于内而未息也。成言者，阳气至此成终而成始。艮居东北，冬春之交，止乎此矣。复出乎震，不终止也。此皆万物生成之序。然生之成之，必有主宰之者故谓之帝。此就八卦之流行言之也。

万物出乎震。震，东方也。齐乎巽。巽，东南也。齐也者，言万物之洁齐也。离也者，明也。万物皆相见，南方之卦也。圣人南面而听天下向明而治，盖取诸此也。坤也者，地也。万物皆致养焉，故曰致役乎坤。兑，正秋也。万物之所说也，故曰说言乎兑。战乎乾。乾，西北之卦也。言阴阳相薄也。坎者，水也。正北方之卦也。劳卦也。万物之所归也。故曰劳乎坎。艮，东北之卦也。万物之所成终而所成始也。故曰成言乎艮。

上言帝，此节言万物之随帝以出入。盖帝之出入不可见，而为物者可见，故又以物言之。以见八卦流行生物之功也。离明以德言，八卦之德可推。坤地坎水以象言，八卦之象可推。兑秋以时言，八卦之时可推。圣人象八卦之义以治天下，不独取诸离。亦举一可通其余也。坤于方不言西南，坤土之用不止于西南也。上言致役于坤，此言致养者。盖上言帝。坤，臣也。帝，君也。君之于臣，役之而已。此言万物。则坤，母也。万物，子也。母之于子，则无所不养也。乾曰阴阳相薄者。九十月之交，阴盛阳微。阴疑于阳必战。坤之上六亦言龙战于野者，此也。上言帝之所乘，此言万物之所主。观此而后天八卦之义可见矣。盖以其方位言之。则坎离者，天地之大用，得乾坤之中气。故离火居南，坎水居北也。震，动也。物生之初，故居东。兑，说也。物成之后，故居西。此四者居于四正也。震木，巽亦木，震阳木而巽阴木。故巽居东南，已之位也。兑金，乾亦金，兑阴金而乾阳金。故乾居西北，亥之方也。坤艮皆土，坤阴土，艮阳土。坤居西南，艮居东北者，所以均旺于四时也。此四者居于四隅也。以其流行之序言之，则以震巽离坤兑乾坎艮为次。盖春为木，震巽属木。木生火。夏为火，故离次之。夏而秋，火克金者也。火金之交，有坤土焉。则火生土，土生金。克者又顺以相生。秋为金，兑乾属金。金生水。冬为水，故坎次之。冬而春水生木者也。水木之交，有艮土焉。木克土，土克水。

生者又逆以相克。土金顺以相生，所以为秋之克。水土逆以相克，所以为春之生。生生克克，变化无穷，而皆有帝以宰之，此后天之妙也。

右第五章。

第六章去乾坤而专言六子，以见神之所为。前即文王卦次，以明四时之序。后即伏羲卦次，以明对待之偶。盖总先后天二图言之，以见不可偏废也。

神也者，妙万物而为言者也。动万物者，莫疾乎雷。挠万物者，莫疾乎风。燥万物者，莫熯乎火。说万物者，莫说乎泽。润万物者，莫润乎水。终万物始万物者，莫盛乎艮。故水火相逮，雷风不相悖，山泽通气。然后能变化，既成万物也。

此去乾坤专言六子。由后天流行之用，而推本于先天对待之体也。以主宰言曰帝，以功用言曰神。八卦各有所在，神无在无不在，故曰妙万物。乾坤合而为神，言神则乾坤皆在其中。去乾坤而专言六子，见六子之为皆乾坤之为也。五卦皆言象，艮独不言者。终始万物，不系于山也。文王后天卦次顺四时之序。而兑震以长男合少女，艮巽以长女合少男，则非其偶。阴阳不相对待，则无由生成万物矣。故此章先欲言神运万物之妙，即文王卦次，以明四时之流行。后则推原其体，必由阴阳对待，各得其偶。故又本于先天之卦，以见阴阳交合之妙，而后有此变化之神。盖合先天后天之妙总言之也。

右第六章。

第七章言八卦之性情。

乾，健也。坤，顺也。震，动也。巽，入也。坎，陷也。离，丽也。艮，止也。兑，说也。

此节言八卦之性情。因下文欲言其象，先别其性情如此。盖象者其似，性情者其真也。性者其本体，情者其作用也。乾纯阳刚故健，坤纯阴柔故顺。震一阳生二阴之下，刚而进故动。坎一阳在二阴之中,刚为阴所掩故陷。艮一阳出于二阴之上,无所往矣故止。巽一阴藏于二阳之下,顺而伏故入。离一阴在二阳之中,顺而附故丽。兑一阴在二阳之上,顺而见故说。然乾健坤顺。震坎艮三阳卦皆从健,巽离兑三阴卦皆从顺。健则能动,顺则能入。此震巽所以为动为人也。健遇上下皆顺则必溺而陷,顺遇上下皆健则必附而丽。此坎离所以为陷为丽也。健极于上,前无所往必止。顺见于外,情有所发必说。此章以八字断八卦之德,下章乃依类而分言之。自此以下乃以阴阳纯卦及初中终为序,不用先天后天之序也。

右第七章。

第八章远取诸物之象。

乾为马。坤为牛。震为龙。巽为鸡。坎为豕。离为雉。艮为狗。兑为羊。

此章言远取诸物者如此。马健行而不息,其蹄圆,故乾为马。牛顺而载重,其蹄析,故坤为牛。龙潜于渊在重阴之下,与地雷同其动奋,故震为龙。鸡,羽属,能飞。其性则入而伏。知时而善应,鸣于丑半重阳之时。又其行则首动于前,足动于中,身不动而随其后。能动象二阳在前,不动象一阴在后。故巽为鸡。豕主污湿,其性趋下。前后污浊,中心刚躁。故坎为豕。雉性耿介。中心柔懦而外文明。故离为雉。狗外刚内媚。止于人而能止人。故艮为狗。羊外柔说群而中刚狠,故兑为羊。此章取象于经有不尽合者。周公以乾为龙,夫子以为马。文王以坤为牝马,夫子以为牛。变通以观,可悟而不可执。八者之中,乾马,兑羊,巽鸡,离雉,与卦爻间有合者。如大畜乾爻称马,大壮似兑称羊,中孚巽爻称鸡,鼎三应离称雉,睽互坎称豕是也。至坤牛,震龙,艮狗,皆夫子所自取。善观之,则万物无非卦也。

右第八章。

第九章言近取诸身之象。

乾为首。坤为腹。震为足。巽为股。坎为耳。离为目。艮为手。兑为口。

此言近取诸身者。首会诸阳，尊而在上。腹藏诸阴，大而容物。足在下而动。股两垂而下。耳轮内陷，阳在内而聪。目睛附外，阳在外而明。手动在前。口开于上。此一身之合于八卦者也。近取诸身者，六子皆反对。远取诸物者，六子皆以序对。四者易而坎离不易也。首以君之，腹以藏之。足履于下为动，手持于上为止。股下岐而伏，口上窍而见。耳外虚，目内虚。各以反对也。在物。乾坤与二少皆取走。二长二中一走一飞。龙者走之飞，鸡者飞之走。各以序对也。夫子此章取象。坤为腹与明夷六四同，巽为股与咸九三互体同，兑为口与咸上六同。余亦多自取，鲜所合者。其取义本先儒所解如此。而有可疑者。既言足，又言股。于面独不言鼻。按《麻衣易》谓艮为鼻，巽为手。鼻者面之山。风能鼓舞万物，手之所以舞也。其说似亦可参。

右第九章。

第十章又即八卦而见其有父母男女之义也。盖文王有父母六子之说，故孔子发明之也。

乾，天也，故称乎父。坤，地也，故称乎母。震一索而得男，故谓之长男。巽一索而得女，故谓之长女。坎再索而得男，故谓之中男。离再索而得女，故谓之中女。艮三索而得男，故谓之少男。兑三索而得女，故谓之少女。

索，求也。《本义》，揲蓍以求爻。后朱子语录谓不当作揲蓍。大概阳先求阴，则阳入阴中而为男。阴先求阳，则阴入阳中而为女。乾求于坤而得震坎艮坤求于乾而得巽离兑。一二三者，以其画之次序言。以初中终三画取长中少之序也。三男本坤体，各得乾之一阳而成男，阳根于阴也。三女本乾体，各得坤之一阴而成女，阴根于阳也。天地生万物而人为贵，故以父母男女言之。然万物亦皆有牝牡雌雄长少之分，则言人而物亦在其中矣。此卦画已成之后。见有此象。犹之前后取象。不可以谓之二字。谓画此卦以象人也。

右第十章。

第十一章广八卦之象。不必尽合于经，多夫子所自取也。

乾为天，为圜，为君，为父，为玉，为金，为寒，为水，为大赤，为良马，为老马，为瘠马，为驳马，为木果。

纯阳至健为天。阳体动为圜。又天之体也居上覆下，尊无不统君也。乾知大始，又生六子，父也。其德至粹，爻刚而位以柔相济，玉也。纯刚，金也。金故寒。而位西北，卦气又立冬也，冬水始水。寒之凝，阴之变而刚者也。盛阳之色，又四月在夏，故为大赤。坎一阳在中为赤。乾纯阳，故亦曰大。别于坎也。马曰良老瘠驳，纯阳无阴，异于震坎阴阳相杂之马也。良，健之善者。老，健之久者。瘠，多骨少肉，健之坚强者。驳，锯牙食虎豹，健之威猛者。又驳马之色不纯，纯极而驳生也。圜而在上，以实承实，故为木果。异于艮之果蓏刚下有柔也。

又荀爽《九家易》解此下有为龙，为直，为衣，为言。言字宜作玄。

坤为地，为母，为布，为釜，为吝啬，为均，为子母牛，为大舆，为文，为众，为柄。其于地也为黑。

积阴于下故为地。物资以生故为母。动辟而广，旁有边幅而中宽平，故为布。又地南北经而东西纬，亦布象也。釜虚而容物，金质生于土，受模冶而成，有效法之义，故为釜。静翕而不施。阴性吝啬，女子小人未有不吝啬者也。吝啬者翕之守。均者辟之敷。其势均平而无偏陂，其德则生万物而无私均也。顺之极而生物相继，故为子母牛。厚而载物为大舆。坎二画虚，为舆而不大。坤三画虚，言大以别于坎也。坤画偶，又物生于地至杂，故为文。偶画多故为众。有形可执，持成物之权，故为柄。又在下而承物于上。凡执持之物，其本着地者，柄也。地之土色有五。黑者，极阴之色也。

又荀九家有为牝，为迷，为方，为囊，为裳，为黄，为帛，为浆。

震为雷，为龙，为玄黄，为旉，为大涂，为长子，为决躁，为苍筤竹，为萑苇。其于马也为善鸣，为馵足，为作足，为的颡。其于稼也为反生。其究为健，为蕃鲜。

阴闭而阳奋于下为雷。阳在下动为龙。乾坤始交生震，故兼天地之色。得乾初画为玄，得坤中画上画为黄，杂而成苍色也。阳气始施为茀。又花蒂下运而上分为花也。一奇动于内，二偶开通。前无壅塞，万物毕出。故为大涂也。一索得男，长子也。阳生于下，上进决阴而躁动也。苍，深青色。筤，竹之美者。竹之筹也。萑，荻。苇，芦。竹与芦苇，皆下本实而上虚也。上画偶开出声，又阳气始亨，故马善鸣也。左足白曰馵。震居左也。足超健曰作。下画一阳动也。的颡，额有旋毛中虚，射者之的。言上画之虚也。稼，诸谷之类。萌芽自下而生，反勾向上，阳刚动于下也。阳长必终于乾，故究为健。蕃，生。鲜，美。春生之草，下一根而开叶于上也。

按《荀易》下有为玉，为鹄，为鼓。

巽为木，为风，为长女，为绳直，为工，为白，为长，为高，为进退，为不果，为臭。其于人也为寡发，为广颡，为多白眼，为近利市三倍。其究为躁卦。

木，干阳而根阴。又物之善入者莫如木也。阴凝于下，阳发于外。周旋不舍则为风。又气之善入者莫如风也。坤始交于乾而得巽，长女也。绳，纠木之曲而取直者。工，引绳之直而制木者。巽德之制，故为绳直，为工也。巽少阴，故于色为白。木下入而上升，故为长，为高。又长者风之行，高者木之性也。阴性多疑，盘旋于二阳之下。又风行无常，或东或西。故为进退不果也。阴伏二阳之下，气郁不散，故为臭。阳盛于上，阴血不升，故为寡发。二阳在上，阳气上盛，故为广颡。眼白为阳黑为阴，反离之黑在下而白居中，故多白眼也。阳义阴利。阴主于内，近利之至，如贾之得利三倍也。三爻皆变，则为震之决躁，故究为躁卦也。然震变乾，变上二画而已。巽不言中上之变为坤，而以三画尽变为震者。盖阴欲变为阳，阳又欲变为纯阳。此又圣人扶阳抑阴之意也。

《荀易》有为杨，为鹳。

坎为水，为沟渎，为隐伏，为矫柔，为弓轮。其于人也为加忧，为心病，为耳痛，为血卦，为赤。其于马也为美脊，为亟心，为下首，为薄蹄，为曳。其于舆也为多眚，为通，为月，为盗。其于木也为坚多心。

一阳在内而明，二阴在外而陷，故为水，沟渎所以行水，水流而不盈。阳画为水，二阴夹之，故曰沟渎。阳居中而无阴以蔽之，则见而不隐。阳在阴下得时，则起而不伏。坎，阳陷阴中而包之，故为隐伏。水势曲直方圆唯势之利，因人所导，故为矫揉。方盖二十八，蔽车之上。轮辐三十六，运车以行。皆矫揉所成也。阳陷阴中，心危虑深，故加忧。心耳皆以虚为体。坎中实，故为病为痛。离火在身为气，坎水在身为血。血运于身，犹水之行于天地间也。得乾中画之阳，故为赤而不大也。坎中画阳故为马为美脊。刚在内而躁，故为亟心上柔，故首下而不昂。下柔，故蹄薄而不厚也。曳亦下之弱者。柔不任重，故在舆为多眚。坤舆行于平地则安。坎多阴陷阻碍也。通者水之性，坎维心亨也。月者水之精。盗者隐伏而险。刚在中，故在木为坚多心也。

按《荀易》又有为宫，为律，为可，为栋，为丛棘，为狐，为蒺藜，为桎梏。

离为火，为日，为电，为中女，为甲胄。为戈兵。其于人也为大腹，为乾卦，为鳖，为蟹，为蠃，为蚌，为龟。其于木也为科上槁。

离者，丽也。火丽木而生，又内暗外明，故为火。日，火之精也。阴丽阳而明，又有火光，故为电。坤再交于乾，故为中女。刚画在外为甲胄。火锐于上为戈兵。中虚有容为大腹，又得坤之中爻也。火燥燥故为乾卦。外刚内柔，故为鳖蟹蠃蚌龟。又鳖性静，取中画之柔。蟹性躁，取上下二画之刚。蠃取善丽之象。蚌取中虚之象。龟取文明之象。科上槁，一作科空也。木中空，上必枯槁。一曰科非木。科，巢之附于木上者。科中虚有离象。上槁者，科上之木乾燥，如鹊巢以木枝结构而成者。二说虽不同，皆于离象可通。

按《荀易》有为牝牛。

艮为山，为径路，为小石，为门阙，为果蓏，为阍寺，为指，为狗，为鼠，为黔喙之属。其于木也为坚多节。

静以止者，山也。径者，路之小。艮为震之反体。高山之上成蹊，非如平地之大涂也。刚在坤土之上，象山顶高处之小石。若坎刚在坤土之中，则平地土中之大石矣。阙者，门之出入处。上画连亘，中二画双峙而虚，似门阙也。果，木实。蓏，草实。乾纯刚为木果，艮一刚二柔故为果蓏。震为敷，草木之始。艮为果蓏，草木之终。果蓏能终又能始，故于果蓏为切。阍掌王宫之中门之禁，止物之不应入者。寺人，掌王之内人及宫女之戒令，止物之不得出者。手以止物，而用以止者在指。又诸阳之末，骨之外见者也。鼠黔喙，皆前刚也。黔钳通。山居之兽，齿牙如铁能食生物。又鸟亦善以缘止物者也。坚多节，亦刚在外也。

按《荀易》有为鼻，为虎，为狐。《麻衣易》亦以艮为鼻。朱子曰：鼻者，面之山。管辂当言之。

兑为泽，为少女，为巫，为口舌，为毁折，为附决。其于地也为刚卤，为妾，为羊。

泽者水之聚。二阳沉于下，一阴见于上，坎壅成泽也。巫，以言语说神者。兑上折，口象，故为巫，为口舌。金气始杀，条枯实落，故为毁折。柔附于刚，刚乃决柔，故为附决。阴在上皆有决义。震阳动故躁，兑阴说故附决。躁者有所去，以达其怒。附决者始虽亲，而动不免于去也。阳在下为刚，阴在上为卤。刚卤之地不生物。卤者，水之死气也。坎水绝于下而泽见于上则为卤。卤暂燠而乾，乾而复润，天下之润者莫久焉。然不生物，以气之在外也。少女从娣故为妾。内狠外说故为羊。

按《荀易》有为常，为辅颊。

前章以八卦象八物，此章又推广以尽万物之情。其中有相对取象者。如乾天，坤地之类是也。上文乾为马，此则为良马老马瘠马驳马。良取其德，老取其知，瘠取其骨，驳取其力，皆取其健也。上文坤为牛，此则为子母牛。取其生生有继，兼取其顺也。乾为木果，结于上而圆。坤为大舆，载于下而方。震为决躁，巽为进退，为不果。刚柔之性也。震巽独以其究言刚柔之始也。坎内阳外阴，水与月则内明外暗。离内阴外阳，火与日则内暗外明。坎中实，故于人为加忧为心病为耳痛。离中虚，故于人为大腹。艮为阍寺为指，阳之止也。兑为巫为口舌，阴之说也。有相反取象者。震为大涂，反而艮则为径路。大涂，阳辟乎阴，无险阻也。径路，阳阻而下阴，不能辟也。巽为长为高，反而兑则为毁折。长且高者，阳之上达。毁而折者，阴之上穷也。有相因取象者。乾为马。震得乾之初之马，故于马为善鸣馵足作足的颡。震阳下而阴上也。坎得乾中爻之马，故为美亟心下首薄蹄曳。坎阳中而阴外也。善鸣似乾马之良，美脊似乾马之瘠。作足，阳下而健。薄蹄者，阴下而弱也。坤为大舆，坎为舆为多眚。坤中虚而力能载，坎中满而下无力也。巽为木，干阳而根阴也。坎中阳，故于木为坚多心。艮上阳，故于木为坚多节。离中虚，故于木为科上槁。震为敷。乾为木果。艮为果蓏。震之一阳花之敷。乾之三阳果之结。果蓏则阳上而阴下也。有一卦之中自相因取象者。坎为隐伏，因而为盗。巽为绳直，因而为工。艮为门阙，因而为阍寺。兑为口舌，因而为巫有不言而互见者。乾为君以见坤。之为臣乾为圜以见坤之为方。吝啬者，阴之翕也，以见阳之辟。均者，地之平也，以见天之高。为文者，物生于地杂而可见也，知其始于天者不可见矣。为柄者，有形之可执也，乾之气不可执矣。离为乾卦，以见坎之为湿。坎为血卦，以见离之为气。巽为臭，以见震之为声。巽离兑三女，震为长子而坎艮不言者。尊嫡也，于阳之长者尊之也。兑少女为妾而巽离不言者。少女从嫡为娣，于阴之少者卑之也。乾为马，震坎得乾之阳皆言马而艮独不言者。艮，止也，止之性非马也。其大略如此。他可触类而通。至于卦象之中有与卦爻相符者，如乾天坤地之类是也。有不与卦爻相符者，如乾坤称龙而不必在震，坤屯称马而不必在乾之类是也。有见于卦爻而此不载者，如渐之鸿中孚之豚鱼之类是也。有见于此而卦爻无之者，如为釜为布为蠃为蚌之类是也。若夫大琴谓之离，小罍谓之坎。此见于他书，而《易》与说卦又可以类推也。至若自坤而降，或曰其于地，其于人，其于马，于舆，于稼，于木。唯乾不言者。盖物不足以尽卦，则正言为天为地之类。卦不足以尽物，则言其于人，其于马之类。至乾之为物无不周遍，万物不足以尽之，故无所言焉。要之天地之物，大而天地山川，微而草木禽虫，君臣父子之伦，毛发爪甲之细，无一不备于卦。即无一不本于太极，无一不在于吾心。知此可与言八卦之象矣。

右第十一章。

以上《说卦传》十一章备言卦象卦位。疑古者若八索之书，所载有此。夫子因笔削之，以为《传》也。

序卦传

按：《序卦》，韩康伯谓非圣人之蕴，沙随程氏谓非圣人之书，朱子辨其不然。谓此中事事夹杂，无所不有。虽非圣人之精，不可谓非圣人之蕴也。今从《程传》，分析其辞，见于六十四卦之首。则在此注释可略，附诸儒别论于后。

有天地，然后万物生焉。盈天地之间者唯万物，故受之以屯。屯者，盈也。屯者，物之始生也。物生必蒙，故受之以蒙。蒙者，蒙也，物之稚也。物稚不可不养也，故受之以需。需者，饮食之道也。饮食必有讼，故受之以讼。讼必有众起，故受之以师。师者，众也。众必有所比，故受之以比。比者，比也。比必有所畜，故受之以小畜。物畜然后有礼，故受之以履。履而泰，然后安，故受之以泰。泰者，通也。物不可以终通，故受之以否。物不可以终否，故受之以同人。与人同者，物必归焉，故受之以大有。有大者，不可以盈，故受之以谦。有大而能谦必豫，故受之以豫。豫必有随，故受之以随。以喜随人者必有事，故受之以蛊。蛊者，事也。有事而后可大，故受之以临。临者，大也。物大然后可观，故受之以观。可观而后有所合，故受之以噬嗑。嗑者，合也。物不可以苟合而已，故受之以贲。贲者，饰也。致饰然后亨则尽矣，故受之以剥。剥者，剥也。物不可以终尽，剥穷上反下，故受之以复。复则不妄矣，故受之以无妄。有无妄然后可畜，故受之以大畜。物畜然后可养，故受之以颐。颐者，养也。不养则不可动，故受之以大过。物不可以终过，故受之以坎。坎者，陷也。陷必有所丽，故受之以离。离者，丽也。

《序卦》之意。有以相因为序，乾坤屯蒙是也。有以相反为序，泰否剥复是也。天地间不出相因相反二者。始则相因，极必相反也。

右上篇。

有天地，然后有万物。有万物，然后有男女。有男女，然后有夫妇。有夫妇，然后有父子。有父子，然后有君臣。有君臣，然后有上下。有上下，然后礼义有所错。夫妇之道不可以不久也，故受之以恒。恒者，久也。物不可以久居其所，故受之以遁。遁者，退也。物不可以终遁，故受之以大壮。物不可以终壮，故受之以晋。晋者，进也。进必有所伤，故受之以明夷。夷者，伤也。伤于外者必反其家，故受之以家人。家道穷必乖，故受之以睽。睽者，乖也。乖必有难，故受之以蹇。蹇者，难也。物不可以终难，故受之以解。解者，缓也。缓必有所失，故受之以损。损而不已必益，故受之以益。益而不已必决，故受之以夬。夬者，决也。决必有所遇，故受之以姤。姤者，遇也。物相遇而后聚，故受之以萃。萃者，聚也。聚而上者谓之升，故受之以升。升而不已必困，故受之以困。困乎上者必反下，故受之以井。井道不可不革，故受之以革。革物者莫若鼎，故受之以鼎。主器者莫若长子，故受之以震。震者，动也。物不可以终动，止之，故受之以艮。艮者，止也。物不可以终止，故受之以渐。渐者，进也。进必有所归，故受之归妹。得其所归者必大，故受之以丰。丰者，大也。穷大者必失其居，故受之以旅。旅而无所容，故受之以巽。巽者，入也。入而后说之故受之以兑。兑者，说也。说而后散之，故受之以涣。涣者，离也。物不可以终离，故受之以节。节而信之，故受之以中孚。有其信者必行之，故受之以小过。有过物者必济，故受之以既济。物不可穷也，故受之以未济终焉。

右下篇。

或问，《易》，《上经》三十卦，《下经》三十四卦，多寡不均何也？曰：卦有正对，有反对。乾坤坎离颐大过中孚小过八卦，正对也。正对不变，故反覆观之止成八卦。其余五十六卦，反对也。反对者皆变，故反覆观之共二十八卦。以正对卦合反对卦观之，总而为三十六卦。其在《上经》，不变卦凡六，乾坤坎离颐大过是也。自屯蒙而下二十四卦，反之则为十二卦。以十二而加六，则十八也。其在《下经》，不变卦凡二，中孚小过是也。自咸恒而下三十二卦，反之则为十六。以十六而加二，亦十八也。其多寡之数未尝不均也。

双湖胡氏曰：文王《序卦》大抵本先天图。以东西南北四方正卦乾坤坎离，为《上经》之始终。以西北隅艮，东南隅兑合而为咸。西南隅巽，东北隅震合而为恒。四隅反卦为《下经》之始。而终之以既未济，则亦坎离之交不交也。故乾坤坎离四纯卦皆居《上经》。震巽艮兑四纯卦皆居《下经》，又以反对为次。虽非伏羲之旧，而先天之图大旨则备见焉。夫子《序卦》，直以卦名发其次第之义，而他则未暇及耳。又按：吕氏《要指》曰：易，变易也。天下有可变之理，圣人有能变之道。反需为讼，泰为否，随为蛊，晋为明夷，家人为睽。此不善变者也。反剥为复，遁为壮，蹇为解，损为益，困为井。此善变者也。文王示人以可变之几，则危可安，乱可治。特一转移间耳。后天之学其以人事赞大地之妙欤。又当合上《下经》始终而论之。乾坤，天地也。坎离，水火也。以体言也。咸恒，夫妇也。既未济，水火之交不交也。以用言也。《上经》以天道为主，具人道于其中。《下经》以人道为主，具天道于其内。三才之间，坎离最为切用。日月不运，寒暑不成矣。民非水火不生活矣。心火炎燥而不降，肾水涸竭而不升，百病侵陵矣。故上《下经》皆以坎离为终焉。

按：沙随程氏谓《序卦》非圣人之书，韩康伯谓《序卦》非圣人之精蕴，朱子辨之曰：谓《序卦》非圣人之精则可，非圣人之蕴则不可。太极生两仪，两仪生四象，此《易》之精也。《序卦》无所不有，此《易》之蕴也。今按：横图圆图方图之序，伏羲所由以画卦也。先天之学，不待语言文字者也。《序卦》所云，文王所由以作《易》也。后天之学，得语言文字而明者也。伏羲之后，连山首艮，归藏首坤。则六十四卦之序，在夏商已不一。文王忧患作《易》，曲尽天道人事之变。皆从卦之名义。或取相因，或取相反而为之序。故《序卦》所云，谓非先天之精蕴则可，谓非后天之精蕴则不可。后人或即麻衣反对之言以明《序卦》之伪，则尤一偏之论。夫屯之与蒙，需之与讼，其为综卦何疑。坤后继屯，蒙后次师，于卦画非有所据。自当如《序卦》所云，由卦名以思其义。程氏疑其非圣人之书，得无过乎？

杂卦传

《序卦》，所以言《易》道之常。《杂卦》，所以言《易》道之变。《杂卦》但要取反对之义。反覆其卦，则吉凶祸福，动静刚柔皆相反也。《序卦》自乾坤而下三十卦，咸恒而下三十四，《杂卦》亦然。《序卦》反对，《杂卦》亦多反对，此其所同也。《序卦》以乾坤颐大过坎离在上篇，中孚小过在下篇，故二篇反对皆成十八卦。《杂卦》但以乾坤在上篇，余尽在下篇，又自大过以下不复反对，此其所异也。以其序次错综，故谓之杂。然自乾至困当《上经》三十卦，实杂《下经》十二卦于其中。咸至夬当《下经》三十四卦，又杂《上经》十二卦于其中。则杂之中，又有不杂者存焉。又卦以乾为首而终之以夬。盖夬以五阳决一阴，决去则又为纯乾矣。故曰君子道长，小人道消，是又圣人扶阳抑阴之意也。又按：《春秋传》有屯固比入坤安震杀之语，疑古筮书以一字断卦义者多有之。夫子杂采其辞为经羽翼，本非创作。故谓之杂，未可知也。

乾刚坤柔，比乐师忧。

刚柔，以德言。忧乐，以事言。刚皆属乾，而纯乾为至刚。柔皆属坤，而纯坤为至柔。然二卦之二五皆得中，爻位刚柔又各有相济，非倚于一偏者。就其德之各见者，则分为刚柔耳。比九五居上而得众，故乐。师九二居下而任重，故忧。又顺在内故乐，险在内故忧。

临观之义，或与或求。

以我临物曰与，物来观我曰求。临卦以二阳在下遍临四阴，而六五上六又若以上临下。观卦九五观示乎下，而四阴又相率以观乎上。互有求与之意。或者，疑词。无求与而若有求与。见为与又疑于求，见为求又疑于与也。

屯见而不失其居，蒙杂而著。

屯，震遇坎。震动故见。坎险不行，居也。又以初爻言之。物始生为见。未得位居贞，居也。又合初五二爻言。九五阳在上卦之天位而显，见也。一阳动坎险之下而固守居也。蒙，坎遇艮。坎幽昧为杂，艮光明著也。又以二爻言。全卦蒙然而生，故杂。二能治之使明，著也。又合九二上九二爻言之。九二阳在下卦之中而位幽，杂也。上九一阳止坎险之外而光明，著也。《本义》就卦义论，《大全》兼取爻义。宜兼之始备。时解谓屯以事功言。才有余而遇不足，当养晦以俟时。蒙以学问言。质不足而学有余，宜亲师以取益。意亦是，但不必拘。

震，起也，艮，止也。损益，盛衰之始也。

震艮以天道言，损益以人事言。损者人所忧，乃为盛之始。益者人所喜，乃为衰之始。倚伏之机可畏也。

大畜，时也。无妄，灾也。

刚难畜而畜之，时有适然，意外之得也。无有妄而得灾，灾自外至者也，意外之祸也。

萃聚，而升不来也。谦轻，而豫怠也。

萃，三阴聚于下。升，三阴升于上。不来，谓升而不降也。时解以萃言君之用贤，升言臣之遇主。亦近之，不必拘旧说。轻者，一阳居下之上。不自尊大，自卑而轻。豫者，一阳居上之下。其志满足，自肆而怠也。然豫四爻无怠意。按：《来注》，谦之上六即豫之初六，故二爻皆言鸣。谦心虚，故自轻。豫志满，故自肆。此说为胜。

噬嗑，食也。贲，无色也。

颐中有物，故曰食。贲以白贲无咎。无色而天下之贲莫尚焉。食色，人之大欲。色至贲则过，故欲返本也。

兑见，而巽伏也。

兑，阴外见。巽，阴内伏也。

随，无故也。蛊则伤也。

随时行止，前无故也。蛊坏已极，后当伤也。

剥，烂也。复，反也。

五阴溃于内，烂也。一阳生于下，反也。

晋，昼也。明夷，诛也。

二卦，朝暮生杀之义。日出地上为昼，则入地下为夜也。明在下为诛伤，则明升上为生长矣。

井通，而困相遇也。

往来井井，则其道通。刚为柔掩，所遇之困。自乾至此三十卦，适与《上经》之数相当。

咸，速也。恒，久也。

有感必通，故速。速则夫妇及时。其道有常，故久。久则夫妇偕老。

涣，离也。节，止也。解，缓也。蹇，难也。睽，外也。家人，内也。否泰，反其类也。

涣节与井困相反。井，以木出水，居塞而能通。涣，以水浮木，则通极而致散矣。节，泽上之水为有制。困，泽下之水则枯竭矣。解难既散，多失于怠缓。蹇险在前，则知阻难。睽疏而外，家人亲而内。否泰则君子小人，其类每相反也。

大壮则止，遁则退也。

虑后阳之恃壮，故不欲九四之进而欲其止。恐前阳之不及，故不欲六二之进欲其退也。阳进而消，阴者慎之。阴进而消，阳者抑之也。

大有，众也。同人，亲也。革，去故也。鼎，取新也。小过，过也。中孚，信也。丰，多故。亲寡，旅也。

明且动，故多故。旅寓则所亲自寡矣。此句卦名在下，变文以叶韵也。

离上，而坎下也。

炎上，润下。

小畜，寡也。履，不处也。

一阴畜阳，寡不敌众。说随阳进，柔能制刚也。

需，不进也。讼，不亲也大过，颠也。姤，遇也，柔遇刚也。渐，女归待男行也。颐，养正也。既济，定也。归妹，女之终也。未济，男之穷也。夬，决也，刚决柔也。君子道长，小人道忧也。

需讼，皆主乾言。止坎之下为不进，背坎而去为不亲。大过本末弱，故颠。女待男而行，所以为渐。颐以上养下，养得其正。既济六位皆当，故定。女者，未嫁之称。归则女之事终也。未济阴阳皆失位而阴不足言也，故曰男之穷。始乾终夬，则喜阳之长也。本。义谓自大过以下卦不反对，或疑其错简。然以韵协之又似非误，未详其义。按苏氏蔡氏皆有改正之文。而蔡氏所改，类从而韵亦协。附录于后。兼载胡氏之论，以备参考。

大过，颠也。颐，养正也。既济，定也。未济，男之穷也。归妹，女之终也。渐，女归待男行也。姤，遇也，柔遇刚也。夬，决也，刚决柔也。君子道长，小人道忧也。

云峰胡氏曰：《易》终于《杂卦》，而交易变易之义愈可见矣。每一卦反复为两卦，而刚柔吉凶每每相反。此变易之义也。自乾至困三十卦，与《上经》之数相当。而杂《下经》十二卦于其中。自咸至夬三十四卦，与《下经》之数相当。而杂《上经》十二卦于其中。此交易之义也。或曰：此偶然尔。愚曰：非偶然也，皆理之自然也。坎离交之中者，本居《上经》三十卦内，今附于下三十四卦。震艮巽兑交之偏者，本居《下经》三十四卦内，今附于上三十卦。至若无反对者。《上经》六卦，《下经》二卦。今附于上者二卦，附于下者六卦。皆交易之义也。十二月卦气。除乾坤外，《上经》泰否临观剥复，阴之多于阳者十二。《下经》遁壮姤夬，阳之多于阴者十二。今《杂卦》移否泰于三十四卦之中，而阴阳之多少复如之。特在《上经》者三十六画，在《下经》者二十四画。今附于上者二十四画，附于下者三十六画。愈见其交易之妙尔。若合六十四卦论之。《上经》三十卦，阴爻之多于阳者八。《下经》三十四卦，阳爻之多于阴者亦八。今则附于三十卦者。阳爻七十二，阴爻一百八。而阴多于阳者三十六。附于三十四卦者。阳爻一百二十，阴爻八十四。而阳之多于阴者亦三十六。以反对论。《上经》阴之多于阳者四，《下经》阳之多于阴者亦四。今则附于上者。阳爻二十九，阴爻五十七。而阴爻多于阳者十八。附于下者。阳爻六十九，阴爻五十七。而阳爻之多于阴者亦十八。或三十六或十八，互为多少。非特见阴阳交易之妙，而三十六宫之妙，愈可见矣。是岂圣人之心思智虑之所为哉！愚故曰：伏羲之画，文王周公孔子之言，皆天也。《本义》谓自大过以下卦不反对，或疑其错简。今以韵协之又似非误，未详何义。愚窃以为杂物撰德，非其中爻不备。此盖指中四爻互体而言也。先天图之左互复颐既济家人归妹睽夬乾八卦，右互姤大过未济解渐蹇剥坤八卦。此则于右取姤大过未济渐四卦，于左取颐既济归妹夬四卦。各举其半，可兼其余矣。是虽所取不能无杂。盖此谓《杂卦》，而互体又其最杂者也。上三十卦终之以困，柔掩刚也。下三十四卦终之以夬，刚决柔也。柔掩刚，君子不失其所亨。刚决柔，君子道长，小人道忧矣。然则天地间刚柔每相杂。至若君子之为刚，小人之为柔，决不可使相杂也。《杂卦》之末，特分别君子小人之道言之。圣人赞化育，扶世变之意微矣。

周易浅述图说

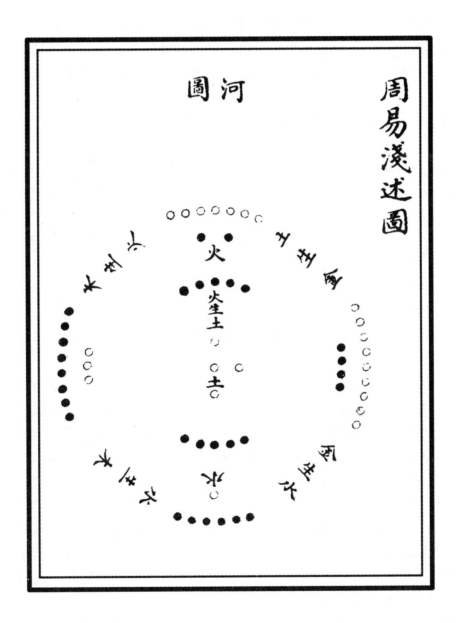

河图图说

按《易·系辞传》曰：天一地二，天三地四，天五地六，天七地八，天九地十。此即所谓河图，理数之大原也。天以一生水，地以六成之。地以二生火，天以七成之。天以三生木，地以八成之。地以四生金，天以九成之。天以五生土，地以十成之。此河图五行生成之数也。一为老阳，居北。二为少阴，居南。三为少阳，居东。四为老阴，居西。东北阳方，故一三皆位阳。西南阴方，故二四皆位阴。东南物之始生，故二少位于东南。西北物之收成，故二老位于西北。此河图四象之位也。一六为水居北。左旋而东，则水生土。又旋而南，则木生火。又旋而中，则火生土。又旋而西，则土生金。又旋而北，则金生水。此以其运行之序言之，左旋而相生也。此方一六之水克南方二七之火，西方四九之金，又克东方三八之木。此以其对待之位言之，又未尝不相克也。要而论之，理数之原一而已矣。一者，太极也。二之则为两仪。四之则为四象。四象变化而庶类繁生，数至四而备矣。一合四即为五，为五行。故五者，数之中也。自五以后生数皆合五以为成数。一合五为六，二合五为七，三合五为八，四合五为九，成数至九而备矣。而五备五则为十。小衍之为十，大衍之为五十，即为蓍策之数所起。故十者，数之终也。五为数之中，故于成数之中减其生数皆得五。十为数之终，故以生数合成数又皆得十。盖太阳居一而连九，太阴居四而连六，少阴居二而连八，少阳居三而连七。就其所居之位言之。则生数太阳，成数配以太阴。生数太阴，成数配以太阳。生数少阳，成数配以少阴。生数少阴，成数配以少阳。而就阴阳老少各分计之，皆得十焉。此皆天地之自然，非人力所能损益也。万物统乎天数，始乎一。乃以一二三四分属于天地何也？天地之大，不外乎阴阳。阳奇阴偶分之，自各有所属也。五行皆生于天地。乃或天生而地成之，或地生而天成之何也？万物皆阴阳合而有生，而所以又各自有阴阳，皆由得气之初，阴阳或先或后。水先天阳而后天阴，故体阳而用阴。火先天阴而后天阳，故体阴而用阳。木由滋润而后焦枯，先天同水而后天同火也。金由煅炼而后融液，先天同火而后天同水也。以至人道有男女，飞走之有雌雄、牝牡，其先后天皆可类推也。五行之生有先后，数有多寡何也？凡物之生皆自微而著，由清而浊，数之生皆自少而多。五行，水最轻清而火次之，故一六水而二七火也。木则形坚，金则质重，土则最大而最浊矣。故三八木，四九金，而五十土也。太阳以一为生数最少，以九为成数则最多。太阳以四为生数最多，而以六为成数又最少。少阳以三为生数次多，以七为成数又次少。少阴以二为生数次少，以八为成数又次多。何也？盖生数主气，成数主形。生数先天，而成数后天。论气，则太阳清轻而太阴重浊，故太阳一而太阴四。论形，则太阳有余而太阴不足，故太阴六而太阳九也。论先天，则少阳强而少阴弱，故少阳三而少阴二。论后天，则少阳主泄而少阴主收，故少阳七而少阴八也。老少阴阳之位，从一二三四而不论六七八九何也？由太极生两仪，由两仪生四象，皆先天之事也，故当从生数也。揲筮老少阴阳之数，取六七八九而不取一二三四又何也？由分二而挂一而揲四，皆后天之事也，故当从成数也。揲筮老阳取九而不取七，而老阴则取六不取八又何也？即太阳有余太阴不足之说也。而不止此也。凡阳属天，天形圆。圆者，径一而围三。凡阴属地，地形方。方者，径一而围四。揲筮以四为数。所扐之数，以四为奇以象天，以八为偶以象地。如三扐皆奇，取径一围三之义。则三三为九，为天矣。天用其全，故不用七而用九也。如三扐皆偶，取径一围四之义。则三四为十二，为地矣。地用其半故不用八而用六也。且所扐者九，而过揲之数亦为四九三十六。所扐者六，而过揲之数亦为四六二十四。是揲筮老阳老阴，不必皆因河图，而自与河图暗合，此所以为理数之自然也。至若河图言五行，而伏羲因之以画八卦。河图五方，而先后天之八卦分为八方。皆与河图各有所合。又当即横图圆图方图，详析分疏，其义始见，故姑总其大略如此。而诸图仍即杨子道声图卦阐义所分，备列于后云。

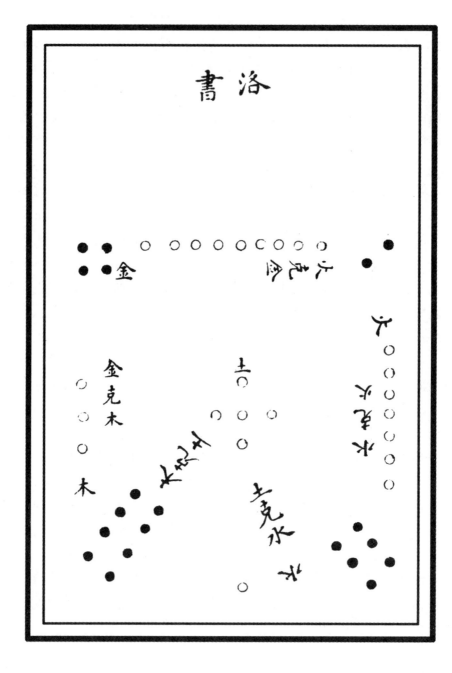

洛書

洛书图说

　　杨子道声《洛书别论》曰：洛书之数起于一，中于五，穷于九。五建极于中，为众数所取法。自五以下皆为生数，为一为二为三为四。自五以上皆为成数，为九为八为七为六。生数与成数相间而立，以成右转之形。夫数始于一，一合中五而生六，六合一而生七，七合中五去十而生二，二合七而生九，九合中五去十而生四，四合九去十而生三，三合中五而生八，八合三去十而复生一，运行无穷焉。而其相合相生之法，凡奇数则合中五以生下数，耦则合前位之奇以生下数。耦从奇，奇不从耦也。奇必生耦，耦必生奇，阴阳互根也。中五建极，奇耦相生而自右至左，法自然之运。此不同于河图之不奇耦，耦之合中五而为数也。至其对待之法，更有大异于河图者。河图奇耦重列以相对，洛书则单列以相对。奇对必奇，耦对必耦。以中五为之纲，而余数相伍以列。及计其对待之共数，莫不各倍中五以成十，而十已默寓于众数之中矣。杨子道声之论如此。今按：《易·系辞传》曰："河出图，洛出书，圣人则之。"是图书相为表里，夫子之言可据。后人以洛书至禹始出，其讹固不俟辨。至若"天一地二"章，所言皆河图而不及洛书，盖缘蓍数取于五十，故独引河图为言。至由两仪四仪而生八卦，则图书皆其根本。而先后天八卦之位配之洛书，尤其易见者也。洛书自北之西，一六之水克二七之火。火南行，克四九之金。金东行，克三八之木。木转中，克中英之土。土北行，又克一六之水。此洛书之右转相克，异于河图之左旋相生者也。至以其相对待言之，则东南四九之金，生西北一六之水。而东北三八之木，生西南二七之火。是洛书之对待相生，又异于河图之对待相克者也。要之，生之中有克，克之中有生。十之数，不外九之用。九之用，已备十之体。四正已备乎四隅，四隅不外乎四正。四正四隅皆本于中宫，两仪四象皆根于太极。此则河图洛书之所同，而实未尝异者。要之，言乎理则一，言乎气则二，言乎象则四，言乎行则五。由是即一奇一耦，以生八卦六十四卦，而先天后天，为方为图，皆从此起焉。是又当即诸图分析求之，以评其义者也。

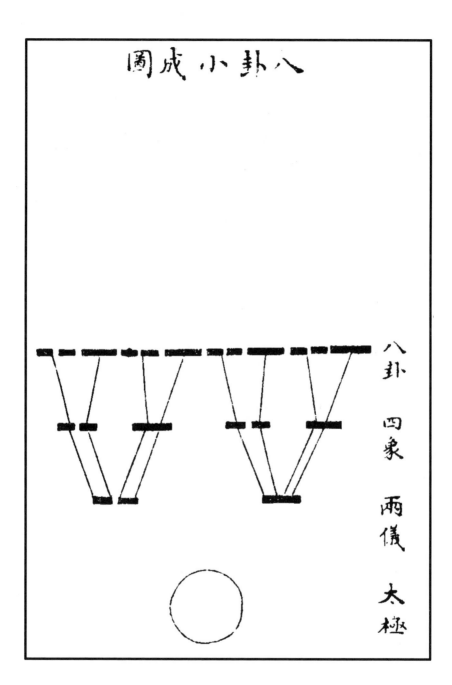

八卦小成圖

八卦　四象　兩儀　太極

八卦小成图说

河图以十为数，洛书以九为数。河图列四正而五十居中，洛书列四正四隅而五居中。于八卦似各异，要之本太极而为阴阳奇偶，则一而已矣。阳大阴小，则阳先阴后。故伏羲先画一奇以象阳，画一偶以象阴而两仪具。两仪各生一阳一阴而四象形。四象又各生一阳一阴而八卦列。卦既成，见其具天地人三才之象，非有取于三才强画之也。卦既列，而乾一兑二至坤八有自然之序，非有意于先后强分之也。卦备于八，是谓小成。

六十四卦大成衡圖

乾宮圖一

乾　夬　大有　大壯　小畜　需　大畜　泰

兑　宮　圖　二

臨　損　節　中孚　歸妹　睽　兑　履

離宮圖三

明夷　賁　既濟　家人　豐　離　革　同人

震宮圖四

復　頤　屯　益　震　噬　隨　无妄

巽宮圖五

升　蠱　井　巽　恆　鼎　大過　姤

六圖宮坎

訟　困　泰　解　渙　坎　蒙　師

艮宮圖七

謙　艮　蹇　漸　小過　旅　咸　遯

坤宮圖八

坤　剝　比　觀　豫　晉　萃　否

六十四卦衡图说

　　八卦未画之先，则太极生八卦。八卦既画之后，则八卦皆可以为太极。所谓物物各具一太极者，此也。由是而两仪得十有六。由是而四象得三十有二。由是而八卦得六十有四。六画之上无可加，六十四卦之外亦无可益，此理数之自然也。六十四卦之中，八卦各居其本位。乾一兑二离三震四巽五坎六艮七坤八，分阴分阳，万变毕具。阳生于复而极于乾，阴生于姤而极于坤。论卦体之相生，则自乾而复为顺，自姤而坤为逆。论阴阳之升降，则自姤而坤为顺，自乾而复为逆。奇偶顺逆循环，而圆图方圆皆自此出矣。

先天卦配河圖圖

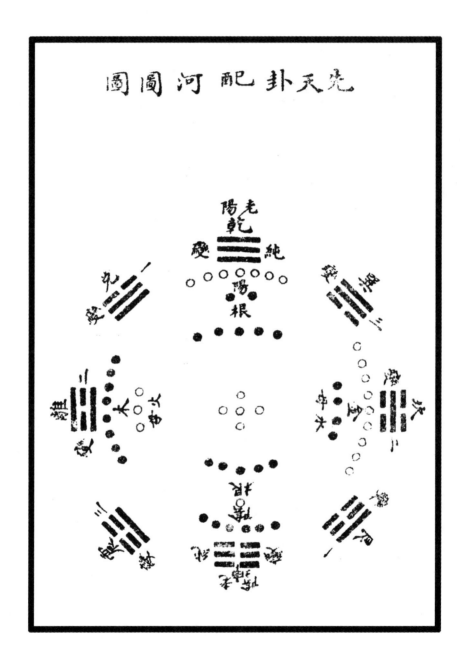

杨道声先天卦配河图图说

　　理，一而已矣。一而二，则为乾坤。二而四，则乾得离而坤得坎。四而八，则乾得兑离震，坤得艮坎巽。乾坤动乎一者也。离坎继乾坤而代之者也。兑震艮巽妙坎离之用者也。乾坤之位正而离坎正矣。离坎之位正而八卦正矣。坤之居北而配一六者何？一为数始而生物之始，六所以成之也。则所重在一。一，阳也。乾象而非坤象。然坤不能自生而生于乾，是以居北。乾之居南而配二七者何？二为一之匹，而亦生物之数。则所重在二。二，阴也。坤象而非乾象。然乾亦不能自生而生于坤，是以居南。乾南坤北，亦所以法天，天阳南而阴北也。离居东而配三八者何？天三生木，地八成之，火生于木也。坎居西而配四九者何。地四生金，天九成之，水生于金也。四卦正位，一经一纬。不居其位而位乎其所自生，故曰"先天"也。震兑艮巽之居四维者何？以乾坤离坎之定位位之也。阳之运自南而北，阴之运自北而南。南为老阳乾居之。乾之上爻变而为兑，居东南。中爻变而为离，居东。两爻俱变而为震，居东北。以极于北，则乾爻尽变矣。北为老阴坤居之。坤之上爻变而为艮，居西北。中爻变而为坎，居西。两爻俱变而为巽，居西南。以极于南，则坤爻尽变矣。阴阳相摩，迭为终始。八卦正位，万象森列。故曰乾坤离坎正而八卦正矣。

后天卦配河图图

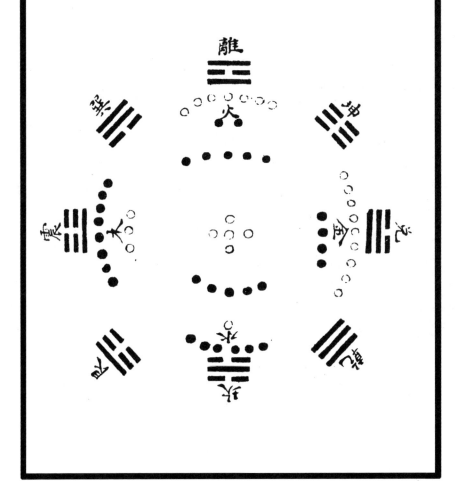

杨道声后天卦配河图图说

易逆数也而顺以行之，圣人所以善法天也。《说卦》，"帝出乎震，成言乎艮"，后天之卦位也。先天乾坤为经，离坎为纬。今则离坎进而为经，震兑继而为纬。一六为水故坎在北。二七为火故离在南。三八为木。四九为金。故震东而兑西。水火金木，各正其位。经正则纬正，纬正则八卦亦靡不正。震巽为木为春。离为火为夏。帝出乎震，岁之始也。春夏之交，百物畅茂。巽为木为风。振动而长养之，以相见乎离。继之兑为金为秋，方受夏制伏而不起。交中央土，土以生金，坤卦当之，厥象为母。逮入北坎。西北之野，龙以战焉，此天地之尊严气也，乾卦当之，为君为父。冬之卦坎，百物告成。贞以起元，冬之季也，故艮以成之。艮，止也。岁聿云暮，功用止矣。正离坎以正发敛。正离坎震兑以正四时。正震巽离坤兑乾坎艮以正八节。天时以行，人事以遂，王者治平之道以弘。弥纶天地，各正性命，所谓后天而奉天时者乎？

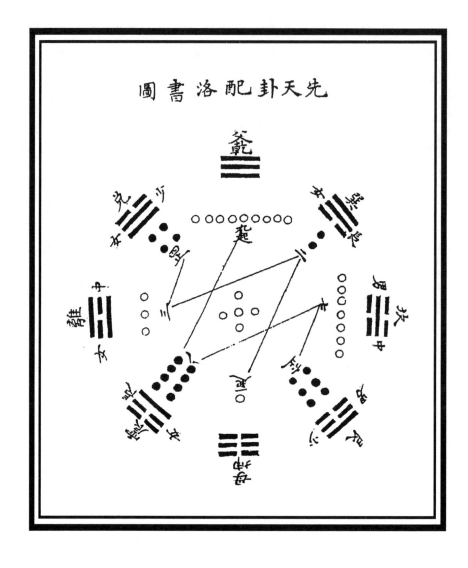

先天卦配洛書圖

杨道声先天卦配洛书图说

　　洛书之数，奇者居正，耦者居隅，尊阳也。卦以配之，各从其类。乾为纯阳而配九。九，阳之极也。于河图之位为二七。二合七非九乎？故乾称用九。坤匹乾为纯阴。厥配为一，阳饶而阴乏也。亦河图天一之本位也。以九一截数之终始，以乾坤定卦之阴阳，则六子均可计焉。乾一交于坤得震，故次乾曰震，次九曰八。再交于坤得坎，故次震曰坎，次八曰七。三交于坤得艮，故次坎曰艮，次七曰六。而三男之位定矣。坤一交于乾得巽，故次坤曰巽，次一曰二。再交于乾得离，故次巽曰离，次二曰三。三交于乾得兑，故次离曰兑，次三曰四。而三女之位亦定矣。是以论其位，则乾一兑二离三震四巽五坎六艮七坤八。论其数，则乾九震八坎七艮六神一巽二离三兑四。以卦之生得其数，以数之位序其卦云尔。

後天卦配洛書圖

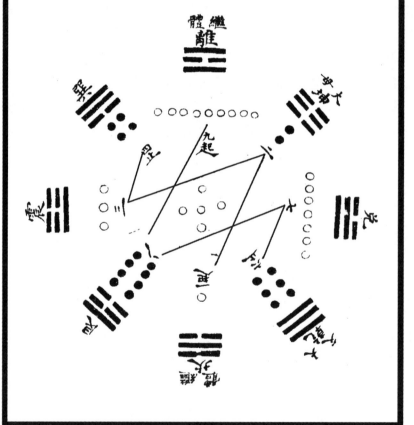

杨道声后天卦配洛书图说

先天乾坤为父母，以生六子之用。后天坎离为继体，共生四子以还归乎大父母之用。此卦位之所以异也。乾坤之体，体纯阴纯阳。相交而生，生之用已弘。离坎之体，杂阳杂阴。必互异而生，生之用乃显。此尤卦位之所以异也。夫离阳仪所生，继乾故居南而当九。坎阴仪所生，继坤故居北而当一。离坎即父母也。坎之初爻易乎离，则中女生男。故离之次艮，九之次八。即以离之初爻易乎坎，则中男生女。故艮之次兑，八之次七。及坎之中爻易乎离，则中女之用还归乎大父。故兑之次乾，七之次六。而乾兑艮之位定矣。即以离之中爻易乎坎，则中男之用还归乎大母。故坎之次坤，一之次二。坎之上爻易乎离，则中女又生男。故坤之次震，二之次三。即以离之上爻易乎坎，则中男更生女。故震之次巽，三之次四。而坤震巽之位定矣。先天正乾坤而八卦正。后天正离坎而八卦亦正。至八卦正乎离坎，而乾坤垂拱无为以董厥成，则又乾坤之妙其用，而离坎之神其能也。学后天者，亦正其离坎而已。

先天主生圖

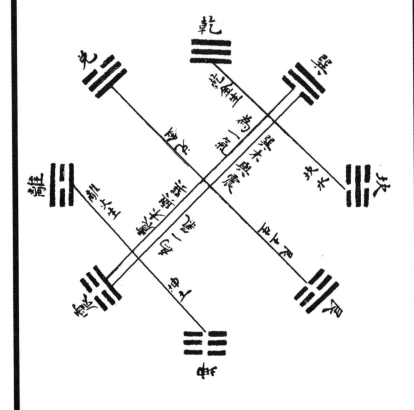

先天之位，本對待、未嘗不流行。

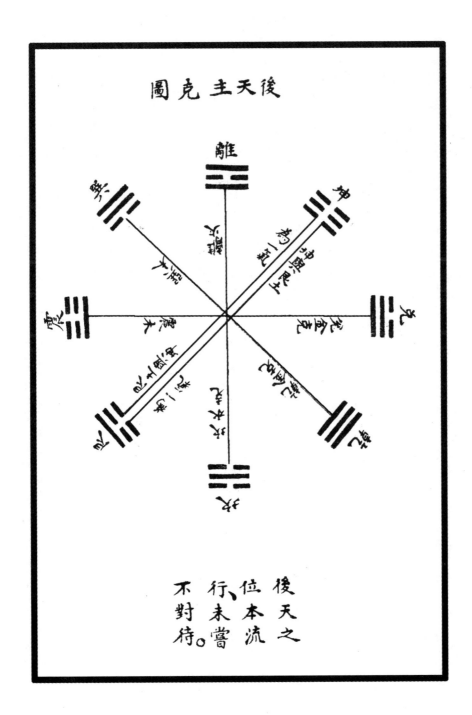

後天主克圖

離

兌

震

坎

後天之
位本流
行，未嘗
不對待。

先天主生后天主克图说

南北为经，东西为纬，夫人而知之矣。而八卦之经纬更有异焉。先天以震巽为经，后天以坤艮为经，而诸卦皆为纬。先天者，天地之生气也。后天者，天地之成气也。夫震为木为春为发生，一气互于东北西南，而凡纬于其间皆主生。于是乾生坎，艮生兑，离生坤，以成先天之位。坤艮为土为季气为收藏，一气互于东北西南，而凡纬乎其间者皆主克。于是坎克离，兑克震，乾克巽，以成后天之位。先天主生，故人之饮食、衣服、医药之属咸取法焉。后天主克，故人之祭祀、棺椁之属咸取法焉。有后天而无先天则无本，有先天而无后天则不成。至生之中未尝无克，克之中未尝无生。触类而长之可耳。

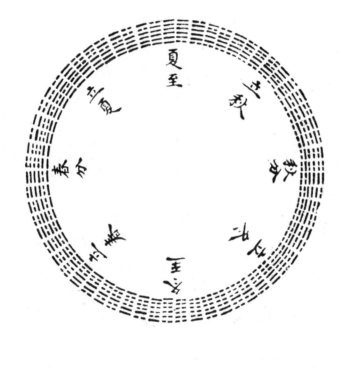

圖氣節配旋左圖圓

杨道声圜图左旋配节气图说

圜，天象也。卦之有圜图，法天也。天之可见者，莫如阴阳。阴阳之可见者，莫如四时。天之阴极于冬，阴极阳生为冬至。天之阳极于夏，阳极阴生为夏至。故二至为阴阳之枢纽。卦之阳极于乾，阳极阴生而为姤。卦之阴极于坤，阴极阳生而为复。故乾坤姤复亦为阴阳之枢纽。知此可与言圜图矣。岁一而已，二之为冬夏，四之为春夏秋冬，八之为八节者，阴阳迭运以成其寒暑也。卦各一而已，倍之十六，再倍之三十二，又倍之六十四者，阴阳迭运以成其贞悔也。夫天道流行始乎阳，而阳之初生又始之始也。阳则生于极阴，坤爰生复为阳始，冬至配焉。尽震宫八卦至明夷，离为贞卦。一阳又生于三爻，立春配焉。尽离宫八卦至于临，兑为贞卦。一阳又生于二爻，春分配焉。尽兑宫八卦至于泰，贞卦三阳，立夏配焉。尽乾宫八卦至于乾，贞悔皆阳。阳极阳生得姤卦，夏至配焉。尽巽宫八卦至于讼，坎为贞卦。一阴又生于三爻，立秋配焉。尽坎宫八卦至于遁，艮为贞卦。一阴又生于二爻，秋分配焉。尽艮宫八卦至于否，贞卦三阴，立冬配焉。尽坤宫八卦至于坤，贞悔皆阴。阴极阳生，又得复卦配冬至。卦气相配，循环无端。盖天道左旋而卦则之。以阴阳之升降言，则复至乾姤至坤皆顺。以卦体之初生言，则复至乾姤至坤皆逆。以衡图相配言，则姤至坤为顺，复至乾为逆。运行无穷而乾南坤北离东坎西之位不西之位不失。先天之八卦，得此益彰矣。

按：此篇以衡图相配之顺逆与《说卦传》所称顺逆不同。《说卦传》以豫推未生之卦为逆，数已生之卦为顺。此以合横图之序为顺，逆衡图之序为逆也。

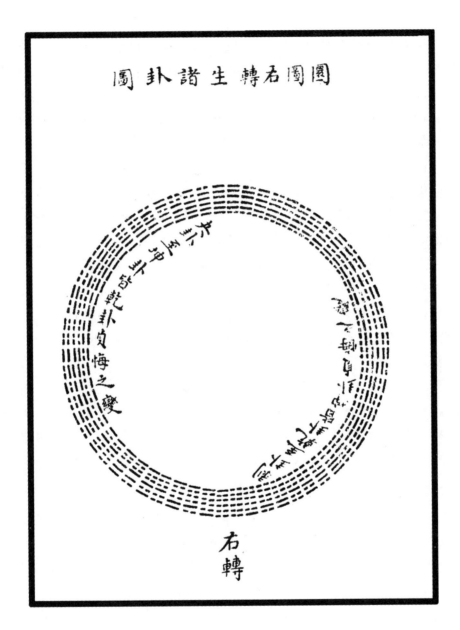

圓圖右轉生諸卦圖

乾卦貞悔之變

右轉

杨道声圜图右转以生六十四卦图说

天左旋，日月星辰右转。一顺一逆，变化见矣。圜图阴阳之升降则左旋以法天，六十四卦之相生则右转以法七政。乾卦生兑离震，坤卦生巽坎艮。六子之所生，皆乾坤之所生也。故生卦之本，惟乾坤云。乾坤而六十四卦之位以正，三百八十四爻之变以章章焉。夬至坤皆生子乾，剥至乾皆生于坤。贞卦以宰之，悔卦以动之。悔卦之变一周而贞卦一变，贞悔之变一周而乾坤一变，六十四卦所以全乾坤之用也。贞悔六阳为乾，其变也自悔始。上九变则得夬，九五变得大有，五与上变得大壮，九四变则得小畜，四与上变则得需，四与五变得大畜，以及乎泰，则悔卦之变一周矣。悔卦之变一周，则贞卦九三变而得履乃乾退而兑进矣。兑之变一周而离退，离之变一周而震进，震之变一周而坤进，然后贞悔之变一周而消息视之，贞悔六阴为坤，其变也亦自悔始。上六变则得剥，六五变得比，五与上变得观，六四变则得豫，四与上变得晋，四与五变得萃，以及否，则悔卦之之变一周矣。悔卦之变一周，则贞卦六三变而得谦，乃坤退而艮进矣。艮之变一周而坎退，坎之变一周而巽进，巽之变一周而乾进，然后贞悔之变又一周而消息亦视之。阴阳相易，贞悔相济。六爻感应，若日月之往来而靡间也。若五纬之各得其道而不紊也。此其包括宇宙而无遗也。

陽卦三十二居左以對右

陰卦三十二居右以對左

中分其半
反之以顯
對待之形。

圓圖陰陽對待圖二

陽卦有陰、
陰卦有陽、
各自對待。

杨道声圜图阴阳对待图说

一阴一阳之谓道。阴无阳不成其为阴，阳无阴不成其为阳。阴阳相须，故圜图有对待之象焉。乾生兑离震为阳卦。凡乾兑离震之所生，皆阳卦也。乾至复三十二卦，是以居左。坤生艮坎巽为阴卦。凡坤艮坎巽之所生，皆阴卦也。坤至姤三十二卦，是以居右。阳左阴右，两仪对待也。然阳卦之中亦有阴，阴卦之中亦有阳，又莫不自相对待。如一阳五阴之复剥比豫谦师，则对一阴五阳之姤夬大有小畜履同人也。二阴四阳之无妄家人离革中孚睽兑大畜需大壮大过鼎巽讼遁。则对二阳四阴之升解坎蒙小过蹇艮萃晋观颐屯震明夷临也。若泰归妹节损丰既济贲随噬嗑益之对否渐姤咸涣未济困蛊井恒，则阴阳半焉者也。乾之与坤，则以纯阳而对纯阳也。多寡相配，上下相求。东西成列一阴一阳，而开物成务之事毕矣。

圓圖卦圓次圖

杨道声圜图卦次图说

孔子之说卦也，则曰"八卦成列，因而重之"。邵子之说卦也，则曰"一分为二，二分为四，四分为八，八分为十六，十六分为三十二，三十二分为六十四"。二说盖不类云，及详夫圜图，而知邵子固已掺孔子之左券也。卦次运行以中为界。乾姤为首，坤复为尾，六十四卦若翼之垂。左右分行，起首而止乎尾。故贞卦兑二次乾一，继而离三，继而震四，左行及尾止焉。巽五亦次乾一，继而坎六，继而艮七，继而坤八，右行极尾止焉。悔则八卦一周，当贞之一卦，亦起首而止乎尾。左起乾一次二三，向左叠行，终而复始，乾至复是也。右亦起乾一次二三，向右叠行，终而复始，姤至坤是也。孔子所谓因而重之者此卦，邵子所谓递而者即此卦也。邵子则言其相生之渐，孔子则言其已成之象。非邵子则孔子之言不明，非孔子则邵子之言不全。后之人执一而失之，亦重可慨夫。

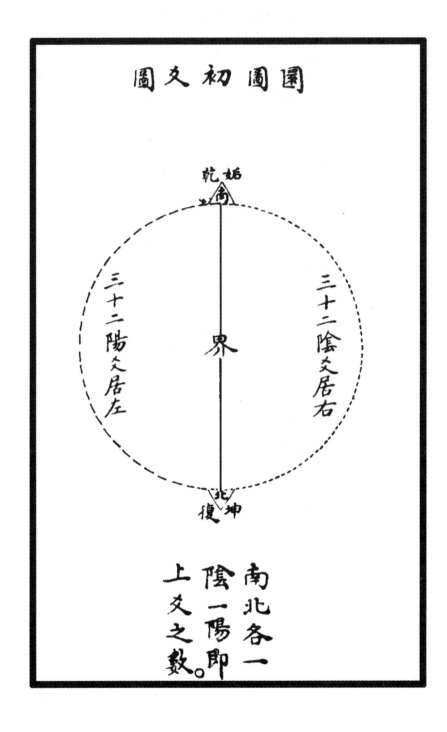

圜圖初爻圖

杨道声圜图初爻图说

两仪既判，极天下之至变，莫非两仪之妙也。则极天下之至变，莫不有两仪之象也。圜图初爻三十二阳居左，三十二阴居右，合而则一阴一阳也。乾至复坤至姤之卦备而两仪立矣。

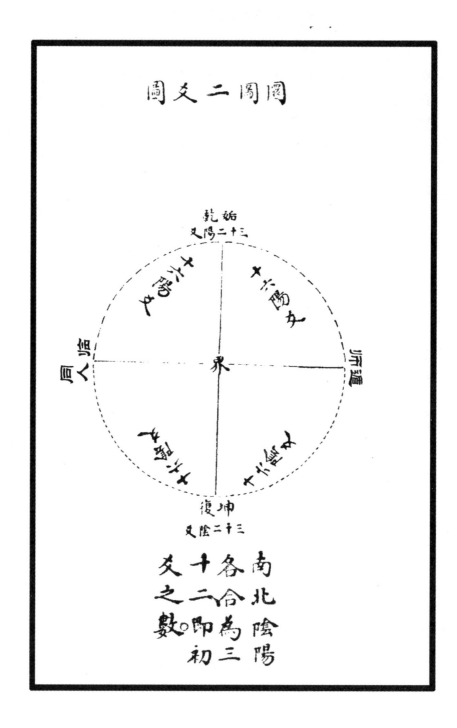

图二爻圆图

杨道声圜图二爻图说

两仪生四象，则极天下之至变，莫非四象之妙也。极天下之至变，莫不有四象之象也。圜图二爻乾至临十六阳，而间同人至复十六阴。坤至遁十六阴，而间师至姤十六阳。合之则二阳二阴，四象之象也。又合南三十二皆阳，北三十二皆阴，非即两仪哉！

圓圖三爻圖

每以八爻
相間而南
北陰陽各
合為四象
二爻之數。

杨道声圜图三爻图说

　　四象生八卦，则天下之至变，莫非八卦之妙也。极天下之至变莫非有八卦之象也。圜图三爻乾至泰八阳，而间履至临八阴。坤至否八阴，而间谦至遁八阳。姤至升复至无妄，而间讼至师明夷至同人，八卦之象也。合之则四阳四阴，八卦而即四象也。

圓圖四爻圖

每以四爻
相間而南
北陰陽多
合為八節、
三爻之數。

杨道声圜图四爻图说

八而倍之，十六所自起也。极天下之至变，莫不有八卦之象，则亦莫不有十六之象也。圜图四爻乾至大壮四阳也，而间小畜至泰四阴。履至归妹，同人至丰，无妄至震之间中孚至临，家人至明夷，益至复，法皆仝矣。坤至观四阴也，而间豫至否四阳。谦至渐，师至涣，升至巽之间小过至遁，解至讼，恒至姤，法皆同矣。合之则八阴八阳，十六之象即八卦之象也。而以四相间，又非四象乎？

圜圖五爻圖

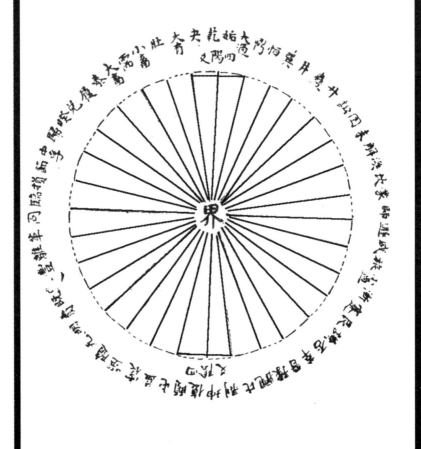

每以二
爻相間
而南北
陰陽各
合為四
即○四
之數 爻

杨道声圜图五爻图说

十六又倍之，三十二所自起也。则有十六之象，莫不有三十二之象也。圜图五爻履兑二阳而间二阴之睽归妹，谦艮二阴而间二阳之蹇渐。余五十六卦之相间，莫不皆然。合之则十六阳十六阴，十六之象即三十二之象也。而相间以二，亦即两仪之象也。

圖文上圜圖

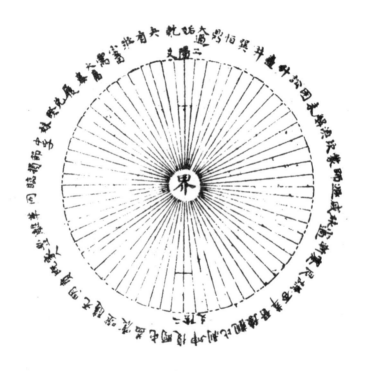

每
以
一
而
相
爻
南
間
北
各
陰
陽
各
合
為
二
即
為
爻
五
之
數。

杨道声圜图上爻图说

卦之有六十四，生于三十二也。推而上之，生于一。一与二，三十二与六十四，卦之终始也。圜图上爻一阴一阳相间而列。合之则三十二阳，三十二阴，六十四之象即三十二之象也。而阴阳相间以一为率，两仪之象即太极之象也。

圜圖撰雜圖圜

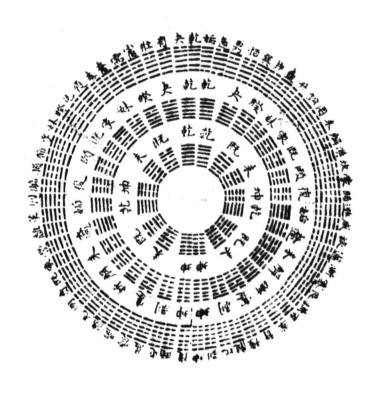

杨道声圜图杂撰图说

《周易》始于乾坤，终于既济未济，一经之终始也。《上经》始于乾坤，终于坎离。《下经》始于咸恒，终既济未济。一分为为二而各有终始也。始于乾坤，终于泰否，终于坎离，为《上经》。始于咸恒，中于损益，终于既济未济，为《下经》。上、下《经》之各有始各有中各有终，所以成一《经》之始于乾坤终于既济未济也。而始于乾坤终于既济未济者何也？《上经》言乾坤坎离，实则乾为主坎用事，宗阳也。《下经》言震巽艮兑，实则坤为主离用事，宗阴也。乾坤坎离，万象之枢也。故始于乾坤而终于既济未济，即始于乾坤而终于坎离也。然不终于坎离而终于既济未济何也？乾坤立坎离之体，坎离妙乾坤之用。因乾坤之交不交以生坎离之用，因坎离之交不交以章乾坤之体。坎离一乾坤也。乾坤得坎离，则每于不交者正其位。坎离继乾坤，则必于交者呈其能。未言坎离首乾坤，曰乾曰坤曰坎曰离，乾坤坎离之不交者也。乾坤之不交，即坎离之不交也。既言泰否，终言既济未济。曰泰曰否曰既济曰未济，乾坤坎离之交者也。坎离之交，即乾坤之交也。《周易》虽分上、下《经》，虽各有终始。实则始于乾坤，中于坎离，中于既济未济。坎离不交即乾坤，而交即既济未济。凡震巽艮兑错行于其间，以成乾坤既济未济之终始。乾坤既济未济，诚万象之枢也。盍观乎圜图之互卦乎？以六十四卦互得三十二卦。左右八分列，实得一十六卦。曰乾曰夬曰睽曰归妹曰家人曰既济曰颐曰复曰姤曰大过曰未济曰渐曰蹇曰剥曰坤。两卦而互一卦，亦四卦而互一卦也。又以其三十二卦互之得十六卦。左右重列，实得四卦。曰乾曰既济曰未济曰坤。两卦而互一卦，亦四卦而互一卦且八卦而互一卦也。推之六十四卦。则四卦而互一卦，亦八卦而互一卦，且一十六卦而互一卦也。互至于乾坤既济未济而穷，盖互之而仍得乾坤既济未济也。以四卦而画六十四卦，故乾坤既济未济为万象之枢也。故《周易》始于乾坤终于既济未济也。既济未济一坎离也，坎离一乾坤也。《周易》之始于乾坤，终于既济未济。即始于乾坤，终于乾坤也。至卦云者，即孔子之所谓杂物撰德也。

六十四卦方圖

坤	剝	比	觀	豫	晉	萃	否
謙	艮	蹇	漸	過	旅	咸	遯
師	蒙	坎	渙	解	未	困	訟
升	蠱	井	巽	恒	鼎	大過	姤
復	頤	屯	益	震	噬	隨	无妄
明夷	賁	既濟	家	豐	離	革	同人
臨	損	節	中孚	歸妹	睽	兌	履
泰	大畜	需	小畜	大壯	大有	夬	乾

杨道声方圆总论

乾坤，大父母也。乾坤正而八卦正矣，六十四卦俱正矣。阳生于北而极于南，阴生于南而极于北，天之道也。圜图法天，故乾南而坤北。阳始于东北而盛于西北，阴始于西南而盛于东南，地之道也。方图法地，故乾西北而坤东南。乾坤运卦体于无穷，圜图之义也。乾坤交卦体以变化，方图之义也。此其所异也。由是次乾坤而兑艮，次兑艮而离坎，次离坎而震巽，八卦之位不既正乎？由是一一统八，八其八而六十四卦之位，不俱正乎？

方圖縱橫八卦圖

八七六五四三二一

　　　　　　　乾一

　　　　　　兌二

　　　　　離三

　　　　震四

　　　巽五

　　坎六

　艮七

坤八

八　七　六　五　四　三　二　一

方图纵横八卦图说

　　六十四卦成列，相交变化而八卦各居其本位，以为卦主。从计之则乾一兑二离三震四巽五坎六艮七坤八不少紊也。衡计之，则亦乾一兑二离三震四巽五坎六艮七坤八不少紊也。以从衡之间斜计之，仍为乾一兑二离三震四巽五坎六艮七坤八，不少紊也。此其为卦之正，以统夫众卦也。

方圖經緯圖

坤

否

艮

咸

坎

泰

巽　恆

益　震

既
濟

離

損

兌

泰

乾

方图经纬图说

卦有经，必有纬。经正则纬正，纬正则经纬之间无弗正。圜图以南北为经，则东西为纬。方图以西北东南为经，则东北西南为纬。乾坤交得否泰，继而兑艮交得咸损，故次否泰。继而离坎交得未既济，故又次咸损。继而震巽交得恒益，故又次未既济。皆为纬。纬合经而一十六，邵子所谓四象相交成十六事也。而各卦之交咸取诸此矣。

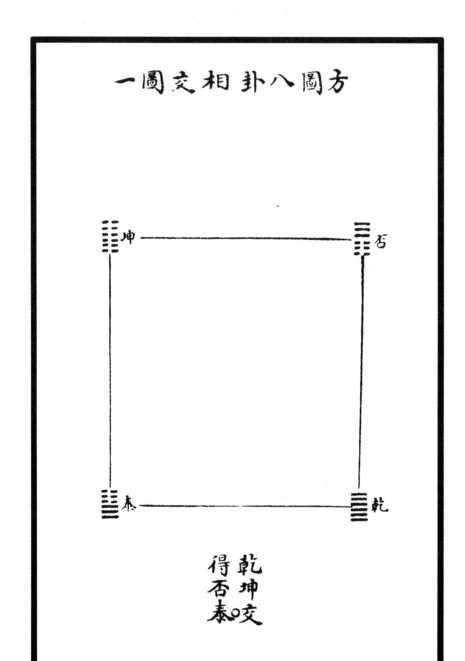

方圖八卦相交圖一

乾坤交○得否泰

相交 圖二

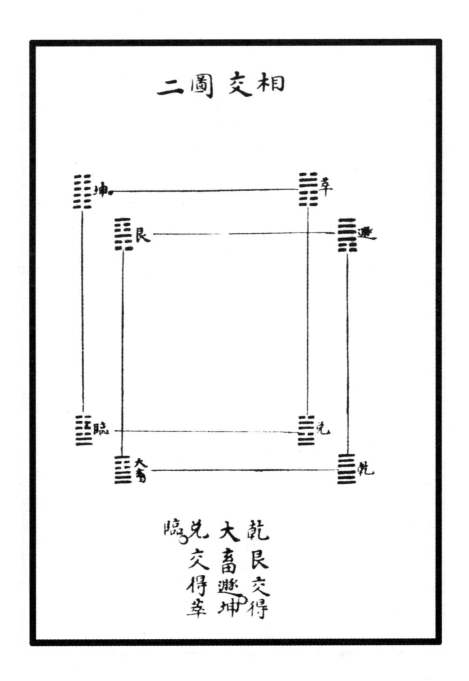

乾艮交得
大畜遯坤
臨兌交得萃

相交圖三

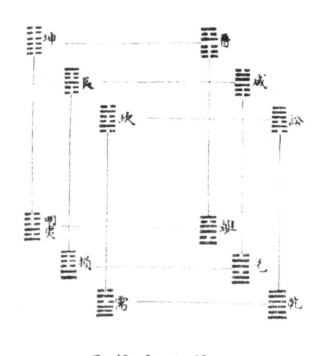

乾坤交得
坎離交得
訟需
兌訟
艮兌
得
艮
交得咸損
離坤交得
晉明夷

相交圖四

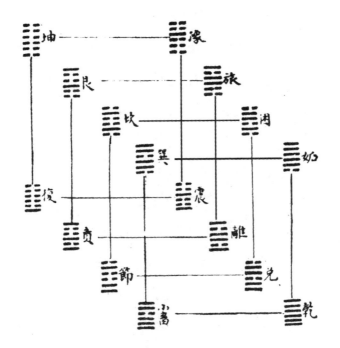

乾巽交得
小畜姤兑
坎交姤得節
用離艮交
得旅賁震
坤交得豫
復。

相交圖五

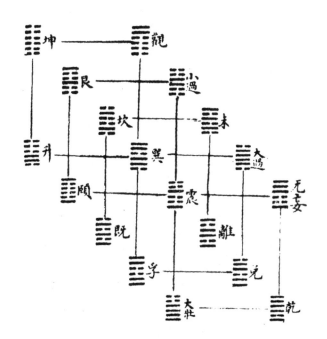

乾震交得大
妄无非兑巽
交得大過中
孚。坎離交得
未濟既濟震艮
交得頤小過。
坤巽交得升
觀。

相交圖六

坤 —— 比

艮 —— 漸

師 —— 坎 —— 解

蠱 —— 巽 —— 鼎

比 —— 震 —— 隨

家 —— 離 —— 同人

師 —— 兑

大有 —— 乾

乾離交得同
人大有兑震
交得歸妹隨
離巽交得家
人鼎。震坎交
得解屯巽艮
交得漸蠱坎
坤交得比師

相交圖七

坤謙 剝艮蹇 坎渙 井巽恒 益震噬嗑 豐離革 睽兌 大乾履

乾兌交得履。
兌離交得睽。
離震交得噬嗑。
震交得豐。
巽交得恒益。
巽坎交得井。
渙坎艮交得蹇蒙。
艮坤交得謙剝。

杨道声方图六十四卦相交图说

六十四卦生于八卦之相交，而八卦之相交其法有七。有隔六爻者，有比肩交者，乃至隔一，隔二，隔三，四，五交者。其隔六，则乾坤相交是也。隔五，则乾艮，坤兑相交是也。隔四，则乾坎，艮离，兑艮相交是也。乾巽，兑坎相交，坤震，艮离相交，则隔三也。乾震，兑巽相交，坤巽，艮震相交，则隔二也。交以离乾，兑震，交以离巽，震坎，交以巽艮，坎坤，非隔一乎？交以乾兑，兑离，交以离震，震巽交以巽坎，坎艮及艮坤，非比肩乎？则柔往来，贞悔变易尽之矣。

方圖縱橫 貞悔圖一

坤

坤為貞卦

坤為悔卦

乾為悔卦

卦貞為乾

乾

艮

艮為貞卦

艮為悔卦

兌為悔卦

兌為貞卦

兌

縱橫圖三

坎為貞卦

離為悔卦

坎為悔卦

離為貞卦

縱橫圖四

方图纵衡贞悔图说

方图之形衡八而从八。计其衡，则自下而上，乾一兑二离三震四巽五坎六艮七坤八皆居贞卦之位。计其从，则自右而左，一乾二兑三离四震五巽六坎七艮八坤皆居悔卦之位。各以一卦为主而从有八悔，衡有八贞。纵衡贞悔，犬牙相错。分之而其体成八。八纵八衡，卦各据其一行也。合之而其用有九。纵二衡二，虚中而得九也。先王"九州别壤，九井均田"盖取诸此。

方圖　陽　貞　陰　悔圖

否　萃　晉　豫　觀　比　剝　坤
遯　咸　旅　過　漸　震　艮　謙
訟　困　未濟　解　渙　坎　蒙　師
姤　賁　鼎　恒　巽　井　蠱　升

三十　　　　　　　　　悔。
　　　　二陰　　　　　　外為
　　　　卦居

无妄　隨　噬嗑　震　益　屯　頤　復
同人　革　離　豐　家人　既濟　賁　明夷
履　兑　睽　歸妹　中孚　節　損　臨
乾　夬　肴　大壯　小畜　需　大畜　泰

　　三十　　二陽
　　　　　卦居　　内為
　　　　　　　　　貞。

方图阳贞阴悔图说

　　两仪既判，阴固不可无阳，阳亦不可无阴。实则阳施而阴受，阳信而阴屈，阳尊而阴卑。此相辅以为用，而圣人所以垂教万世也。乾兑离震阳卦也，合所生之二十八卦而得阳卦三十二。坤艮坎巽阴卦也，合所生之二十八卦而得阴卦三十二。于衡图，则阳卦皆居前而阴卦皆居后。于圜图，则阳卦皆居左而阴卦皆居右。于方图，则阳卦皆居内而阴卦皆居外。尊阳也。故观方图者，分之则六十四卦，合之则一卦也。三十二卦为贞，三十二卦为悔。一贞一悔，非一卦之象乎？以六十四卦观之，则其文灿然而有章也。以一卦观之，则其体寂然而不动也。阴阳变化不可以智知，不可以识识，其斯之谓欤。若乃各爻之相对相间，不少异于圜图，知圜图而方图有可知者。按：祝氏曰：初爻内三十二阳，外三十二阴。二爻内外皆十六阳间十六阴。三爻内外各八阴八阳相间。四爻内外各四阴四阳相间。五爻内外各二阴二阳相间。上爻内外各一阴一阳相间。今按：初二三爻相配如祝氏说。其各悔卦左右中分之。则四爻右三十二阳，左三十二阴。五爻左右各十六阴间十六阳。上爻左右各八阴八阳相间。盖贞卦分内外，悔卦分左右以配阴阳。此异于圜图，祝氏诸家所未悉也。

方圖分內外圖一

否 遯 訟 姤 无妄 同人 履 乾

夬

大有

大壯　與乾坤並

小畜　列共二十

　　　八卦居外。

坤 謙 師 升 復 明夷 臨 泰

剝 比

大畜 需

咸　困　大過　隨　革　兌

内旅　　　　　睽

外小過　　　　歸妹

圖漸

二蹇　　　蹇　事　歸妹

艮　蒙　蠱　頤　賁　損　　節

與兌艮並列
共三十卦次
于乾坤。

四圖外內　　　三圖外內

泰濟　睽　噬嗑　離

解　渙　坎　井　屯　既濟

豊　家人

與離坎並列共十二卦、次于兌艮。

巽　益

恒　震

與震巽並列共四卦、居內。

方图分内外图说

先王定城郭宫室甸服之制，以辨内外，朝聘以时，至寒暑不怨咨，叛乱备而民生遂。何其慎邪。庖牺氏之方图，诱厥衷矣。夫乾坤视八卦，故凡与乾坤并列者皆居次外。次乾坤而为兑艮，故凡与兑艮并列者皆居次外。次兑艮为离坎，故凡与离坎并列者皆居次内。次离坎为震巽，故凡兴震巽并列者皆居内。内以应外，外以卫内。内外之辨不亦详且密哉！

方圖天地不交圖一

坤	剝	比	觀
謙	艮	蹇	漸
師	蒙	坎	渙
升	蠱	井	巽

震	噬	隨	无
豐	離	革	同人
妹	睽	兌	夬
大壯	大有		乾

天地各交
而不相交
者三十二
為體卦。

方圖天地相交圖二

豫　晉　萃　否
　　　　　　遯
小過　旅　咸　訟
　　　　　　姤
解　未　困
恒　豐　大過

復　頤　屯　益
夷　賁　既　家
臨　蠱　師　孚
泰　畜　需　畜

天地相交
者三十二
為用卦。

方图天地相交之图说

天气上升，地气下降，则不交而物不生。地气上升，天气下降，则相交而物生。相交者，天交乎地，地交乎天也。其不交者，天与天交而地与地交也。不交乎此，则交乎彼矣。不交，则天地或几乎息矣。相交而生物者，天地之用也。不交而不生物者，天地之体也。有体而后有用，故有贞而后有元，有不生物而后有生物。天之卦乾兑离震，自相交而生无妄大壮十二卦，天交天也。即为天之体。地之卦坤艮坎巽自相交而生观升十二卦，地交地也。即为地之体。天之卦而交坤艮坎巽得恒否豫姤十六卦，天交乎地也。地之卦而交乾兑离震得泰益复小畜十六卦，地交乎天也。即为天地之用。于是，即此得声音色味与夫飞走草木情性形体之变，此邵子前知之学也。

方卦圓卦合圖

圖合卦圓卦方

否 遯 訟 姤 无妄 同人 履 乾
萃 咸 困 兌 隨 革 離 夬
晉 旅 賁 豐 離 噬嗑 大有
豫 解 恆 震 豐 歸妹 大壯
比 蹇 坎 井 屯 既濟 節 需
觀 漸 渙 巽 益 中孚 小畜
剝 艮 蒙 蠱 頤 貞 損 畜
坤 謙 師 升 復 明夷 臨 泰

杨道声方圜合图说

天何依乎？依乎地也。地何附乎？附乎天也。天地相依附，而天地之内千变万化。所谓不贰不测者，不外乎一经一纬，一方一圆，一动一静间也。先天图圜乎外方乎内。夫子欲取方图于外以别地，而虚圜图之内以象天。实不若天包地外，地居天中，有依附之势为不易也。天圜于外，圜则运行而不息。地方于内，方以相交而成功。于是阴阳之妙用大无外小无内，悉包举于斯而莫之或遗矣。

三十六卦错综图

大过　剥　随　泰　需　乾

坎　无妄　睽　同人　师　坤

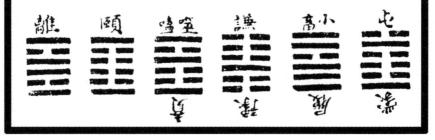

离　颐　噬嗑　谦　小畜　屯

中孚　　豐　　革　　夬　　家人　　咸

小過　　巽　　震　　萃　　蹇　　遯

既濟　　渙　　漸　　困　　損　　晉

三十六卦错综图说

　　麻衣易谓卦有反对。反者，即综卦之谓也。正则为屯，倒则为蒙。正则为需，倒则为讼。诸卦相综悉视此。其不得综者凡八，曰乾坤坎离颐大过中孚小过。麻衣所谓对卦，即错卦也。合错综而言得三十六卦，邵子所谓三十六宫也。以此言之也，方图圆图横图之外，不可不知错综之图。十翼之有《杂卦传》，固专为错综卦言之也。《彖传》《本义》以卦变言者十有五卦，曰讼随蛊噬嗑贲元妄大畜晋睽蹇解开鼎渐涣是也。《程传》论卦变，多本于乾坤。《本义》但取两爻相比为变。涣卦柔得位乎外则不合，朱子自亦疑之。今照咸恒二卦刚上柔下柔上刚下之例，皆以卦综言之于十五卦皆合。然两卦虽有错综，互错综之或先或后，自当因名以求其义。如《序卦》所云，不可易也。